新时代背景下

我国农地规模经营法律规制制度研究

阎其华◎著

 中国政法大学出版社

2024·北京

图书在版编目（CIP）数据

新时代背景下我国农地规模经营法律规制制度研究 ／
阎其华著. -- 北京 ： 中国政法大学出版社，2024. 6.
ISBN 978-7-5764-1542-1

Ⅰ. F321.1

中国国家版本馆 CIP 数据核字第 202421DN39 号

出 版 者	中国政法大学出版社
地　　址	北京市海淀区西土城路 25 号
邮寄地址	北京 100088 信箱 8034 分箱　邮编 100088
网　　址	http://www.cuplpress.com（网络实名：中国政法大学出版社)
电　　话	010-58908437(编辑部) 58908334(邮购部)
承　　印	保定市中画美凯印刷有限公司
开　　本	880mm×1230mm　1/32
印　　张	9.75
字　　数	230 千字
版　　次	2024 年 6 月第 1 版
印　　次	2024 年 6 月第 1 次印刷
定　　价	45.00 元

目　录

图表目录

图目录

表目录

第1章
绪　论

1.1　研究背景

　　农村土地（亦即"农地"）是农业健康发展的基本物质基础，是社会物质财富的重要源泉，更是国家经济可持续发展的重要依据之一。于中国而言，国家未来经济的高质量发展在很大程度上取决于农地资源能否有效配置、合理利用，能否发挥其应有的物质保障作用。而能否做到这一点在很大程度上又取决于在中国是否有合理、完善的农地法律制度来支撑。

　　目前，我国农地法律制度的构建始于二十世纪七十年代末由下而上逐步形成的，以农村土地集体所有制为基础、以家庭联产承包责任制为经营模式的农村土地集体经营制度。从历史发展角度来看，家庭联产承包责任制是在集体所有制的基础上给予农民更多的农地经营自主权，在一定程度上调动其生产的积极性，有效解决当时农村人口的温饱问题。然而，随着我国工业化、城市化进程的快速推进，这一农地经营制度已逐步成为农村实现现代化目标的阻碍。本课题组成员曾在美国、日本和英国进行访学和考察。虽然这些国家的农地资源有所不同（例如，美国拥有广大的平坦农地，日本主要是山地下的贫瘠土地，而英国的农地资源介于两者之间），但他们都有效地利用和合理地开发了这些土地，几乎没有抛荒或撂荒的现象。

　　从研究的角度，这不得不引起课题组对中国农地现状的反思。改革开放以来，中国工业化、城市化的进程显著快于农村经济的发展，由此造成城乡收入差距成几何倍数增大。为了获得更多收入，大量青壮年农民涌入城市务工，造成农地资源闲置，抛荒现象严重。与此同时，出于城市扩张建设的需要，大量农地又被不合理地非法侵占用于非农用途。这种情况不仅导致农地资源浪费，而且威胁了我国的粮食安全和经济稳定发展。导致问题出现的深层次原因是现有的家庭联产承包责任制使农民所承包的农地面积小，分布较为分散，大多数农民只能在有限的土地上坚持传统的、收入较低的种植方式。从经济学的规模经济原理分析，这样的小面积耕种导致农地产出受限，农民收入增长缓慢，进而影响农业生产的积极性。因此，有必要对现有农村土地制度进行重新构建，改善中国农地规模狭小的现状，促使农地规模适度扩大，从而增加农业的经济效益，增强农村的经济发展活力。

针对这一问题，1986年中央一号文件明确指出："随着农民向非农产业转移，鼓励耕地向种田能手集中，发展适度规模的种植专业户。"1987年中共中央政治局在《把农村改革引向深入》中创新性地提出："在京、津、沪郊区、苏南地区和珠江三角洲……探索土地集约经营的经验。"这是中共中央首次提出在局部地区可以有条件地实施农地规模经营。同年，根据这一要求，国务院作出建立农村改革试验区的决定。此后，党和政府又多次提出"完善土地承包经营权流转市场，发展多种形式的适度规模经营，实现农业的现代化"。2015年中央一号文件又首次提出将农村承包地的"三权分置"制度与农地适度规模经营相结合来开展相关工作。而后，党和国家相关政策要求各地方继续完善农村土地"三权分置"制度，通过培养新型农地经营主体发展适度规模经营。2020年中央一号文件在继续提出发展适度规模经营的同时，要求全国各地全面推开农村集体产权制度改革。不断总结探索各地农地流转与规模经营的先进经验后，2021 年中央一号文件认为通过抓好家庭农场和农民合作社两类经营主体，可以有效推进农地的适度规模经营。因此，完善农村土地"三权分置"制度并发展适度的农地规模经营已成为我国党和政府探索完善家庭联产承包责任制、解决"三农"问题的重要途径。

综上所述，为改变土地承包经营制度所带来的"农地狭小""农地经营不经济"等问题，我们党和国家多次在相关政策文件（如中央一号文件）中提出将农地进行"三权分置"，并搞活土地经营权，使其可以通过市场进行流转，由此农地可以适度集中在农业生产能力较强的种植户手中进行统一经营，从而有效提高农地利用率，实现农地的规模经营。从发达国家历史经验来看，单靠农民通过土地交易市场自发进行土地流转实现农地规模化经营进程比较缓慢。事实上，这些国家后期大多采取法律、政策等方式干预农地交易市场，促进农地快速流转，实现其规模经营。

本书在论证我国农村土地通过"三权分置"制度实现农地规模经营的必要性、可行性和合理性的基础上，探讨适合我国国情的法律规制农地规模经营行为的立法模式，而后对如何完善规制农地规模经营行为的制度设计进行必要的研究和思考。

1.2 研究价值

1.2.1 理论价值

本书旨在进行农地"三权分置"和法律规制农地经营行为的基础理论构建，并在此基础上探寻符合我国国情的农地规模经营有效法律保障制度，力图为我国各级政府在"三权分置"背景下积极推进农地规模经营工作提出具有可操作性的立法完善建议。

首先，本书将进行农地规模经营的基础性理论介绍，通过厘清农地规模经营的概念内涵与外延、农地规模经营的法律特征、制度功能，阐释农地规模经营的相关法律含义。

其次，本书以《民法典》[1]为法律依据，对我国农地进行"三权分置"的法理解析，并首次以"三权分置"为视角系统性地提出如何完善符合我国国情的农地规模经营法律保障制度。

再次，本书立足于农地规模化法律规制的法学理论研究，通过农地规模经营中政府干预理论的分析，论证政府通过法律、政策干预农地流转与经营行为的正当性、必要性、合理性。

从次，本书将探究我国法律规制农地规模经营行为的模式选择，基于国外实现农地规模经营过程中政府干预的经验与教训，以及我国现阶段规制农地规模经营行为的立法模式评价，构建出符合我国国情的相关法律制度模式。

最后，本书将完善我国农地规模经营的法律制度框架，根据我国国情和现有国内外先进立法经验，通过比较分析，设计出实践操作性强的法律制度方案，使我国农地规模经营适度，并保证政府在农地经营行为中干预有据、有度、有效，最终实现我国农地规模经营可持续发展的法律制度设计。

1.2.2　实际应用价值

随着我国经济发展水平的不断提高与农业先进生产技术的不断涌现，现有的以家庭联产承包责任制为基础的农地经营模式已越来越束缚农业生产力的发展，也越来越阻碍农业经济水

---

〔1〕　为表述方便，本文凡涉及我国法律法规均用简称，如《中华人民共和国民法典》，简称《民法典》。

平的进一步提升。因此，对这一土地制度进行改革和完善势在必行，从而满足农业的进一步发展需要。就目前实践看，农地实现规模经营既能有效解决中国的"三农"问题、实现乡村振兴发展的战略要求，也为我国家庭联产承包责任制的稳定与完善提供了制度保障，更为"共同富裕"目标的实现提供了必要前提。鉴于当前农村人口大规模进城、国家粮食安全和依法治国的新形势，尤其是"三权分置"改革方案日趋成熟并获得法律确认，完善农地规模经营的法律制度变得尤为重要。

本书的研究在农业发展领域具有极其重要的意义，特别是在促进农地适度规模化经营和推动农村土地产权制度的改革与创新方面。它将有助于我国农业从传统方式向专业化、现代化、产业化的模式转变，有助于实现农业强国的建设目标，并为政府部门的相关决策提供有益的参考建议。

1.3 国内外文献综述

1.3.1 国内文献综述

我国对于在"三权分置"背景下法律规制农地规模经营的相关研究最早始于二十世纪八十年代。发展至今，这一领域已逐步成为我国全社会和理论界关注的焦点。特别是在 2012 年第十七届七中全会中，党中央设定了农业现代化和产业化的发展目标，由此涌现了有关农地规模经营研究的学术论文和著作。从 2015 年起，这些研究也开始与"三权分置"下的农地经营权流转相衔接。

目前，国内相关研究成果主要涵盖：农地"三权分置"问题研究、农地规模经营的内涵研究、农地规模经营的风险研究、农地规模经营的适度标准研究、农业规模经营主体的研究、农地流转形式规制研究、关于农地规模经营地方样本的研究、农村产权制度改革问题研究等。

1.3.1.1　农地"三权分置"问题研究

（1）土地"承包权"性质研究。目前学界对此争议很大，主要有两种观点，即"成员权说"和"物权说"。关于"成员权说"形成了两种观点：其一，土地承包权实质上是一种承包集体土地的资格，是成员权应有的内涵之一，但尚不是一种财产权[1]；其二，它是一种兼具身份性和财产性的"成员权"[2]。关于土地承包权性质的"物权说"，学者朱继胜认为，承包权的取得虽有身份限制，但其客体指向财产收益，因而是一种财产权。且承包权系从土地承包经营权中分离而来，后者本身是一项用益物权，承包权自其中分离出来后，自当延续此种物权属性。[3]持"物权说"的学者大致有三点理由：其一，土地承包权是《民法典》第五章第一节所直接规定的权利，在这一节里规定的所有权和与所有权有关的财产权，实际上是关于用益物权的规定。其二，承包人对所承包的土地在法律和合同规定范围内有直接控制、利用的权利，即所谓他物性。土地承包合同生效后，承包户享有对土地直接管理的权利，不需要集体组织的交付行为。其三，排他性，同一土地上不允许成立同一内容的两个承包权。因此，这些学者认为土地承包权是一种物权。

（2）土地"经营权"性质研究。目前，我国学者对其主要

---

〔1〕　刘俊：《划拨土地使用权的法律问题研究》，载《江西社会科学》2007 年第 1 期。

〔2〕　丁文：《农地流转政策议程设置研究——基于多源流理论的修正框架》，南京农业大学 2017 年博士学位论文。

〔3〕　朱继胜：《用益物权生成理论的再认识——以〈农村土地承包法〉第 9 条为中心》，载《河北法学》2022 年第 9 期。

持两种观点，即"债权说"与"物权说"，而主流观点将其视为一种"物权"，即"用益物权"。其中，支持"债权说"的学者单平基认为："就法文义而言，《民法典》第 339 条和《农村土地承包法》第 36 条是它定性成债权的规范依据，确立其基于土地承包经营权之出租、入股等债权性流转形式而产生，而承包经营权的互换、转让并未生成新的土地经营权，只是引起用益物权的整体性变动。就法体系而言，土地经营权再流转及融资担保需经'承包方书面同意'的法限制，可佐证它的债权定性。"[1] 而支持"物权说"的学者中，朱广新在研究土地经营权与承包权的相关政策时，将土地经营权视为"物权"。[2] 学者蔡立东、姜楠认为，"依循多层权利客体的法理，经营权乃是土地承包经营权人设定的、以土地承包经营权为标的的权利用益物权，其与土地承包经营权属于不同层次客体上存在的用益物权，可以同时成立而并不冲突。"[3] 学者丁文在讨论土地承包权应否从土地承包经营权中分离出来这一问题时，也将土地"经营权"视为"物权"进行后续的研究。[4]

1.3.1.2　农地规模经营的内涵研究

关于农地规模经营的内涵，我国学者从不同角度进行界定。例如，何宏莲认为，"农地规模经营是指改变农地规模狭小的分散经营，根据生产发展的客观要求和自然、社会、经济、技术条件的可能，将土地等生产要素适当集中使用，以获取规模经

---

[1]　单平基：《土地经营权债权定性之解释论》，载《法学家》2022 年第 4 期。

[2]　朱广新：《土地承包权与经营权分离的政策意蕴与法制完善》，载《法学》2015 年第 11 期。

[3]　蔡立东、姜楠：《承包权与经营权分置的法构造》，载《法学研究》2015 年第 3 期。

[4]　丁文：《论土地承包权与土地承包经营权的分离》，载《中国法学》2015 年第 3 期。

济，即由于农地生产规模的扩大，使生产要素得到更合理的利用，从而引起平均成本的降低而获取经济效益。"[1]学者杨素群认为，农地规模经营是指合理配置农业生产资源，并充分发挥各农业生产要素的作用，以实现最优的规模经济效益，提高农民生活水平和生活质量……土地的种植面积不是衡量农地规模的唯一因素，劳动力的数量与质量、流动资本和固定资本的投入量、科技水平和科技成果应用都是衡量适度规模的重要因素。[2]学者陈富春、郭锐认为农地规模经营应理解为农地的适度规模经营，即"土地适度规模经营，是指在保证土地生产率有所提高的前提下，与一定的经济发展水平、物质装备程度和生产技术结构相适应的、能使从事专业化农业生产的农民的收入达到或略高于当地农村社会平均水平时，一个务农劳力（或农户）所应经营的耕地面积。因此，适度规模经营的适度主要包括两个方面的含义：一是与社会经济发展水平相适应；二是与物质技术装备水平（即物质生产力水平）相适应"。[3]对此观点，学者黄延廷也给予了肯定，他指出，土地规模经营是指在一定的生产技术条件下，经营者为增加自己的收益通过扩大土地经营规模而获取土地规模效益的一种经营方式。但并非土地规模越大效益越高，而是要掌握其中的度，过犹不及，只是在某一个点上、某一规模数值上经营者的农业生产效益才是最优的。

1.3.1.3　农地规模经营的风险研究

对于农地规模经营的风险研究，目前学者主要关注的问题

---

〔1〕何宏莲：《黑龙江省农地适度规模经营机制体系与运行模式研究》，中国农业出版社 2012 年版，第 25 页。

〔2〕乐雅倩：《农地适度规模经营研究——以武汉市江夏区为例》，华中农业大学 2012 年硕士学位论文。

〔3〕陈富春、郭锐：《论农地规模经营》，载《河南师范大学学报（哲学社会科学版）》1994 年第 2 期。

是农地规模经营是否会导致土地兼并的产生？对此，有两种主流观点，一种是肯定说，一种是否定说。否定说以学者张亚为代表，他认为传统的土地兼并与今天的土地集中有着深刻的区别，与传统土地兼并相比，今天土地集中的基本条件已发生了巨大的变化，因此农地规模经营的实现不会引发严重的土地兼并问题。[1]然而，也有一部分学者对于农地规模经营的风险表示极大的担心，他们认为，通过大规模租赁农地实现规模经营，必然会导致中国历史上规模最大、增长最迅速的土地兼并。这将进一步引发农村的两极分化，使得大量农民在我国农村土地制度的"保护"之下走向半无产化。[2]

1.3.1.4 农地规模经营的适度标准研究

一些学者在肯定农地规模经营需要追求"适度性"的观点下，进一步提出了我国相关法律建立适度规模指导性标准的必要性。例如，学者黄毅认为，"农地规模存在一个适度的问题，并非规模越大就越好……必须为农地规模经营确立一个适度的指导性标准。由于我国农村地域广阔，何种程度的规模才为适度，难有普适性的量化标准，所以，各地在制定农地适度规模政策法规时，应根据各自的资源禀赋、农业经营环境、生产力水平等生产要素，结合农地单位面积的成本投入和产出状况，合理确定符合本地区农业发展的适度规模指导性标准。"[3]与此同时，我国多名学者运用不同的分析方法对不同种植物的农地经营进行分析，得出如下结论：不同农业经营项目的农地（如种植粮食作物、经济作物的农地），其适度的经营规模会存在较大的差

---

〔1〕 张亚：《传统土地兼并与现代土地集中》，载《生产力研究》2009 年第 13 期。

〔2〕 孙新华：《农业企业化与农民半无产化——工商企业流转农地对农村生产关系的再造》，载《中国研究》2014 年。

〔3〕 黄毅：《我国农地适度规模经营的法律思考》，载 https://www.zgxcfx.com/Article/48287.html，最后访问日期：2023 年 12 月 12 日。

异。例如，学者汪亚雄对南方各省农户（以粮食规模种植为例）"适度"的经营规模，分别采用了描述性统计手段对不同规模下劳动力耕地负担分析、劳动力收入比较、投入产出比较分析，并结合了回归分析方法，结果认为农户对粮食规模种植最优适度规模应为10亩；学者朱音通过对福建省农户种植茶叶规模与农药使用行为规范化程度的关系进行分析，认为茶叶最优生产规模应是32亩；学者屈小博基于随机前沿生产函数的计算，认为陕西省苹果主产区农户适度经营规模应为4亩—8亩；学者王佳洁和鞠军以江苏省潘庄村为例，测算了农地适度经营规模，认为蔬菜种植适度经营规模应为3.15亩。[1]对于如何确定农地规模经营的"适度"标准，学者伍业兵和甘子东则认为，需要满足以下几点：一是适度的农地数量必须是农业劳动力获得略高于或相当于非农业劳动力平均收入所需的土地数量；二是农地规模不能超越经营主体的实际经营能力；三是土地产出率要相当于或高于当地的平均水平；四是要考虑农村劳动力、农业技术和装备等生产要素是否得到合理的利用。[2]除此以外，学者何宏莲认为，农地经营规模的适度值是由多种因素和经济条件综合作用的结果，因此随着各种条件的变化，适度的规模不是一个固定的规模，适度的"度"是动态的。[3]

1.3.1.5 农业规模经营主体的研究

（1）关于工商企业租赁农地的资格问题研究。首先，对于工商企业是否有资格进入农地流转，不同学者有截然不同的观

---

[1] 郭斌：《农户耕地经营适度规模的合理确定：一个文献综述》，载《西北农林科技大学学报（社会科学版）》2013年第6期。

[2] 伍业兵、甘子东：《农地适度规模经营的认识误区、实现条件及其政策选择》，载《农村经济》2007年第11期。

[3] 何宏莲：《黑龙江省农地适度规模经营机制体系与运行模式研究》，中国农业出版社2012年版，第25页。

点，其中包括肯定说、否定说与折中说。肯定说以学者吕军书和张鹏为代表，他们认为应该支持工商企业大规模租赁农地，这是因为工商企业进入农业领域有利于利用社会力量增加农业的资金、科技和装备投入，引进先进的经营管理方式，加速传统农业改造和现代农业建设。工商资本下乡，对于发展现代农业、破解"三农"难题具有重要意义。[1] 否定说以学者吕亚荣与王春超为代表，他们对工商企业进入农村土地流转表示极大的担心，这是因为：一是在工商企业进入农地流转的过程中，一般以政府或村集体经济组织主导为主，会忽视农民的话语权；二是工商企业承租农地后可能会出现改变农地用途的情况；三是大规模农地流转会使弱势农民维持可持续生计受到挑战；四是大规模农地流转伴随着矛盾和冲突，而且利益关系的调整会进一步使农村经济关系复杂化，这必将对地方政府和组织治理社会的能力提出更为严峻的挑战。[2] 折中说以学者丁关良为代表，他认为：工商业资本下乡是一个不可阻挡的趋势，且"工商业资本大量进入农业是'双刃剑'"，社会各界反响强烈。目前，我国只有政策上作了较为原则性的规定，但政策缺乏刚性和强制效力。必须依靠法律手段，运用强有力的法律武器和通过健全的农地租赁法律制度来全面调整和规范，才能使工商企业租赁与使用农户"家庭承包地"真正实现有法可依、有法必依、违法必究。[3] 其次，关于工商企业进入农地流转的资格规制问题，学者唐琼认为，为了从源头制止工商企业租赁农地后

---

〔1〕　吕军书、张鹏：《关于工商企业进入农业领域需要探求的几个问题》，载《农业经济》2014 年第 3 期。

〔2〕　吕亚荣、王春超：《工商业资本进入农业与农村的土地流转问题研究》，载《华中师范大学学报（人文社会科学版）》2012 年第 4 期。

〔3〕　丁关良：《工商企业租赁与使用农户"家庭承包地"的法律对策研究》，载《华中农业大学学报（社会科学版）》2013 年第 5 期。

出现"非农化"和"非粮化"现象，我国必须从法律制度方面严格规定工商企业进入农业领域的条件，以完善其租地的准入制度。[1]对于如何设置工商企业成为农地流转受让人的具体资格，学者丁关良认为，我国工商企业租赁农户"家庭承包地"必须有准入门槛条件，包括：①应具有涉农主体资格；②有农业经营能力；③有经济实力（与经营项目相吻合的资金）；④禁止以非"农地农用"为目的的农地权利取得；⑤从事农业生产环节的经营项目应有可行性研究报告，并符合农村土地利用总体规划；⑥符合农地规模经营之要求；⑦须有效利用农地，提高农业生产效率；⑧租地企业负有保护农地的责任；⑨租地从事农业生产的企业要书面承诺参加村庄的农田道路维护和水利设施建设等活动；⑩建立工商租赁农户"家庭承包地"的风险保障金制度。[2]

（2）关于家庭农场主体资格的问题研究。自2013年起，中央一号文件多次提到积极发展并扩大"家庭农场"的规模。结合实地调研情况，不少学者也一致认为发展家庭农场是我国推进农地规模经营的主要途径之一。如学者王春来认为，"家庭农场的兴起和发展是适合我国农村生产力和生产关系发展阶段的产物，国内外的经验表明家庭农场应当作为农业生产环节的主体，也可以成为推动现代农业发展的生产单元"。[3]学者朱启臻在其《谈谈家庭农场》[4]中深入研究讨论了家庭农场的内涵优

〔1〕 唐琼：《新形势下工商企业租赁农户承包地准入面临的问题分析》，载《中国集体经济》2014年第7期。

〔2〕 丁关良：《工商企业租赁与使用农户"家庭承包地"的法律对策研究》，载《华中农业大学学报（社会科学版）》2013年第5期。

〔3〕 王春来：《发展家庭农场的三个关键问题探讨》，载《农业经济问题》2014年第1期。

〔4〕 朱启臻：《谈谈家庭农场》，载《前线》2014年第2期。

势等问题，肯定了家庭农场作为农地规模经营的主体资格。学者赵佳、姜长云在《兼业小农抑或家庭农场——中国农业家庭经营组织变迁的路径选择》中回顾了农户家庭经营的相关理论与文献，分析了工业化、城镇化进程中中国农户家庭经营的演变历程与分化现状，认为发展家庭农场是我国未来发展的正确道路。[1]

近几年，许多学者以家庭农场为基础进行新型农场的探索。如学者冯娜娜、张忠明、石彦琴以海门新型合作农场为例，从新制度经济学视角对新型合作农场的农业经营体制创新特征进行分析，并与其他新型农业经营主体进行对比，指出新型合作农场在联农带农、壮大村集体经济方面的优势。他们认为，新型合作农场将村集体经济组织实体化为农地经营主体，整合土地、劳动力、资本、技术等资源要素，并将现代经营管理制度引入农业生产，在土地规模经营的同时有效实现了产权明晰、交易成本降低、风险分担和外部性内部化，有效促进了农民和村集体的双增收，实现了农业生产的帕累托改进。新型合作农场充分坐实了村集体"统"的功能，其合作化、一体化、企业化的经营模式可以为我国其他地区农地适度规模经营提供一种思路和参照。[2]

此外，部分学者如何劲、熊学萍、宋金田结合国外经验，通过比较美国、法国、日本等发达国家的家庭农场经营模式，借鉴有益经验，认为"在新一轮深化农村改革中，加快发展家庭农场、推进农业经营方式转变，成为化解农业规模经营问题

---

[1] 赵佳、姜长云：《兼业小农抑或家庭农场——中国农业家庭经营组织变迁的路径选择》，载《农业经济问题》2015 年第 3 期。
[2] 冯娜娜、张忠明、石彦琴：《新型合作农场：经济发达地区农地规模经营的逻辑与实践》，载《中国农业资源与区划》2023 年第 8 期。

和实现我国农业现代化的有效途径。"[1]

（3）关于农业合作社主体资格的问题研究。大量学者已重新开始审视农业合作社在我国存在的意义，认为它是市场经济发展与农业产业化进程下的必然产物，但需要对它进行立法完善以推动发展。比如学者雷兴虎、刘观来针对我国农业合作社立法中激励机制的制度缺失及其立法完善问题进行了深入研究。[2] 2017年新修订的《农民专业合作社法》更是从立法角度明确了新型合作社的重要作用。此后，学术界的研究也更加深入具体。一些学者认为，以合作社为基础的各类新形式已经成为我国现代农业发展过程中最重要的组织创新之一。[3]还有学者如张曾、甄华杨、乔玉辉等人从不同角度论证了农业合作社的重要作用，认为"它能有效影响小农户的生产行为，是小农户与现代农业发展有机衔接的桥梁。"[4]

1.3.1.6　农地流转形式规制研究

我国学术界的"相关"研究成果颇丰，学者从多角度探讨如何在"三权分置"下有效规范我国农地流转的方式，其中包括：

（1）农地经营权抵押研究。原来，在我国法律明令禁止而政策又表示允许的背景下，学术界对于法律上是否应允许农地抵押分歧很大，主要有以王利明学者为代表的肯定论和以梁慧

---

〔1〕何劲、熊学萍、宋金田：《国外家庭农场模式比较与我国发展路径选择》，载《经济纵横》2014年第8期。

〔2〕雷兴虎、刘观来：《激励机制视野下我国农业合作社治理结构之立法完善》，载《法学评论》2011年第6期。

〔3〕柯炳生：《新型合作社的重要作用有哪些?》载《农民日报》2018年6月4日，第3版。

〔4〕张曾等：《小农户与现代农业发展有机衔接的桥梁——基于有机农业合作社的分析》，载《中国农业资源与区划》2020年第11期。

星学者为代表的否定论两种观点。

近年来，随着全国范围内农地抵押贷款试点的推进以及相关法律对农地经营权抵押合法性的确认，学术界已经从农地经营权抵押的法理正当性研究过渡到关注农地经营权抵押中的实际问题和相关法律规制的研究。如学者蔡立东、姜楠认为，农地权利抵押是承包权、经营权分置下的必然体系效应之一。〔1〕学者赵忠奎在《农地抵押地方"试错"的证成、限制与出路》中更是分析了农地抵押试点现实中受到的限制问题。〔2〕《土地经营权抵押的破产处置——以"浙江大唐生态农业公司破产案"为实践》〔3〕《土地经营权抵押响应对农户土地转出行为的影响——来自宁夏回族自治区农地产权抵押试点区的证据》〔4〕，这样以具体局部区域为研究对象思考"农地抵押权运行中出现的问题"的研究也在不断涌现。

（2）农地经营权信托流转研究。对于我国各地方已经出现的农地经营权信托流转形式，如"绍兴模式""北京信托模式"等，一些学者对其所涉及的法律问题进行了不同层面的研究。首先，我国学术界对于农地经营权信托流转方式基本上都给予了积极肯定的态度，认为该流转形式可以在坚持土地承包经营权的基础上，有效提高农地利用效率。例如学者赵立新、梁瑞敏认为，我国应大力发展农地经营权信托流转形式，这是因为，

---

〔1〕　蔡立东、姜楠：《承包权与经营权分置的法构造》，载《法学研究》2015年第3期。

〔2〕　赵忠奎：《农地抵押地方"试错"的证成、限制与出路》，载《江西财经大学学报》2015年第6期。

〔3〕　赵龙、阮梦凡：《土地经营权抵押的破产处置——以"浙江大唐生态农业公司破产案"为实践》，载《法律适用》2020年第2期。

〔4〕　李超、李韬：《土地经营权抵押响应对农户土地转出行为的影响——来自宁夏回族自治区农地产权抵押试点区的证据》，载《农业技术经济》2021年第3期。

它具有如下制度优势：一是通过这一方式，以信托的形式将土地经营权转移给信托机构，由信托机构通过银行或其他途径筹集资金进行开发，可以为土地承包权人（委托人）节约经营费用；二是利用信托制度的优势，可以更好地开发利用土地资源，以此解决大量农村青壮年进城务工所造成的土地抛荒的现象。[1]学者胡亦琴指出，"土地信托业务的开展，保障了农民对土地的承包权适应农民在不同季节对土地流转的要求。"[2]

然而，对于农地经营权信托流转的最基本法律问题，如信托财产界定和委托人、受托人以及受益人的范围界定，学术界尚未形成统一观点，不同学者从不同角度阐述了结论各异的观点。例如，对于信托财产界定，目前学术界有三种观点：一是信托财产是集体土地所有权；[3]二是信托财产是土地承包者拥有的土地经营权；[4]三是信托财产是土地承包经营权。[5]对于委托人的范围界定，目前理论界与实务界存在两种观点：一是信托流转的委托人应当是单户的土地承包经营权人（承包方）；[6]二是从实践操作来看，委托人往往是村委会或政府部门。[7]对于受托人的范围界定，一些学者结合我国农村土地经营权信托流转的理论与实际，认为可能担任受托人的主体范围非常广泛，

---

〔1〕 赵立新、梁瑞敏：《中国农村土地流转的信托路径及其法律问题》，载《河北学刊》2014年第3期。

〔2〕 胡亦琴：《农村土地市场化进程中的政府规制研究》，经济管理出版社2009年版，第110页。

〔3〕 周小明：《信托制度：法理与实务》，中国法制出版社2012年版，第129页。

〔4〕 谢静：《农村土地信托制度研究》，载《经济研究导刊》2008年第16期。

〔5〕 张丽华、赵志毅：《农村土地信托制度初探》，载《贵州师范大学学报（社会科学版）》2005年第5期。

〔6〕 高圣平：《农地信托流转的法律构造》，载《法商研究》2014年第2期。

〔7〕 蒲坚：《解放土地：新一轮土地信托化改革》，中信出版社2014年版，第218—219页。

包括：土地经营权信托服务中心或土地经营权信托服务站、专业信托公司、政府相关部门出资设立的信托机构，以及具备一定资金技术实力的自然人。[1]而另一部分学者对于受托人的范围确定却持保守观点，认为"为了使信托制度能够在农村土地资本市场发展中得以运用并发挥其优势，农村土地信托的受托人应为本集体经济组织内部的其他成员……随着我国农村土地信托制度的推行和广泛运用，在条件成熟的时候，可以考虑建立农村土地信托服务机构。在这个问题上，不应急于求成"。[2]对于受益人的范围界定，有学者认为受益人应由土地承包经营权人在信托合同中指定，既可以自己为唯一受益人，又可和他人一起成为共同受益人；既可以将信托机构列为共同受益人之一，也可不列。[3]而另一部分学者认为农地经营权信托流转只能是同一信托法律关系中的委托人（农户）本人。[4]

（3）农地经营权入股问题研究。学者赖华子认为，"农地入股的法律性质主要有物权流转说与债权流转说两种互相对抗的学说，立法倾向于债权流转说，该说……在出资农地的安全性，农地承包经营权抵押价值的充分发挥等方面存在不足"。[5]学者方志平认为，在农地入股实践中也存在一些不足，如农地保持与发展问题（包括农民失地风险、改变农地农用性质、农地合理发展问题）、农民股东利益保护的缺位（即市场准入机制不健

---

[1] 代少蕊：《农村土地承包经营权信托研究》，中南大学 2012 年硕士学位论文。

[2] 张丽华、赵志毅：《农村土地信托制度初探》，载《贵州师范大学学报（社会科学版）》2005 年第 5 期。

[3] 钟远平：《我国农村土地信托的法理基础及制度构建》，中国政法大学 2007 年硕士学位论文。

[4] 高圣平：《农地信托流转的法律构造》，载《法商研究》2014 年第 2 期。

[5] 赖华子：《论农地入股债权流转说立法的不足与完善》，载《农业经济》2013 年第 12 期。

全，农民难以参与公司管理与监督）、农民股权流转困难、公司
终止问题、农民与债权人的利益保护问题和政府助推制度缺失
等。[1]学者董景山认为，"土地承包经营权入股已经成为促进土
地规模经营的重要形式……但是操作性的法律规则供给不足以及
土地承包经营权入股的复杂性等原因呼唤地方立法的产生。"[2]
除此以外，学者伍中信、兰屏、唐秀元从现实的扶贫角度考虑
农地经营权入股问题[3]；学者王邦习基于全国的裁判文书实际
案例对农地经营权入股问题[4]进行了研究；学者文龙娇、顾天
竹从政策角度提出农地经营权入股相关政策的优化路径[5]等。
这些学者多是从现实角度进行思考，较少以法学理论为视角思
考农地经营权入股的问题。

1.3.1.7　关于农地规模经营地方样本的研究

学者陈小君对于与农地规模经营有关的土地流转问题进行
过10个省的实地调研[6]。由于黑龙江省是我国粮食生产的第
一大省，农业的健康快速发展不仅对黑龙江省缩小城乡差距、
实现统筹城乡一体化和新农村建设具有十分重要的现实意义，
而且对我国的粮食安全影响重大，以学者何宏莲和韩学平为代
表，将黑龙江省作为我国农地规模经营的地方样本进行研究。

---

〔1〕方志平：《农地入股法律问题研究》，湖南师范大学 2014 年硕士学位论
文。

〔2〕董景山：《"三权分置"背景下土地承包经营权入股合作社的地方立法介
评与建议》，载《西部法学评论》2017 年第 4 期。

〔3〕伍中信、兰屏、唐秀元：《"三权分置"下财产性收入扶贫模式探索与创
新》，载《财会月刊》2021 年第 17 期。

〔4〕王邦习：《农地经营权入股的法律风险及其防控——基于全国依法公开相
关裁判文书的实证》，载《农村经济》2018 年第 7 期。

〔5〕文龙娇、顾天竹：《政策环境对农地经营权入股决策偏好的影响及政策优
化路径》，载《现代经济探讨》2019 年第 11 期。

〔6〕"农村土地问题立法研究"课题组、陈小君：《农村土地法律制度运行的
现实考察——对我国 10 个省调查的总报告》，载《法商研究》2010 年第 1 期。

他们通过分析黑龙江省农地规模经营的动因、基础条件、影响因素与发展现状，设计出符合该省发展的农地适度规模经营的机制体系，包括农村剩余劳动力转移制度、农村土地流转机制、多元化农业资金保障机制、农村社会化服务体系、农产品质量安全管理制度、农业风险防范制度和统筹城乡的农村社会保障制度。[1]上海市郊区农村由于农地资源紧张，而实现农地的规模化经营讲究土地的产出效率与用地效益，对此学者方芳在研究上海农地规模经营的实现途径中以城乡一体化为研究视角，认为市场主导型是上海农地规模经营的必然选择，而具体实现途径中土地股份制将是上海农地规模经营实现的良好手段。[2]

1.3.1.8 农村产权制度改革问题研究

我国的农村集体产权制度改革属于社会主义公有制背景下具有中国特色的重大理论与实践问题，已经引起经济学、管理学、法学、政治学、社会学等诸学科的广泛关注。而农村产权制度改革与农地实现规模经营相关的研究成果主要包括：

（1）关于农村集体产权制度变革的探索。学者邓大才在《中国农村产权变迁与经验——来自国家治理视角下的启示》中指出，"产权有多种属性且与国家治理相关联……1949 年以后的农村产权集体化改革，以承包权为重点的'两权分离'及以搞活土地经营权为核心的'三权分置'改革，也是国家治理现代化条件下产权经济属性增强、社会属性弱化的过程。"[3]

---

〔1〕 何宏莲：《黑龙江省农地适度规模经营机制体系与运行模式研究》，中国农业出版社 2012 年版，第 40—195 页。

〔2〕 方芳：《农地规模经营实现途径研究——基于上海城乡一体化演进视角》，上海财经大学出版社 2008 年版，第 84—104 页。

〔3〕 邓大才：《中国农村产权变迁与经验——来自国家治理视角下的启示》，载《中国社会科学》2017 年第 1 期。

（2）关于农村集体产权制度改革实现路径的探究。学者张应良、杨芳从产权理论和集体所有制入手，梳理了农村集体产权制度的改革轨迹，分析了深化改革中的现实困境，并以腾冲、湄潭、崇州的实践经验，剖析了产业带动型、集体带头型、政府主导型的集体经济实现形式，从产权实施能力提升、产权实施环境改善和主体权益实现视角，提炼农村产权制度深化改革的内在逻辑。他们认为，"农村集体产权制度深化改革中要注重培育和扶植多种组织形式的农民'集体'，改善制度规范、产业发展和社会认同等多维产权实施环境，因地制宜，引导多元主体有序参与，并辅以相应保障制度。"〔1〕

（3）关于农村集体经济组织法律地位问题的探讨。学者方志权在《农村集体经济组织产权制度改革若干问题》中指出，"推进农村集体经济组织产权制度改革是农村改革发展中的一个具有方向性的重大课题……促进农村集体经济持续健康发展需要拓宽路径。"〔2〕学者李勇华从村民自治的视角探究农村集体产权制度改革的意义，指出"村级集体财产的治理是村民自治的核心和根本，治理好坏直接决定着村民自治的成败……农村集体产权制度改革的意义，就是通过一系列的'确权''分权''赋权''活权'，在坚持国家基本经济制度的基础上，赋予农村集体经济组织成员更多财产权利，实现产权的多层明晰和法制化，建立起可落地的集体产权有效治理的制度，从根本上厘清制约村民自治施行的'国家—村民自治体'和'自治组织—村民'两大关系，从而为村民自治制度和乡村治理体系的现代化

---

〔1〕 张应良、杨芳：《农村集体产权制度改革的实践例证与理论逻辑》，载《改革》2017年第3期。

〔2〕 方志权：《农村集体经济组织产权制度改革若干问题》，载《中国农村经济》2014年第7期。

奠定切实的基础性条件。"[1]

（4）关于农村集体经济组织成员资格及其权利问题的探讨。学者姚素仁在《对农村集体经济组织成员认定的思考》中指出，"村集体经济组织成员身份界定应综合考虑该人员是否以本村集体经济组织资产为基本生活保障……因地制宜有序推进农村集体经济组织成员身份认定。"[2]学者陈小君在《我国农民集体成员权的立法抉择》中指出，农民在农村集体经济组织中的成员权一直未被立法者充分重视，相应的立法缺失导致实践中纠纷不断，农民利益频遭损害……在物权法中，应通过成员权条款的设置，使成员通过某种规则行使参与集体财产的管理、收益及处分等，此亦是集体所有权制度规范完善的重点。[3]

（5）关于农村集体产权流转交易机制的探究。学者黄延信在《深化农村集体产权制度改革的几个问题》中指出，"农村集体资产自由进入市场，是实现农村各类要素优化组合的需要，是完善农村市场经济体制的需要，也是深化农村集体产权制度改革的需要。农村产权能否流转变现，是决定农民财产权利（如抵押权）是否具备可行性与可操作性的关键。因此，农村产权的流转顺畅是真正实现农民财产权益的必要环节，而保证农村产权流转顺畅的核心，则是建立农村产权交易市场。为推动农村产权有序顺畅流转，成都、武汉、上海、重庆、浙江、广东等地探索建立农村产权交易市场，取得了良好效果。浙江省平湖市在土地流转服务中心的基础上建立农村产权交易中心，

---

〔1〕 李勇华：《农村集体产权制度改革对村民自治的价值》，载《中州学刊》2016 年第 5 期。

〔2〕 姚素仁：《对农村集体经济组织成员认定的思考》，载《农村财务会计》2019 年第 5 期。

〔3〕 陈小君：《我国农民集体成员权的立法抉择》，载《清华法学》2017 年第 2 期。

各镇街依托农经机构设立农村产权交易分中心，农村集体产权交易行为原则上全部进入市、镇街两级农村产权交易机构公开交易，并将农村产权交易机构的集体产权交易信息数据库与农村集体'三资'监管网络系统联网。广东省佛山市全面构建农村集体资产管理交易平台，在各镇街建立农村集体资产管理交易中心，实现农村集体资产网上管理、网上交易"。[1]

（6）关于农村集体资产和产权保护问题的探讨。学者赵新龙在《农村集体资产股份量化纠纷的司法实践研究——基于681份裁判文书的整理》中指出，"司法机关对股份量化纠纷的总体立场比较消极，集体成员维权失败具有普遍性，其中最为突出的争议焦点是纠纷可诉性、成员资格认定、方案效力审查和股份量化依据等问题……以团体法属性为股份量化改革的私法语境，以股份量化行为的法律性质为主要理据，重点是按照效力规则审查方案效力并据以裁判个案。"[2]

（7）关于农村集体资产股份合作制改革中股份配置问题的探究。《浙江省农村集体产权制度改革调研报告》指出，通过"调查浙江省农村集体产权制度改革发现，在以村为单位开展这项工作中，农村集体资产量化以经营性资产为主，成员资格界定兼顾户籍与劳动贡献，一般设置人口股和农龄股，股权管理采取动态和静态两种模式，形成的新型集体经济组织建立'三会'治理结构，在提取公积金和公益金后当年收益按股分配。实践证明，该项改革保持了集体生产的完整性，增加了成员的财产性收入，探索了集体经济有效实现形式。针对面临的股权

---

〔1〕 黄延信：《深化农村集体产权制度改革的几个问题》，载《农业经济与管理》2013 年第 5 期。

〔2〕 赵新龙：《农村集体资产股份量化纠纷的司法实践研究——基于 681 份裁判文书的整理》，载《农业经济问题》2019 年第 5 期。

流动困难、工商登记后的税费负担过重和可持续发展挑战，应该明确改革步骤，完善农村集体资产产权权能，制定税费优惠政策。"[1]

1.3.2　国外文献综述

1.3.2.1　农地规模经营的理论依据

农地规模经营的理论依据主要借鉴经济学中关于土地规模经济的理论研究。这一理论又起源于威廉·配第等西方古典经济学家所提出的土地报酬递减规律。英国学者威廉·配第在1672 年所著的《政治算术》中发现"一定面积的土地生产力都有一最大限度，超过这一限度后，土地的产量就不可能随劳动的增加而增加了。而土地生产力的这一最大限度就是达到规模经济时土地利用各生产要素的配置比例规模。"[2]根据规模报酬变化规律，1890 年阿尔弗雷德·马歇尔在其巨著《经济学原理》一书中，第一次明确提出"规模经济"这一概念，并把规模经济分为外在经济与内在经济。[3]而对于土地规模经济理论的研究，马克思曾指出："从经济观点来看，大规模地耕种土地，比在小块的和分散的土地上经营农业优越得多"[4]。列宁也赞同大生产优于小生产的观点，并指出："农业大生产只能在一定的限度内具有优越性"，"这些限度在各种农业部门中以及在

〔1〕　农业部农村经济体制与经营管理司调研组：《浙江省农村集体产权制度改革调研报告》，载《农业经济问题》2013 年第 10 期。

〔2〕　[英]威廉·配第：《政治算术》，陈冬野译，商务印书馆 1978 年版，第24 页。

〔3〕　[美]曼昆：《经济学原理》（原书第 3 版），梁小民译，机械工业出版社2003 年版，第 134 页。

〔4〕　《马克思恩格斯全集》，中共中央马克思、恩格斯、列宁、斯大林著作编译局译，人民出版社 1964 年版，第 65 页。

各种社会经济条件下都各不相同。"〔1〕此后，西方经济学家对于土地规模所产生的经济效益又与农业技术、科技投入所产生的经济效益进行比较研究。如英国经济学家约翰·理查德·希克斯 1950 年在他所著《经济周期理论》中认为，"扩大农地面积替代劳动的机械化技术进步与增加劳动和科技投入替代土地的生化技术进步都同样具有规模经济效率。"〔2〕与此同时，又涌现出一批经济学者，如舒尔茨、诺斯、速水佑次郎等，对土地规模经济理论提出了异议。例如，美国学者舒尔茨认为，"经济增长不一定借助于一个国家模式的'规模经济'，而是要素与产品价格的相对变化诱致了技术和制度变迁导致了农业生产的增长。"〔3〕

1.3.2.2　各国法律规制农地规模经营的模式研究

关于农地规模经营的模式研究，日本经济学家速水佑次郎和美国经济学家费农·拉坦认为，"农业现代化可分为美国模式、日本模式和西欧模式。美国主要表现为大农场模式，因为美国是'人少地多'的发达国家农地规模经营的典型，在推进土地流转和发展规模经营中遵循市场经济法则。法国、日本主要表现为中小型农场模式，法国是传统的小农经济结构，土地分散、人地矛盾突出，其农地规模经营的发展以政府为主导，通过颁布有关法律、成立有关机构和采取相关措施来促使土地流转和土地规模化经营；日本农地少、人口多，人地矛盾紧张，是典型的小农制模式，兼业化现象突出，其通过土地流转和大

---

〔1〕《列宁全集》，中共中央马克思、恩格斯、列宁、斯大林著作编译局编译，人民出版社 1984 年版，第 97 页。

〔2〕何宏莲：《黑龙江省农地适度规模经营机制体系与运行模式研究》，中国农业出版社 2012 年版，第 8 页。

〔3〕［美］西奥多·W. 舒尔茨：《改造传统农业》，梁小民译，商务印书馆 1987 年版，第 68 页。

力发展农协来弥补小农经济不足，以推动农地规模经营。"〔1〕

1.3.2.3　法律规制农地规模经营的必要性研究

目前，西方学者的主流思想是认为农地经营行为应主要依赖于土地市场，只有在市场运行失灵时，政府才可以间接地干预农地交易市场，推动规模化经营。例如，学者林德尔·G.霍尔库姆认为，"一个更有效的土地利用政策是，其能使政府在更有效地规划其基础设施发展的同时，允许市场力量引导下的私有土地的发展。"〔2〕学者埃德加·F.博加塔和朗达·J.V.蒙哥马利认为，"土地在交易过程中会发生市场失效，造成土地利用的动荡，因此，财政部分应支持政府干预市场，以弥补市场缺陷。"〔3〕法国学者佛朗索瓦·泰雷和菲利普·森勒尔指出，地块分割得过于零散会妨碍农业生产经营活动，主要表现为大型车辆无法进入，引起时间上的浪费，小型土地无法实行机耕机种；而解决这一问题的办法就是对土地实行归并与整理，这种归并整理活动既可以通过个人的自愿行为也可以通过集体活动来实现，但是不能指望通过个人之间的土地自愿转让或自愿交换就可以明显实现土地的全面归并和整理，原因在于要想取得所有的土地权利人的一致同意是很不容易的，并且农业土地的归并和整理是一项很复杂的活动，仅仅把土地集中起来是不够的，还应当通过对每一块土地的道路进行整治，以确保种植自由。因此，农业土地的真正归并整理还是要通过集体途径才能实现，

---

〔1〕　［日］速水佑次郎、［美］费农·拉坦：《农业发展的国际分析》（修订扩充版），郭熙保等译，中国社会科学出版社 2000 年版，第 101—102 页。

〔2〕　Randall G. Holcombe, "Echoes of Henry George in Morden Analysis: A comment on Three Applications", *American Journal of Economics and Sociology*, Vol. 63, 5 (2004), pp. 1131–1138.

〔3〕　Edgar F. Borgatta and Rhonda J. V. Montgomery eds. *Encyclopedia of Sociology*, 2nd ed. , Macmillan Reference USA, 2000, p. 251.

行政部门可以强制进行归并整理，或者至少可以通过土地利益关系人的大多数来共同强制进行土地归并整理。[1]

1.3.2.4 法律规制农地规模经营的制度模式研究

关于法律规制农地规模经营的制度模式研究，学者雅各布·T.克莱莫[2]将各国农地的法律政策分为五大制度模式：全部财产权制度模式、部分财产权（保护地役权）制度模式、税收制度模式、市场激励制度模式和管制与控制规制制度模式，并引入经济学分析理论，即"成本和收益"原理，分析五种制度模式的实施效果。通过分析，他发现管制与控制规制制度模式虽从直观来讲是一种最简单、最直接的法律规制手段，但从其效果来看未必最佳。该模式的失败性在于它直接规制和限制农民的行为，而忽视对农民的机会成本损失给予相应补偿。因为缺乏对农民经济利益的激励，所以只能让农民被动地遵从法律政策，从而需要过多的监管成本，又因此增大了其交易成本，最终影响实施效果。相比较来看，以市场为基础的市场激励、税收和部分财产权（保护地役权）这三种制度模式，以经济利益为诱导机制，通过增加农业收益、减少法律政策的执行成本使农业经济可行性得以实现，以此促使农民实施法律政策目标，因而有着很好的实施效果，被视为很有发展前景的制度模式选择。

1.3.3 文献述评

根据已有的文献资料，可以发现，国外对于农地规模经营

---

〔1〕 黄河：《农村土地承包经营权流转法制保障研究》，西北农林科技大学2010年博士学位论文。

〔2〕 Jacob T. Cremer, "Fighting the Lure of the Infinite: Lease Conservation Easements at the Urban Fringe", *Journal of Environmental Law Report*, 7 (2010), pp. 10687-10695.

的研究最早可以追溯到十七世纪威廉·配第关于土地报酬递减规律的发现。以此理论为出发点，而后英、德、法等国学者以土地规模经济为理论依据论证出农地规模经营的必要性和合理性。而对于土地规模经营的系统性研究成果则主要出现于二十世纪中期。随着二战结束，发达国家的经济开始全面复苏。特别是在二十世纪六七十年代，这些国家以工业化和现代化为驱动力，经历了快速的城市化发展，导致大量资本急剧流向城市。受经济利益的驱动，许多农民自愿放弃农业转入非农产业，同时，大量的基本农田被改为城市用地。这使得农业活力在这些国家中急剧下降。为了解决这一问题并促进农村发展、增加农业生产、提高农民所得，许多发达国家的政府与学者纷纷致力于对农地规模经营方面的实践与研究工作。目前，国外对于农地规模经营的研究成果主要集中在以下几个方面：农地规模经营的理论依据、各国法律规制农地规模经营的模式研究、法律规制农地规模经营行为的必要性、法律规制农地规模经营的制度模式研究等。

此外，我国对于农地实现规模经营的研究最早始于二十世纪八十年代，发展至今已逐步成为我国社会和理论界关注的焦点，尤其是近二十年涌现了相关的学术论文、著作、硕博士学位论文。但比较国外的研究成果，总体而言，国内对农地规模经营的研究起步较晚，研究成果也并不成熟，存在诸多不足。主要包括：①视角单一。现有的研究主要从土地资源学、土地管理学、土地经济学角度分析农地规模经营行为。目前，仅有学者韩学平和刘兆军的《土地适度规模经营的法制保障问题研究》和学者安子明的《农地规模经营的制度要素研究：以"三权分置"为基础》较为系统地以法学视角探讨农地规模经营问题。②理论研究不足。现有的对于农地规模化的研究多依据经济学与管理学理论，法学理论研究基本处于空白阶段。③法学研究还存在碎片化问题，地方土地规模经营的立法经验和具体制度欠缺整合，整体性研究有待进一步深化。

另外，关于政府干预行为的必要性以及限度问题，西方学者根据不同的经济形势得出了不同的结论，不断在强调"经济自由"与加强"政府或国家干预"的思潮中转换。但无论如何，西方理论界的主流观点都强调市场的基础性作用，因此政府的"干预"行为只能是在市场"失灵"的前提下，"适度"干预，即政府应懂得尊重市场运行机制，政府干预经济的行为必须与市场机制相协调，以期确立干预行为的限度和范围，提高干预的绩效。[1]对于政府通过法律规制农地规模经营的行为，根据各国的实践经验，目前西方学者的主流思想是认为农地规模经营行为应主要依赖于农地交易市场，只有在市场运行失灵时，政府才可以适度地、间接地依靠法律干预农地交易市场，推动规模化经营。相较于西方研究，我国学术界对于政府干预农地规模经营的研究甚少，对于政府干预理论多借鉴西方成熟的研究成果，结合中国的实践进行的分析论证，缺乏自创理论。而对于法律规制农地规模经营行为的应然手段与方式，我国学者主要着眼于根据调研发现的法律规制农地流转市场时的各种弊端与问题，缺乏直接的评述与总结。

本书将对上述国内文献的不足与缺陷进行法律层面的关联研究，以期填补我国农地规模经营法学理论研究的空白，力图为"三权分置"下农地规模经营的法制化工作提出完善建议。

---

〔1〕 吕忠梅、陈虹:《经济法原论》（第二版），法律出版社 2008 年版，第 90 页。

1.4 结构及主要内容

本书将以"三权分置"背景下农地规模经营的法律规制问题为主要研究对象，由此探讨如何构建符合我国国情的相应法律保障制度，关注其对农地规模经营的实施效果。本书共八部分，除去第一章绪论，主体共七部分。这七部分的结构及内容编排如下：

（1）"三权分置"政策对农地规模经营实现的影响机制。其中，农地规模经营的概述主要阐述农地规模经营的内涵、认定因素、法律特征以及制度功能这几个方面。在农地"三权分置"的政策解析中，本书将结合农地"两权分离"的历史作用与弊端与农地"三权分置"政策推出的背景及内容，解析农地"三权分置"的相关理论体系以及对于农地规模经营实现的作用与意义。

（2）"三权分置"基础上实现农地规模经营的社会内生动力。本书在社会调查中设置了多角度问题，包括农地经营意愿、农地经营主体、农地流转方式、农地经营时间和农地纠纷解决方式并得出结论：农村土地经营在当前的社会背景下正面临着前所未有的机遇和挑战。我们需要在深化农村土地制度改革的同时，注重农地规模经营的多样性和综合性，鼓励和支持多元的经营主体参与农村土地经营，确保农地规模经营的稳定性和长远性，以及通过和平方式解决农地经营中的纠纷。这不仅有助于推动农村经济的持续健康发展，也有助于维护农村社会的稳定和和谐。

（3）"三权分置"下我国农地规模经营的运行现状与现行法律制度。我国农地规模经营的运行现状主要介绍我国农地经营的基本现状、我国推行农地规模经营政策的制度背景以及我国农地规模经营的发展特点三部分。而"三权分置"下我国农地规模经营规制立法述评主要介绍了"三权分置"下我国法律规制农地规模经营的制度体系和制度特征。其中，我国法律规制农地规模经营的制度体系包括中央层面的立法和各地方的立法实验。而我国农地规模经营的规制立法表现出很强的阶段性特征，先后经历了法律禁止—政策放开—法律放开—法律规范—政策鼓励支持—法律政策全面支持的制度发展脉络。其制度特征包括：①我国农地规模经营的规制立法以政策为主导方式；②各种地方政策以直接干预为手段。

（4）"三权分置"下我国农地规模经营的运行问题与现行立法不足。根据黑龙江省、浙江省、海南省、重庆市等多地的相关实地报告和实证调研的采录结果，可以发现我国各地在推广农地规模经营时存在诸多现实性问题，导致其无法按照健康、有序的目标轨迹不断推进与完善。这些问题主要表现在：①政府干预农地流转的色彩过浓；②农地集中往往无法实现最佳的经营规模，即"适度性"经营规模；③农地市场发育不充分、不成熟，农地流转成本过高；④农村合作社至今无法有效成为我国农地规模经营的主体；⑤工商企业经流转取得农地后，可能会出现经营不善、逃跑退出、非正常利用土地、毁损地力、无力支付租金等问题；⑥如何确保失地农民的生存保障问题；⑦在"三权分置"政策下，其权利性质与权利关系需要理顺，否则影响农地流转与规模经营的顺利进行。而其现行法律规制制度不足，包括：①落实农地"三权分置"中权利制度设计失衡；②现有法律对农地规模经营主体的多元化形态缺乏有效回应；③现有法律框架下农地流转受让主体的限制条件过多；④农地经营规模的立法标准不一；⑤农地用途管制制度缺乏立法支持等问题。

（5）法律规制农地规模经营行为的理论依据。本部分根据现有经济法学、行政法学、民法学多维度法学学科理论论证了法律规制农地规模经营行为的正当性、合理性和必要性。

（6）典型国家农地规模经营的立法经验与启示。本书通过对美国、法国、日本的农地规模经营的法律规制制度的演变过程进行梳理，得出这样一种普遍规律：这些国家在农地流转市场初期多采用直接、强制法律规制模式干预农地流转与经营行为，而在农地流转市场成熟阶段基本上都采用间接、适度干预的法律规制制度模式。

（7）"三权分置"下法律规制农地规模经营的制度完善。虽然"三权分置"下农地规模经营已经开始在一些地方落地，但整体上还是一个自下而上的探索过程。国家对于农地规模经营的政策、目标、内容等需要进一步细化和明确，以确保这一变革更加顺利、高效地进行。农地规模经营和农业规模经营还有待于新的立法予以规范与保障，修改《土地承包法》后还需要进一步制定专门保障土地经营权的相关法律制度，即出台农地规模经营保障法，才能全面实现"三权分置"的改革目标。

在"以效率优先兼顾公平"的立法价值取向下，农地规模经营保障法应以"放松规制"和"激励性规制"为法律规制的表现形式，其具体的制度内容包含以下几个方面：其一，农地规模经营主体制度，即①设立工商企业成为农地规模经营主体的制度条件；②培育新型农业经营主体的制度支持；③明确外资企业进入农地流转市场的法律限制；④取消集体经济组织成员流转优先权的法律规定。其二，农地规模经营客体制度，即①建立农地规模经营适度标准制度；②建立法定面积农地强制整理制度；③重塑农地用途管制制度；④设立保护地役权制度；

⑤建立农地经营权流转的限制细分制度；⑥扩展多种农地流转形式的法律制度；⑦构建农地流转与经营风险防控的法律制度。其三，农地规模经营程序制度，即①农地流转程序的法律制度完善；②构建农地综合整治的法定程序。

与此同时，农地规模经营的法律制度体系中还需完善农地规模经营相关配套的法律制度，包括农地规模经营的财政金融保障制度、建立完善的农村社会保障制度和农村劳动力转移的配套支持制度。

1.5 研究方法

（1）田野调查法。通过对河南、四川、浙江、辽宁、黑龙江、海南、重庆等农业发展水平不一的省份和直辖市以访谈的方式进行了调查，了解"三权分置"背景下农地规模经营推广工作的问题与效果。

（2）文献研究法。本书充分收集与整理国内外学术界的学术成果与学术观点，而后进行比较，寻找课题的历史、理论和政策支持。

（3）比较研究法。国外不乏农地规模经营行为中法律制度相对比较健全的国家和地区，通过比较分析典型国家中农地规模经营的法律制度演变历史及立法现状，本书将找出其共性及合理的一面，得出农地规模经营的法律制度模式的一般规律与选择。

（4）跨学科研究方法。本书将以法学理论为支撑并辅助土地经济学、土地管理学和土地资源学等其他学科理论，对农地规模经营的内涵以及政府法律规制行为的必要性进行层递形式的详细论述，为进一步研究打下良好基础。

1.6　研究的难点与重点

本书的难点在于：①依据经济法理论，论证政府法律规制农地经营行为的合理性与正当性；②根据各国立法实践及市场规制法中政府干预理论，构建起农地规模经营的应然法律规制模式；③在现有法律制度基础上，完善我国农地规模经营法律保障制度；④厘清我国土地所有权、承包权、经营权的权利属性与"三权分置"中权利体系的构建。

本书的重点在于：①国外典型国家的农地产权私有化与我国农地集体所有制存在根本上的不同，因此在土地所有权制度存在巨大差异性下，如何合理借鉴这些国家政府法律规制农地经营行为，为我国相关立法提供合理化借鉴将是本书必须解决的难点问题；②本书在我国相关研究较少，现有国内资料缺乏从法律规制的视角对之进行系统研究。因此，本研究没有系统性的国内文献资料作为研究参考；③目前"三权分置"的相关理论尚存较多学术争议，很多问题处于白热化争论状态，本书有必要以有效推进"农地规模经营进程"为视角，厘清其理论体系并以此应用于农地流转和规模经营的法律规制制度之中。

1.7　研究的创新之处

1.7.1　学术思想、学术观点的特色与创新

其一，目前学术界对于法律规制农地规模经营行为的正当性、合理性和必要性尚属研究空白，因此，本书以经济法学、行政法学、民法学等多维度法学学科的视角来探讨其法律规制

的正当性、合理性和必要性，具有创新性。其二，现行的《农村土地承包法》主要关注如何在"三权分置"的政策框架内维护农村土地承包关系和农民的合法权益，但在处理集体土地所有权和土地经营权时，受到原有法律框架的限制，内容不够详尽。因此，农地规模经营和农业规模经营需要建立专门的法律制度来规范和保障，即制定专门的农地规模经营保障法，以全面实现农地"三权分置"和"乡村振兴"的改革目标。本书依托国外立法经验和我国立法现状，构建适应我国国情的农地规模经营保障法，并详细解释其中的法律制度内容，为学术界首次提出较为科学、合理、可行的观点和制度建议。其三，在学术界中，本书首次系统地论证"三权分置"政策的有效落实与推进农地规模经营顺利实现的密切关系。

1.7.2　研究方法的特色和创新

（1）研究方法的特色。本书在撰写时大量借鉴土地经济学、土地管理学、土地资源学的已有研究成果与研究方法。因此，研究方法具有较强的交叉性。

（2）研究方法的创新。本书研究现实性、实践性很强，因而在研究方法上注重理论研究和实证研究相结合、文献研究和实地调查研究相结合。基于本书研究的特殊要求，更加注重实证研究和实地调查研究，还要突出强调底线思维，无论提出怎样的相关立法方案，绝不能突破"农民利益不受损""耕地保护思维不突破"的底线。

第2章
"三权分置"政策对农地规模经营实现的影响机制

2.1 农地规模经营的概述

2.1.1 农地规模经营的内涵

根据规模经济理论，土地是决定农业经济效益高低的重要因素之一。在其他生产资料，诸如劳动力、生产技术、资金等条件相同的情况下，土地经营规模的大小将直接影响农业经济效益的多少。[1]但是，土地报酬递减规律告诉我们，土地规模的一味扩大并不一定会带来经济收益的增加，反而可能带来农业生产成本的增加，负面影响其经济收益。因此，对于农地规模经营的理解应注意其"适度性"，即农地的适度集中使生产要素达到优化组合，从而实现土地规模经济。

---

〔1〕 何宏莲：《黑龙江省农地适度规模经营机制体系与运行模式研究》，中国农业出版社 2012 年版，第 25 页。

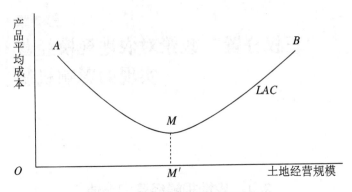

图 2-1　土地规模经济与规模不经济

关于农地规模经营"适度性"的解释根据图 2-1 所示，LAC 曲线是一条随着土地经营规模变动而变动的长期平均成本曲线，在 AM 阶段曲线向右下方倾斜，说明平均成本随着土地经济规模的扩大而下降，属于规模经济阶段；在 MB 阶段曲线向右上方倾斜，说明平均成本随着土地经营规模的扩大而上升，属于规模不经济阶段。[1] 当规模小于 OM′时，应当通过扩大土地经营规模来提高收益水平；当规模大于 OM′时，则应当适当缩小土地经营规模才能提高收益水平；而当规模等于 OM′时，是最佳土地经营规模或者适度土地经营规模。[2]

所以说，农地规模经营的本质是指通过土地经营权流转，适度扩大农地经营规模，从而使土地、资本、劳动力等各生产要素达到最理想的组合，以获取最佳的经济效益。

这里，农地规模经营的内涵涉及以下几个方面：

（1）农田面积扩大。农地规模经营的核心是引导土地经营

---

〔1〕 毕宝德主编：《土地经济学》（第五版），中国人民大学出版社 2006 年版，第 100 页。

〔2〕 毕宝德主编：《土地经济学》（第五版），中国人民大学出版社 2006 年版，第 100 页。

权有序流转，"适度"增加农地面积来扩大农业经营规模。

（2）机械化和技术应用。农地规模经营通常与现代农业技术和机械化相结合。大规模农业经营可以更好地利用农业机械和先进的农业技术，提高生产效率和劳动生产力。

（3）经济效益。农地规模经营的目的是实现经济效益的最大化。通过扩大经营规模和提高生产效率，农业经营者可以获得更多的农产品产量，增加农业收入。

（4）可持续发展。农地规模经营还需要综合考虑经济、社会和环境的可持续性。在农业生产过程中，需要注重生态环境保护、合理利用土地和水资源、保障农民的权益，以实现农业的可持续发展。

2.1.2 农地规模经营的认定因素

具体而言，农地规模经营的认定因素包括土地面积、资源配置、生产设施、技术水平等方面。

首先，土地面积是认定农地规模经营的重要因素之一。通常情况下，规模经营要求农地面积较大，以便实现资源的集约利用和经济规模效应的发挥。大面积的农地可以更好地配置生产要素，提高农业生产的效率和产出。因此，农地面积的大小是评估农地规模经营的关键指标之一。

其次，资源配置是农地规模经营认定的重要考虑因素之一。农地规模经营需要充分利用土地、水资源、劳动力等各种生产要素，以实现农业生产的效益最大化。因此，农地规模经营的认定要考虑资源的充足性和合理配置程度。如果农地拥有丰富的资源，并能够进行科学合理的配置，就可以更好地支持规模经营的实施。

再其次，生产设施也是认定农地规模经营的重要因素之一。

规模经营通常需要一定的农业生产设施，例如灌溉设施、农机具和仓储设施等。这些设施可以提高农业生产的效率和品质，降低生产成本。因此，农地规模经营的认定需要考虑农地是否配备必要的生产设施，以支持规模经营的实施。

最后，技术水平也是认定农地规模经营的重要因素之一。规模经营通常需要较高的技术水平支持，包括农业生产技术、管理技术和市场营销等方面。高水平的技术支持可以提高生产效率、降低风险并提升产品的竞争力。因此，农地规模经营的认定需要考虑农民是否具备相应的技术能力和技术支持，以支持规模经营的实施。

根据对农地规模经营认定因素的描述，我国在制定相关法律政策时，应根据当地的农业经营环境、资源禀赋、生产力水平等生产要素，结合农地单位面积的成本投入和产出状况，合理确定符合本地区农业发展的适度规模指导性标准。[1]另外需要注意的是，上述认定因素是"动态"的，会随着时间的推移发生变化。因此，各地应及时制定法律政策以调整农地规模，使适度经营规模逐渐趋近于最佳的经济效益。

2.1.3 农地规模经营的法律特征

（1）以土地承包经营权为制度基础。我国是一个农业大国，因此加强农业的基础地位、稳定和发展农村经济具有重要的战略意义。而农村经济的稳定与发展的核心正是土地问题。目前，我国农村的基本土地制度是在坚持农村土地集体所有制基础上实施家庭承包经营制度。因此，我国农地规模经营的有序实现

---

[1] 黄毅：《我国农地适度规模经营的法律思考》，载 https://epaper.gmw.cn/gmrb/html/2012-05/01/nw.D110000gmrb_20120501_3-05.htm，最后访问日期：2023 年 12 月 11 日。

必然以农村土地承包经营权为制度基础。农户一旦依法获得农地的承包经营权，便可根据"三权分置"理论将农地的经营权进行集中流转，实现规模经营，从而推动农地流转制度的科学完善，同时也可促进我国家庭承包经营权制度的健全与发展，为农地产权制度的创新提供重要支持。事实上，我国的农地规模经营正是在农地"三权分置"背景下进行的一种提高农地利用效率的经营机制变革与创新。另外，我国农地规模经营的顺利实现也将有利于进一步稳定农村土地承包关系。这是因为：随着我国经济发展水平的不断提高与农业先进生产技术的不断涌现，现有的农地承包经营制度所引发的农地利用效率损失的问题日益突出。而规模经营可以实现土地经营权的再分配和优化配置，有利于农村剩余劳动力或从事第二、三产业的农户，在保留其承包权的前提下，将农地经营权流转出去，从而既有效解决了农地利用效率的问题，又保障了我国农村土地承包关系的稳定和长久不变。

（2）以土地经营权流转为实现途径。在农地规模经营过程中，土地流转在资源配置中起基础性作用。通过土地流转使农地适度集中是农地实现规模经营的必要前提，农地流转的过程就是农地规模经营逐步实现的过程。因此，农地规模经营是以农地流转为实现路径的，即农地规模经营需要农地流转。基于土地的有限性和不可再生性，需要通过合理流动，以实现土地资源的有效配置，而农地流转的结果往往会导致农地的适度集中，进而实现农地的规模化经营。在我国，家庭承包经营权导致了农地的零散经营，这使得各种生产要素难以集中在农村，不利于实现大规模机械化作业，同时也缺乏采用现代技术的能力和条件，这导致我国农地规模经营工作难以推进。为了改变现状，有必要利用农地流转，促使分散的农地集中，实现规模经营。农地流转有利于规模经营的实现主要表现为：一方面，农地流转有利于农业结构的调整，提高收益；另一方面，农地流转有利于促进农村剩余劳动力的转移，为农地规模经营创造条件。

在"三权分置"背景下，我国农地的流转指的是土地经营权的流转。根据我国《民法典》《农村土地承包法》等相关法律规定，土地经营权的流转虽然不会改变农村土地的所有权属性和农业用途，但它以农民的自愿为前提，通过土地流转市场实现土地经营权的集中，从而使各种生产要素能够实现更优化的配置，最终促成规模经营的实现。因此，我国的农地规模经营是以农地经营权流转为实现途径的。

（3）坚持以农地"适度"集中利用为内容。二十世纪八十年代起，我国取消了农村的人民公社制，并实施了家庭承包经营制度，从而实现了土地集体所有权和土地承包经营权的两权分离。但从长期角度看，家庭承包经营制度基于"均田思想"，即按人口平均分配农村土地到各家庭，这导致我国的大片农地被分割成许多小块进行分户经营。显然，狭小的农地规模加大了土地的经营难度。这种分散经营不利于农业机械化，导致每户农地的农产品产量有限。因此，我国农村经济依然带有浓厚的小农经济特色。这使得我国农业生产长期滞留在半自给自足的自然经济阶段，难以实现农业的规模化、现代化和专业化发展目标。为实现规模经济效益，我国需要在稳定家庭承包经营制度的基础上，对土地承包经营权中的土地承包权和土地经营权进行再次分离，同时搞活土地经营权，允许其在土地市场中流转。这样，土地可以集中到农业生产能力较强的个人或组织手中，从而提高农地的利用效率，实现农地的规模经营。

对我国来说，实施农地规模经营主要是为了"适度"集中利用农地。这种适度的集中利用带来以下好处：一是实现规模效益。集中利用农地避免了分散经营造成的管理和协调困难，从而降低生产成本并提高资源利用效率。规模化农业生产也使农民能够共享现代农业技术和机械化设备，进一步提高农产品的质量和产量，最终增加经济收益。二是土地资源的保护与可持续利用。合理集中利用农地能够避免过度开垦和过度使用，减少土地浪费与损耗。加上科学的土地规划和管理，不仅可以实现农地的高效利用，还能保护农田生态环境，促进农业生态系统的平衡和恢复。

（4）提高农地资源配置效率为立法的价值取向。农地规模经营的基本内涵就是在适度扩大农业经营单位土地规模的基础上，实现农业生产技术、劳动力、资金等生产要素的合理配置，进而实现农地资源利用效率的最大化。因此，对于规制农地规模经营行为的相关法律应以提高农地资源配置效率为其立法的价值取向。事实上，法律的效率价值已成为当代法学所关注的热点之一，也是西方经济分析法学向传统法学冲击并脱颖而出的理论出发点。随着经济的快速发展，社会和自然资源变得日益稀缺。在这样的背景下，传统法学关于如何公正、公平地为社会成员分配权利和义务的观念正逐渐被现代法学观念取代，现代法学更加强调如何高效地利用这些资源，以实现最大化的经济效益。法律应该如何作用、影响并提高经济效率不仅成为法律追求的价值目标，还是评价法律作用积极与否的标准之一。由于农地规模经营行为以提高农地资源配置效率为出发点，相关农地经营行为的法律规制必然以"通过权利和义务的分配方式，促进农地资源的有效配置"为立法的核心内容，这正是法律效力价值的体现。可以说，农地规模经营的相关法律规范必然要体现法律的效率价值，并以其作为检验法律规范实施效果的标准之一。

具体而言，在构建相关立法时，应鼓励农地的合理集中经营，提高资源利用效率；支持农地流转和"三权分置"政策，为农地规模经营提供制度支持；加强农民权益的保护，确保他们在农地规模经营过程中能公平分配收益并参与决策。

2.1.4 农地规模经营的制度功能

（1）增加农民财产性收益。实施家庭联产承包责任制以来，我国农村和农村经济发展经历了历史性的飞跃，通过自主经营的激励机制极大地促进了农民收入的提高，有效解决了农民的"温饱"问题。然而，随着改革开放的不断深入，家庭联产承包责任制所带来的制度优势已逐渐消耗殆尽。与此同时，其制度缺陷使中国农业和农村发展陷入了艰难的爬坡阶段，导致农民的绝对收入水平相对较低、增收速度缓慢、城乡收入差距持续扩大等矛盾问题日益突出。

根据国家统计局的统计公报，城乡居民收入倍差由 2010 年的 2.99∶1 缩小到 2020 年的 2.56∶1。[1]前后对比，可以看出：我国城乡差距得到了极大的改善，特别是 9899 万农村贫困人口全部实现脱贫，消除绝对贫困，"三农"问题改善取得了历史性成就。但也要看到，城乡居民收入差距还在拉大，区域间收入差距依然明显，城乡二元体制使我国国民收入在分配结构上出现严重的城市偏向。

---

〔1〕《【"十三五"成就巡礼】农民收入持续较快增长》，载 http://mrxwlb.com/2021/03/15/2021%E5%B9%B43%E6%9C%8813%E6%97%A5%E6%96%B0%E9%97%BB%E8%81%94%E6%92%AD%E6%96%87%E5%AD%97%E7%89%88，最后访问日期：2021 年 3 月 13 日。

　　根据国家创新与发展战略研究会学术委员会常务副主席黄奇帆表述，中国农民目前最大的问题是 97% 的年收入来自劳动收入，几乎没有财产性收入；而城市居民的房子、股票等各种财产性收入，可能占整体收入的 50% 以上。[1]农地规模经营将成为增加农民财产性收益的重要制度途径。以匈牙利国家为例，从二十世纪九十年代起，在政府的政策倡导下匈牙利积极推行农地规模经营：一方面，一些农民通过将土地集中而成为大规模农地的生产经营者；另一方面，一些不愿从事农业生产的农民将手中的土地以出租或出售的形式转让给他人，然后从事非农业生产。农地实现规模经营使农民由原来单一的耕种收入拓展为分红、租金、出售收入和非农业生产的工资等多渠道收入，匈牙利农民在推进规模化生产中获得了经济收益。[2]

　　由此可见，农地规模经营将从两个方面促进农民收入的增加：其一，在土地流转实现规模化经营过程中，转出农地的农民通过以出租、转让、抵押土地经营权而获得土地的财产性收入。将土地流转给具有农业生产经营能力的组织或个人，还可以有效发挥其生产经营优势，从而迅速提高农业经济收益。其二，规模化经营有利于提高农业生产的规模化和组织化程度。大量机械、技术等的引入能够提高农业劳动生产率，增强农产品市场竞争力，切实降低生产经营成本，推动农业发展实现质量变革、效率变革和动力变革，带动小农户共同增收致富。

　　（2）推进城乡一体化的进程。人类社会的发展延续着这样一种规律：原野集聚—乡村定居—孕育城市—城乡分化—城乡

---

　　〔1〕 厉以宁等：《共同富裕：科学内涵与实现路径》，中信出版集团 2022 年版。

　　〔2〕 林翊、冯秀萍、林卿：《匈牙利农地变革对我国农地规模经营的启示》，载《现代农业科技》2008 年第 18 期。

融合。〔1〕城乡一体化可视为人类文明社会发展的必然趋势，也是城市和农村在长期分割后最终形成融合状态的社会发展过程。对于城乡一体化的研究，早在十六世纪英国学者莫尔在他所著的《乌托邦》中就提出了这一设想。此后，马克思主义的城乡融合理论、麦基的亚洲城乡一体化发展模式等从不同角度解释了城乡一体化的含义，并以自己理论学说为基础设想城乡融合的人类社会发展形态。〔2〕总体来说，城乡一体化可以理解为是一种逐步缩小农村与城市经济发展差距的过程，以促进城市与农村协同发展，使二者形成一种相互依存、相互促进的有机社会整体。

就我国来讲，城乡一体化就是逐步消除我国现今城乡二元结构所带来的先进的工业与相对落后的农业、繁荣起来的城市与相对陈旧的农村、不断富裕的市民与相对贫困的农民之间的明显收入差别之间的社会矛盾。我国长期存在的城乡二元结构主要源于我国在计划经济体制时期，在制度和管理上把城市与农村截然分开，形成社会经济"城乡二元结构"分治格局（如控制城乡人口流动的户籍制度、"统购统销"的流通制度、完全面向城市的社会福利保障制度、偏向重工业的投资政策、忽视农业发展的经济政策等），造成城乡的分割与对立。城乡二元结构使农业部门成为中国经济继续前行的严重阻碍，也在一定程度上造成了贫富分化的社会结构，不利于我国乡村振兴和"共同富裕"目标的实现。为此，2021年底召开的中央经济工作会议提出，实现共同富裕需以城乡一体化协调发展推动成果共享，

〔1〕 方芳：《农地规模经营实现途径研究——基于上海城乡一体化演进视角》，上海财经大学出版社2008年版，第22页。

〔2〕 徐同文：《城乡一体化体制对策研究》，人民出版社2011年版，第10页。

既要促进生产力全面解放，又要缩小贫富差距。[1]

为实现"城乡发展一体化"的目标，推进农地规模经营是十分必要的。通过农地流转，可以促使原本从事兼业的农民参与长期稳定的非农业生产，从而带动农村剩余劳动力持续而稳定地向城市转移，最终实现城乡生产要素的市场一体化。此外，通过推动农地规模经营，使农地适度集中经营，可以全面提升劳动生产效率。这可以有效解决能耕者劳动力闲置和非农经营者土地闲置的双重资源浪费所造成的农业产出率低的难题，最终盘活农业经济使其逐步赶上城市经济发展的进度，进而促进城乡统筹发展的需要。因此，农地规模经营具有推动我国城乡一体化进程的客观必然性。

（3）推进农业产业化经营。农业产业化经营是结合一切有利于农业和农村发展的优势力量，利用现代化生产管理模式和经营手段，以先进农业科学技术为支撑，以主导农业与农产品为重点，实现农业和农村经济的区域化布局、统一化管理、规模化生产、一体化经营、多元化融合的现代化农业生产经营模式和组织形式。其目标和核心任务在于推动整体经济效益的提升。[2]而我国承包经营制度所带来的土地规模狭小，分散性强、兼业经营普遍、市场组织化程度低，都构成了农业产业化的主要阻碍。农地规模经营对于推进我国农业产业化经营具有重要意义，农地规模经营作为一种经营方式，为农业产业化提供了有效的支持和保障。

首先，农地规模经营可以实现生产要素的集约化配置。通

---

[1] 张笑菡：《城乡一体化治理推进共同富裕：价值选择与实践探索》，载《新疆社会科学》2022 年第 4 期。

[2] 赵纱沙、李小雅：《乡村振兴视野下农业产业化经营模式与创新思路》，载《山西农经》2022 年第 13 期。

过规模经营，农业经营者可以集中利用农地、劳动力和资金等生产要素，实现生产要素的合理配置和优化利用。这样可以提高农业生产效率、降低生产成本、增加农产品的市场竞争力。

其次，农地规模经营有利于推动农业产业链的延伸和优化。规模经营可以促进农业生产环节的协同作业和专业化分工，推动农业产业链的纵深发展；可以促进农业企业与农业合作社、农民专业合作社等多个主体之间的合作与联盟，形成产业链上下游的紧密协作，提高农产品的附加值和市场竞争力。

再其次，农地规模经营有助于推动农业生产方式的转变和农产品质量的提升。通过规模经营，农业生产可以更加注重科学管理和现代农业技术的应用；可以推广先进的种植、养殖和管理技术，提高农业生产效率和产品的质量安全；同时，还可以促进农业生产的标准化和品牌化，增强农产品的市场竞争力和附加值。

最后，农地规模经营有助于提升农民收入和改善农村经济发展。规模经营可以提高农民的生产水平和技术素养，增加农民的收入来源；可以促进农村经济的多元化发展，推动农村产业结构的优化和升级，提升农村经济的整体竞争力。

（4）发展新型农业现代化，实现乡村振兴。对于我国来讲，实现农业现代化的必经之路是农地实现规模经营：其一，农地规模经营可以促进劳动力、技术、资金等生产要素的优化组合和合理配置，可以有效降低农业生产成本，提升农产品的价格竞争优势，从而实现农业现代化内涵中的"农业市场化"。其二，农地规模经营为农业生产新技术和先进的农机具的推广应用提供了条件，从而实现农业现代化内涵中的"农业工业化"。如果土地经营规模过小，农业机械的推行非但不能使农产品产量和农民收入大幅度增加，反而会阻滞农业机械化的发展速度。[1]由此可见，为解决农业生产成本和经济收益问题，农业机械化的推广应用必然需要农地的适度集中，因此农业机械化与农地规模经营是相伴而生的。其三，农地规模经营可以有效提高农民的经营能力与素质，从而实现农业现代化内涵中的"劳动者知识化"。这是因为，为了适应大规模农地的生产需求，种植能手或种粮大户需要不断充实自身的农业知识，如农业技能、农业管理和生产技术等，来提升自己的经营能力。其四，农地规模经营以生产专业化和商品化为特征，可以在分工基础上引发多方协作，加强社会经济联系，推动社会化服务的进一步发展，从而最终实现农业现代化内涵中的"农业服务社会化"。

2017 年 10 月 18 日，在党的十九大报告中，习近平总书记提出了乡村振兴的伟大发展战略。乡村振兴是新时期完成"脱贫攻坚"战略任务之后"三农"工作的接续工程，农业高质高效、农村宜居宜业、农民富裕富足等乡村振兴目标的实现是以推进乡村治理体系和治理能力现代化作为逻辑前提的。[2]乡村振兴是我国当前的重要战略，而农业作为乡村经济的核心，农地规模发展对于实现乡村振兴目标至关重要。

首先，农地规模发展可以提升农业生产效率和农产品质量。规模经营能够集中利用农地资源和农业生产要素，通过规模化生产和现代化管理手段，提高农业生产效率。规模经营还可以推广先进的种植、养殖、农机化等技术，提高农产品的质量和

---

〔1〕 樊哲银：《农地规模经营是实现农业机械化的必由之路》，载《改革与战略》2009 年第 1 期。

〔2〕 荆月新：《乡村振兴的法治之维及其展开》，载《东岳论丛》2023 年第 8 期。

竞争力。这不仅有助于增加农民收入，也为提供优质农产品奠定了基础，满足了消费者对绿色、安全食品的需求。

其次，农地规模发展有利于促进农村产业结构的优化和升级。规模经营可以推动农业企业和农民合作社的发展，形成农业产业链的完整和紧密协作。通过规模经营，可以发展多元化的农业产业，如农副产品加工、农村旅游、休闲农业等，提高乡村经济的多元性和增加值。这不仅可以创造就业机会，提高农民收入，也有助于增加乡村的经济活力和吸引力。

再其次，农地规模发展能够促进农村基础设施和公共服务的改善。规模经营需要配套的农业基础设施，如灌溉系统、农机库、农产品加工厂等。推动农地规模发展将带动农村基础设施建设的提升，改善农业生产条件。同时，规模经营也需要加强农村公共服务的供给，如农业技术培训、市场信息服务、金融支持等，为农民提供更全面、便利的服务。

最后，农地规模发展可以为农民的收益和福利提供保障。规模经营可以提供更多的就业机会，提高农民的收入水平。同时，规模经营也有助于推动农业合作社和农民专业合作社的发展，提升农民的组织能力和议价能力。这可以为农民提供更多参与决策、分享利益的机会，增强他们的发展动力和获得感。

可以说，农地规模发展对于发展新型农业现代化具有重要作用。通过农地规模发展，可以推动农业科技创新和产业链优化，促进乡村产业结构的升级和农民收入水平的提高，为乡村振兴战略的实施提供坚实支撑。

2.2 农地"三权分置"的政策解析

2.2.1 农地"两权分离"的历史作用与弊端

从 1956 年至 1978 年，中国农地所有权、承包权、经营权高度集中于人民公社，即农民生产合作社得到了农地的完全所有权。自 1978 年 12 月起，以安徽省凤阳县小岗村为实践代表，而后得到中央法律政策的明确确认，将人民公社的所有权、承包权、经营权高度集中的"三权合一"制度过渡到家庭联产承包责任制的集体所有、家庭承包经营的"两权分离"。

农地"两权分离"在当时的历史条件下为解决农民的温饱问题提供了很大的帮助。[1]但随着经济水平的提高，中国农村的现实情况发生了巨大变化，传统的"两权分离"理论已经不符合中国农村经济发展的现实要求。在此过程中，一系列的弊端逐步显现出来，这在一定程度上制约了农村经济的进一步发展。

(1) 农地"两权分离"的历史作用。农地"两权分离"的政策并非天然形成的，而是在反思新中国成立初期所建立的"三权合一"土地制度下农民缺乏对农地的自主使用权，生产效率低下的情况下应运而生的产物。"两权分离"首先出现在民间社会，之后才逐步被我国以法律制度的形式进行确认，并在全国广泛推行。"两权分离"的提出在当时的历史背景下对中国农村经济的发展产生了巨大的历史推动作用。主要体现在以下两个方面：

①农地"两权分离"极大地激发了农民进行农业生产的自

---

〔1〕 张红宇、李伟毅：《人地矛盾、"长久不变"与农地制度的创新》，载《经济研究参考》2011 年第 9 期。

主性和积极性，促进了当时农业生产的大解放。农地"两权分离"下土地承包经营权的享有主体是农民自身，农民可以自主地展开农业生产经营，这不仅提高了粮食的产量，而且粮食的品质也有一定的提升，进一步地促进了农村生产力的发展。[1]林毅夫教授在分析1970—1987年全国28个省市农业投入产出数据后发现：1978—1984年中国农业产出增长主要来源于农地"两权分离"制度改革和化肥施用量增加，其中农地"两权分离"制度改革对农业产出增长贡献率为48.6%，化肥施用量增加贡献率为32.2%。[2]

②农地"两权分离"探索了集体所有权的有效实现形式，促进了农村"共同富裕目标"的实现，为农地"三权分置"奠定了制度基础。新中国成立初期，虽然我国土地政策不断调整，但并未从根本上改变农村生产力水平落后的问题，人民公社的所有权、承包权、经营权高度集中的"三权合一"制度极易产生土地集体经营大锅饭问题，使农业生产率依旧在低水平徘徊。改革开放后，为了解决当时的"温饱问题"，我国农村土地制度经过不断地探索实践逐步形成了在坚持集体土地所有制的前提下实施农地"两权分离"制度。[3]"两权分离"制度所采取家庭承包经营的方式，既维护了农村土地集体所有权，又激发了当时农民的生产积极性，促进了农业生产力的发展，是一项巨大的土地制度创新。农地"两权分离"一方面探索了集体所有权的有效实现形式，促进了农村共同富裕目标的实现，另一方

---

〔1〕 韩长赋：《土地"三权分置"是中国农村改革的又一次重大创新》，载《光明日报》2016年1月26日，第1版。

〔2〕 廖洪乐：《农地"两权"分离和"三权"分置的经济学与法学逻辑》，载《南京农业大学学报（社会科学版）》2020年第5期。

〔3〕 张红宇：《三权分离、多元经营与制度创新——我国农地制度创新的一个基本框架与现实关注》，载《南方农业》2014年第2期。

面为农地"三权分置"提供了实践基础和制度前提。当前的农地"三权分置"就是在"两权分离"的基础上进行的进一步创新。因此，从纵向的视野来看，农地"两权分离"在农地产权制度的发展史上起着承前启后的作用。

（2）农地"两权分离"产生的弊端。随着城镇化、工业化的不断推进以及小农生产与大市场的矛盾日趋尖锐，传统"两权分离"土地制度的弊端日益显现，主要表现在以下几个方面：

①生产规模过小，规模效益无法体现。农地"两权分离"政策下，农户的农业生产规模相对较小，多以家庭为单位进行农业生产，无法形成规模效应，不能适应现代农业的规模化生产需要。[1]

②组织化程度相对较低，农业生产活动盲目性较为突出。农地"两权分离"下农户的生产经营都是以一家一户为单位，没有一个统一的生产规划，缺乏对市场需求的灵活反馈，由此造成部分农业生产与市场需求的供需矛盾，增加了农业生产的盲目性和滞后性。农业生产不能及时适应市场需求，会导致农产品的附加值偏低或产生农产品滞销的问题。

③农民就业的非农化趋势不断增强。随着城镇化、工业化的不断推进，加之传统农业产生的收益过低，一家一户的农业生产所获得的收入已经无法满足农民对美好生活向往的追求，农业的吸引力不断下降，造成了越来越多的农民开始向城市流动，外出务工或经商，大量闲置的农地无人经营。[2]

④农地"两权分离"使农民担心手中的农地转出后会彻底

〔1〕　张力、郑志峰：《推进农村土地承包权与经营权再分离的法制构造研究》，载《农业经济问题》2015 年第 1 期。

〔2〕　张红宇：《三权分离、多元经营与制度创新——我国农地制度创新的一个基本框架与现实关注》，载《南方农业》2014 年第 2 期。

丧失土地的承包经营权，导致主动流转的意愿不高，由此限制了农地的快速流转，不利于农地资源的合理配置。[1]

2.2.2　农地"三权分置"政策推出的背景及内容

（1）农地"三权分置"政策的形成过程。为了推动农村经济的现代化，满足农民对土地流转的需求，并进一步适应生产力发展的要求，中国于2014年启动了新一轮农村土地制度改革试点。中央全面深化改革领导小组第七次会议让这个春潮更加激荡，会议审议通过了《关于农村土地征收、集体经营性建设用地入市、宅基地制度改革试点工作的意见》，被广泛解读为农村土地改革"三箭齐发"，也标志着"三权分置"政策的正式推出。而后，中共中央、国务院不断推出大量的制度性探索文件，如2016年的《关于深入推进农业供给侧结构性改革 加快培育农业农村发展新动能的若干意见》、2017年的《决胜全面建成小康社会 夺取新时代中国特色社会主义伟大胜利——在中国共产党第十九次全国代表大会上的报告》等，实现农地经营过程中的所有权、承包权和经营权的三权分离。

2018年12月，全国人大常委会决定修改《农村土地承包法》。这一修改的主要目的是将农村土地的三权分置制度法制化，以更好地保障农村集体经济组织和承包农户的合法权益，进而促进农业的现代化发展。农地"三权分置"政策的形成及演变过程充分反映了我国为适应农村经济发展和农业现代化的需要，在土地管理体系上所作出的重大调整。该政策本质上是指农地的所有权、承包权和经营权三者在法律上的分置，旨在通过市场机制，实现土地资源的最优配置，提升农业的整体经

---

[1]　耿卓：《农地三权分置改革中土地经营权的法理反思与制度回应》，载《法学家》2017年第5期。

济效益。这一政策的形成，离不开国家在实践中的不断摸索和理论上的深入研究。经过多年的试点和实践，结合我国农业和农村的实际情况，"三权分置"政策逐步完善并在全国范围内得到推广。其实施不仅保障了农民的土地权益，也为我国农业的结构调整和农村经济的转型升级提供了有力支撑。在此过程中，政府的政策导向、法律法规的完善，以及农民及社会各方的广泛参与，共同推动了这一政策体系的形成和发展。

值得指出的是，"三权分置"政策实施的过程中也面临着不少挑战和问题。其中包括如何进一步完善相关的法律法规体系，如何确保农民的权益在土地流转过程中得到充分保护，以及如何推进农业生产主体的多元化等。这些问题需要在我国未来的实践中进一步探讨和解决。

（2）农地"三权分置"的含义及意义。农地"三权分置"是指将土地的所有权、承包权和经营权进行分置。这可以视为我国农业和农村领域的一次重大理论突破和制度创新，是继家庭承包经营制度之后的又一重要进展。在这种制度下，土地的所有权归集体所有，承包权归农户，经营权可以自由流转。

具体来讲，其一，集体土地所有权指的是农村集体经济组织依法对其所拥有的土地享有占有、使用、收益和处分的权利，这是中国社会主义土地所有制中的一种独特形式。我国是以公有制为主体的社会主义国家，集体所有权的实质是农村一定社区的成员以对该集体土地共同共有为基础，由农户对土地进行承包经营，实现成员个人的利益。[1]故集体对土地享有完整的所有权，包括占有、使用、收益和处分的权能。其二，集体将土地发包给农户，农户即取得土地承包经营权。承包人可以根

---

[1] 韩松：《坚持农村土地集体所有权》，载《法学家》2014年第2期。

据实际需要采用不同形式（承包人可以自己占有、使用承包地），在承包地上从事农业生产经营活动，承包人的权利即为"土地承包经营权"。承包人也可以在土地承包经营权上再次设立土地经营权，将土地交由他人使用，或将土地经营权转让、入股、设定抵押、信托等，此时土地承包经营权的占有、使用等权能受到新设立的土地经营权限制。其三，土地经营权是农户或集体经济组织以外的自然人、法人、其他经济组织对土地享有的占有、使用及获取收益的权利。土地经营权基于土地承包人与经营人之间签订的经营权流转合同取得，土地经营权人有权对土地进行直接占有并使用，可以依法将经营权入股、设定抵押或信托。

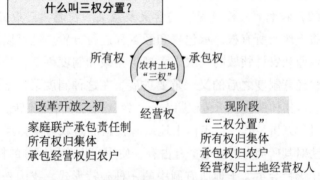

图2-2　农地"两权分离"到"三权分置"

这一制度改革的核心是放活经营权，明确赋予经营权以法律地位和权能。从农地"三权分置"的政策目标契合性来看，土地经营权应属于一种用益物权，其法律特征主要包括：首先，从主体角度看，土地经营权的主体具有开放性。在农地未流转的情况下，土地经营权的主体是土地承包人。一旦农地发生流转，土地经营权的主体是土地承包户之外的其他民事主体。其次，从客体角度看，客体的特定性也是土地经营权的重要特征。用于经营的农业用地是土地经营权的客体，而不能作非农用途。最后，土地经营权的权利内容具有继承性与创新性。土地经营权的权利基础通常是土地承包经营权，因此，土地经营权需要对现有的农地家庭联产承包责任制有一定的继承性。农地"三权分置"政策赋予了土地经营权促进农地规模化经营、发展农业现代化的历史使命。因此，其权利内容必须有一定的创新。

总体而言，农地"三权分置"旨在完善农村基本经营制度，适应生产关系与生产力发展的规律，推动农业现代化和农村经济的发展。这一制度改革的重要意义在于明晰土地产权关系，维护农民集体、承包农户和经营主体的权益，促进土地资源的合理利用，构建新型农业经营体系，提高土地产出率、劳动生产率和资源利用率，推动农业的现代化发展。

2.3 推进农地"三权分置"对实现农地规模经营的影响

2.3.1 提升农地资源配置效率

农地原有"两权分离"发生在集体与农户之间，强调承包土地在集体成员之间的公平分配，从而形成"以生存保障为基础，以社会公平为目标"的土地产权结构，并通过赋予土地承包经营权物权属性，调动了广大农民的生产积极性，极大地促进了农村社会的发展。但随着社会的不断变革和进步，该制度也存在一定的局限性：一方面，虽然我国法律明确规定农村土地属于集体所有，但缺乏明确有效的制度保障，导致土地所有权虚位；同时，农民的土地使用权权能不完整，土地承包经营权人的权利和义务模糊不清。土地产权不清是现行一系列农村问题的根源。另一方面，土地零碎化导致资源配置效率低下。家庭联产承包责任制实行均包制，即土地分配要求数量平均且优劣搭配，加上土地由一家一户单独耕种，导致农地分散经营，农村劳动力和资金无法充分利用，农产品的经营成本不断上涨，形成严重的规模不经济，农地权利制度的低效率已经显现。

为了破解上述问题，理论界提出农村集体土地所有权、承包权、经营权"三权分置"的理论创新，进而上升至国家政策和法律制度，为"三权分置"的农村土地制度改革提供了法律政策支持，强调落实所有权、稳定承包权、放活经营权等意见，开启了新一轮土地制度改革。[1] 2016 年 10 月 30 日，中共中央办公厅、国务院办公厅《关于完善农村土地所有权承包权经营权分置办法的意见》，要求完善"三权分置"制度改革相应的法律法规，确保"三权分置"能有序推行。中央的政策得到了各界的积极回应。[2] 2017 年 10 月 31 日，《农村土地承包法修正

---

[1] 2013 年中国共产党第十八届三中全会通过了《中共中央关于全面深化改革若干重大问题的决定》，正式提出承包权与经营权分置，建立所有权、承包权、经营权三权并行分置的农地权利体系；2014 年中央一号文件提出"稳定农户承包权、放活土地经营权，允许承包土地的经营权向金融机构抵押融资"；2014 年 11 月，中共中央办公厅、国务院办公厅印发《关于引导农村土地经营权有序流转发展农业适度规模经营的意见》，提出在坚持农村土地集体所有的前提下，促使土地的承包权和经营权分离，形成所有权、承包权和经营权"三权分置"、经营权流转的格局；2014 年 12 月，国务院办公厅《关于引导农村产权流转交易市场健康发展的意见》明确指出，包括农户承包土地经营权、林权、"四荒"使用权在内的八种农业产权可以入市流转交易；2015 年中央一号文件进一步要求"界定农村土地集体所有权、农户承包权、土地经营权之间的权利关系"；2015 年 10 月 29 日，中共中央《关于制定国民经济和社会发展第十三个五年规划的建议》提出要维护进城落户农民土地承包权、宅基地使用权、集体收益分配权，支持引导其依法自愿有偿转让上述权益。

[2] 2015 年 3 月 15 日，第十二届全国人民代表大会第三次会议通过的《关于全国人民代表大会常务委员会工作报告的决议》，将修改农村土地承包法作为完善社会主义市场经济法律制度的核心内容。

案（草案）》提请第十二届全国人大常委会初审。2018年12月29日，修订后的《农村土地承包法》已经在第十三届全国人大常委会第七次会议审议通过，对"三权分置"的农地制度创新作出了立法确定。

农地三权分置，即是集体土地所有权、承包权、经营权并置的三元农地权利结构。通过农地三权分置，农地的两大功能，即社会保障功能与经济性功能分离，一方面由土地承包权承担着农民生存保障的功能，不改变集体经济组织成员对所承包的土地的已有权利，[1]消除对农民流转农地的后顾之忧，这也是稳定承包权的政策要义；另一方面放活经营权，即土地承包经营权人可以根据自身情况选择将经营权自由转让给其他经营主体行使，由受让人实际经营土地，土地经营权可转让、抵押、入股等，此举使土地经营权走向市场，更好地发挥了农地的经济功能，还土地以资产要素的原本属性，从而有利于财产型农地权利制度的建立，促进农地权利融资功能的更好发挥等。所以说，农地"三权分置"的政策意旨在于提高农地资源的配置效率，以土地经营权这一新型农地权利为载体实现农地使用权的相对自由流转，为农地规模化经营创造前提和基础，同时释放农地权利的融资担保功能。[2]

2.3.2 推进农地多元化、规模化、高效益利用

在农地"三权分置"基础上，对土地经营主体有以下三个方面要求：其一，新型农业经营主体既是经营者，同时也是投

---

〔1〕 刘守英、高圣平、王瑞民：《农地三权分置下的土地权利体系重构》，载《北京大学学报（哲学社会科学版）》2017年第5期。

〔2〕 蔡立东、姜楠：《农地三权分置的法实现》，载《中国社会科学》2017年第5期。

资者。其二,农业经营单位需要扩大。现今,农业正朝着大规模、高品质和增加附加值的模式发展,农用土地不再仅限于单一的农业经营。相反,它更适合进行农、林、牧、副、渔等多种形式的联合经营。其三,村集体作为所有者需要承担对土地经营主体的选择和监管职能,保证集体所有的土地不被滥用,符合乡村振兴的规划。可以说农地"三权分置"政策的实施,为农地的多元化、规模化、高效益利用提供了广阔的空间和机遇。

首先,农地"三权分置"促进了农业产业结构的优化调整。通过将土地承包经营权与土地经营权分离,农民可以更加灵活地选择土地的经营方式。他们可以根据市场需求和自身条件,将土地流转给专业的农业经营者或农业企业,从而实现规模经营和专业化生产。这种多元化经营方式不仅提高了农业生产的效益和产量,还推动了农业结构的调整,促进了农业产业的升级与发展。

其次,农地"三权分置"促进了农村土地的集约化利用。过去,由于土地承包经营权与土地经营权无法分离,农民往往不愿轻易舍弃手中的农地而导致其被闲置或被不合理地利用。而现在,土地的承包经营权归农民所有,他们可以将闲置的土地经营权流转给需要的农业经营者,实现土地的集约化利用。这样一来,农地得到了更充分的利用,从而提高了土地的利用效率,也为农民带来了更多的财产性收益。

再其次,农地"三权分置"促进了农村经济的多元化发展。传统上农民主要依靠农业生产为生,收入来源单一。而通过农地的流转和多元化经营,农民可以发展农业产业的多元化经营,开展农副产品加工、乡村旅游、农业观光等业务,拓宽收入渠道。

最后，农地"三权分置"有利于提升农民的土地财产权益保护。通过明确土地的承包经营权和经营权，农民的土地财产权益得到了更加有效的保护。这为农民积极参与农业现代化建设提供了制度保障，增强了他们流转农地的积极性。

总而言之，农地"三权分置"政策的实施，为农地的多元化、规模化、高效益利用带来了巨大的机遇和潜力。它促进了农业产业结构的优化升级、农村土地的集约化利用、农村经济的多元化发展，同时也保护了农民的土地财产权益。这将为农村地区的可持续发展和农民的持续增收提供良好的支持和保障。

2.3.3　促进土地要素自由流动、农业全产业链的发展

首先，从土地要素的流动性角度看，农地"三权分置"政策成功打破了传统模式中农地承包权和土地经营权的不可分割性，赋予了农村土地更大的流动性。在这一制度模式下，农民在保留土地承包权的同时，具备更大的自由度，可以将土地经营权流转给具备专业经营能力的个人或企业。这种流转方式极大地促进了农业生产的规模化和专业化，提高了资源整合的效率和生产效益。

此外，在我国农业产业链的发展过程中，我们不能忽视"三权分置"为农民带来的新机会。过去，农民的角色主要局限于生产，他们缺乏足够的资源和技能参与到农业产业链的更高环节。但如今，他们可以利用土地经营权流转的便利，与合作社或农民专业合作社结合，从而更加积极地参与到农产品的加工、销售和品牌建设等环节中。这样不仅增强了农产品的附加值，而且帮助农民获得了更高的经济回报。

除此之外，农地"三权分置"也大大推进了农业全产业链的横向互动和融合。在传统的农业模式中，农民、农企和其他

农村产业之间的互动较为有限。然而，通过土地经营权的自由流转，农民不仅能够与农业企业建立更为紧密的合作关系，还能够与其他产业实现融合发展，比如农业旅游和农业服务业等领域。这为农村创造了一个多元化、互补性强的经济体系的新思路。

然而，实现这一政策的潜在优势并不简单。随着大量青壮年农民进入城市务工，农村留下的主要是女性、老年人和其他低文化程度的劳动力。这些群体在农业技术和管理方面可能存在一定的不足。因此，地方政府和相关部门应加强对这些群体的技术和管理培训，确保他们能够适应新的农业经营模式，为农业现代化贡献力量。

总而言之，农地"三权分置"政策为我国农业带来了革命性的改变。它不仅推动了土地要素的自由流动，提高了土地利用效率，而且为农业产业链的全面发展提供了坚实的基础。但同时，我们也要看到实施这一政策过程中的挑战和困难，需要采取有效措施确保其在实践中能够发挥更大的作用。

2.3.4 推动新型农业经营主体的培育

在当前农业结构调整和现代化的大背景下，新型农业经营主体的形成成为农业发展的必然趋势。农地"三权分置"，即土地所有权、土地承包权和土地经营权的分离，是推进新型农业经营主体形成的关键环节，对农地规模经营产生了深远影响。

首先，农地"三权分置"为新型农业经营主体提供了更为明确和稳定的土地经营基础。在此制度下，农民在保有土地承包权的前提下，可以将土地经营权转让或出租给有意愿并有能力进行规模化、专业化经营的新型农业主体。这不仅激活了农地资源，而且为新型农业经营主体提供了更大的经营空间和更为灵活的资源配置机会。稳定的经营权减少了经营主体投资农业活动时的顾虑，经营主体在进行农业活动时敢于加大对各项配套设施的投入，从而促进农业发展方式的升级与农业生产效率的提高；经营权的可抵押性能够为经营主体发展农业引入所需资本，从而间接稳定经营主体的农业生产活动，进而促进农业生产"投入—收益—投入"的良性循环。

其次，农地"三权分置"政策的推进，吸引了更多的社会资本进入农业领域。新型农业经营主体如农业公司、家庭农场和农民合作社等，得以在更为清晰的土地权益框架下进行投资和扩展，从而促进了农业技术创新、品种改良和生产模式的变革。此外，规模经营在很大程度上依赖于现代化的生产方式和技术应用。农地"三权分置"为新型农业经营主体提供了可能，使其能够在更大的土地面积上实施高效、机械化和智能化的农业生产，从而提高了生产效率和农产品质量。更为重要的是，新型农业经营主体在农地规模经营中扮演了重要角色。他们不仅可以为农民提供更为稳定和丰厚的土地流转收益，同时也帮助农民参与到现代农业的生产和经营中，获得更高的劳动报酬。

总之，农地"三权分置"是推进新型农业经营主体形成的关键策略，对农地规模经营产生了正面而深远的影响。这不仅标志着我国农业经营模式的进一步转型，而且为农民带来了实实在在的经济利益和发展机会。然而，在推进新型农业经营主体过程中仍需关注并妥善处理与农民的权益关系，确保农业现代化的健康、稳定发展。

第 3 章
"三权分置"基础上实现农地规模经营的社会内生动力

课题组于 2021 年进行了一项关于农村土地经营需求的社会调查。调研人员精心设计了调查问卷,并通过互联网对辽宁省各地的农民进行了一次随机抽样调查,最终共收回了 1734 份问卷。具体步骤如下:首先,根据研究目的,构思、设计调查问卷和问题;其次,对调研人员进行调查内容的解读,使调研人员能够较为深入地理解调查的目的和任务;最后,调查时间为 2021 年 8 月至 10 月,此次调查共发出 2000 份问卷,遴选有效问卷 1734 份,问卷的样本为随机抽样选取,此种调查方式所涉及的农户基于地域的差异而具有一定的广泛性,所获取的结果可信度比较高。现对调查结果作出如下分析。

3.1 调查对象年龄分布情况

在这 1734 位调查对象中,年龄在 20 岁到 30 岁的年轻人占总数的 62%,这或许与他们更高的网络使用率相关。30 岁到 40 岁的人群占 20%,40 岁到 50 岁的人占 10%,而 50 岁以上的人占 8%。考虑到这种年龄分布,这次调查主要反映了中青年农民,特别是青年农民对农地经营和承包地纠纷的态度。这使得分析结果更具有预测未来趋势的价值。详细数据见图 3-1。

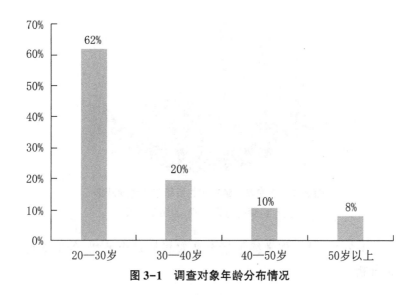

图 3-1 调查对象年龄分布情况

3.2 调查结果分析

课题组设计的调查问卷涵盖了七个问题，接下来将逐一分析这七个问题的调查结果。

3.2.1 对"您有继续在农村所承包的土地从事生产经营的意愿吗?"的调查结果分析

根据图 3-2 的显示，有 35% 的受访者表示他们希望在农村继续经营土地。这一比例不算很高，特别是考虑到调查对象主要是中青年农民。这意味着，在这个年龄段的农民中，有 35% 的人希望继续经营或参与农村土地的经营。如果这一数据能够代表全国的情况，那么它将为农村集体土地流转提供强大的社会支持，为"三权分置"制度的实施创造较大的社会发展潜力。

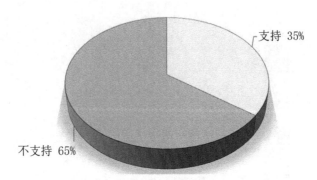

图 3-2 "您有继续在农村所承包的土地从事
生产经营的意愿吗?"的调查结果

3.2.2 对"您觉得谁适合在农村经营土地?"的调查结果分析

根据图 3-3 所示的调查结果,有 32.4% 的受访者认为农村土地最适合农户经营,而认为农村土地适合由农业合作社经营的受访者也占 32.4%。另外,有 16.7% 的受访者认为适合家庭农场经营,13.9% 的受访者认为适合由企业经营,其他形式为 4.6%。2022 年,农业农村部《关于实施新型农业经营主体提升行动的通知》明确了指导思想和主要任务,强调了加强农民合作社和家庭农场两类农业经营主体的发展、完善基础制度、提升能力建设、深化服务对接、健全指导体系等重点工作,旨在推动新型农业经营主体的质量和数量双提升,为全面推进乡村振兴和农业农村现代化提供有力支持。此外,2023 年中央一号文件也提出了深入开展新型农业经营主体提升行动的要求,支持家庭农场组建农民合作社,鼓励合作社根据发展需求开办企业,以带动小农户进行合作经营,共同增加收入。另外,对该规划的权威解读资料显示,截至 2023 年 4 月,全国依法登记的农民合作社达 223 万家,纳入名录管理的家庭农场超过 400 万个,辐射带动全国近一半的农户,成为构建现代农业经营体系的重要依托。[1]可以说,我国初步形成了以承包农户为基础、以农民合作社为纽带、以龙头企业为骨干、以各类社会化服务组织为支撑,多种所有制关系并存、多种生产经营主体共生的农业经营格局。

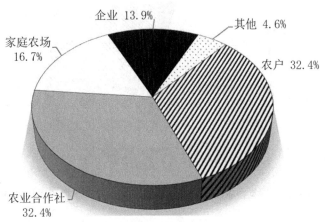

图 3-3 "您觉得谁适合在农村经营土地?"的调查结果

3.2.3 对"您觉得农村土地通过哪种方式流转较好?"的调查结果分析

课题组对农村集体土地流转方式进行了调查,特别关注容易引发纠纷的"入股"方式以及常规方式,如"转包"和"租赁"。根据图 3-4 的数据,30%的受访者更倾向选择"入股"方式,25%选择"转包"方式,42%偏好"租赁"方式,而其他

---

〔1〕《农业农村部:因地制宜培育规模适度、生产集约、效益良好的家庭农场》,载京报网,https://baijiahao.baidu.com/s? id = 1763646448556845903&wfr = spider&for=pc,最后访问日期:2023 年 4 月 20 日。

方式占 3%。需要强调的是，"入股"方式通常与农业合作社密切相关，它经常是农业合作社获取土地经营权的主要途径，与传统的土地经营模式有显著差异。如何调整相关制度以满足现实需求已成为一个待解决的关键问题。

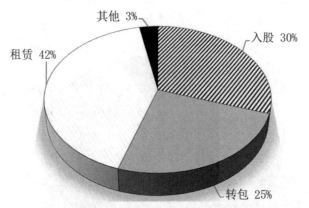

图 3-4　"您觉得农村土地通过哪种方式流转较好?"的调查结果

3.2.4　对"您如果获得一块农地或者参与农地经营，您认为经营多长时间合适?"的调查结果分析

对此问题的回答，如图 3-5 所示，35%的调查对象选择"10 年"，25%的调查对象选择"可继承"，25%的调查对象选择"3 年"，14%的调查对象选择"20 年"，其他的占 1%。这一问题的设计带有要求调查对象进行预期并对未来进行规划的特点，总体上看，10 年以上的长期经营是基本的预期，这也与《土地管理法》和《农村土地承包法》延长承包期的调整相一致。另外，课题组在实地调研过程中发现，有部分农地经营大户不愿意长期租赁土地，更愿意两年或三年一签合同，这样能够调整地价，农户也容易接受，对于经营大户来说，也容易租赁到土

地进行经营。这种情况一般是种植庄稼进行粮食生产的情形，而对于综合经营则不适宜，后者对农地经营的周期要求则更长。

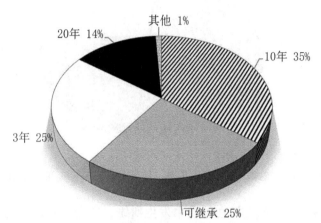

图3-5 "您如果获得一块农地或者参与农地经营，
您认为经营多长时间合适?"的调查结果

3.2.5 对"您如果获得一块农地，最想用于哪方面?"的调查结果分析

从本次调查结果来看，高达58%的调查对象倾向通过"综合经营"方式来经营农地，6%支持房地产开发，而仅有8%的人选择"种粮"，其他方式为2%。同时，"经营农庄"这一选项实际上也属于"综合经营"的内容，只是更具体化，它的选择占比达到了26%，如图3-6。综上所述，超过80%的受访者支持综合经营。考虑到这一显著比例，我们可以预测，未来解决国家战略层面的大问题如粮食安全时，需要在综合经营的框架内寻求新策略。这必然要求政府的积极介入和监管，而不是完全依赖市场力量。

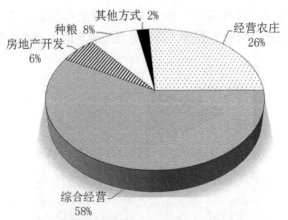

图 3-6　"您如果获得一块农地，最想用于哪方面？"的调查结果

3.2.6　对"如在经营中发生纠纷，您会优先选择哪种方式解决？"的调查结果分析

在"如在经营中发生纠纷，您会优先选择哪种方式解决？"的选择问题上，调查结果如图 3-7 所示："协商"占比为 61%，"诉讼"为 23%，"仲裁"和"政府裁决"各为 8%。这表明在农地经营中遇到纠纷时，大多数人首选的解决方式是"协商"，占到了 61%。而在非协商的手段中，法院诉讼成了大多数人的首选，其选择比例高达 23%，远超过"仲裁"和"政府裁决"的 8%。这不仅说明被调查者对法院审判具有相对高的信任和期望，而且隐含着一个现实问题：法院在农地经营纠纷领域的任务压力正在逐渐增加。更为明确的是，当涉及纠纷解决期望时，法院的期望值是政府裁决的近三倍。这要求我们在未来的法治建设和资源分配中，进一步关注并加强对法院的支持和资源配置，以满足公众对公正司法的期望。

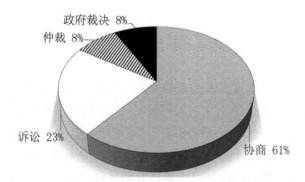

图 3-7　"如在经营中发生纠纷，您会优先选择哪种方式解决？"的调查结果

3.2.7　对"当前农户承包地纠纷，最易发生在哪些方面？"的调查结果分析

在本次调查中，有 30%受访者认为"农民身份"是最易发生纠纷的领域，这或多或少反映出他们在生活中遇到或听说过此类纠纷的情况。另外，有 27%的人选择了"入股"，这可能是因为他们对"入股"背后的复杂关系和运作方式感到畏惧，40%的人选择转包，其他为 3%，如图 3-8 所示。

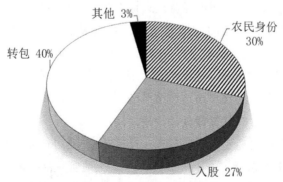

图 3-8　"当前农户承包地纠纷，最易发生在哪些方面？"的调查结果

3.3 调查结果小结

农村土地经营在近年来的社会变革中，无疑扮演了一个至关重要的角色。特别是在我国农村土地制度改革的大背景下，"三权分置"政策下的土地流转以及规模经营问题，日渐受到学术界和政策制定者的关注。本课题组通过一系列的社会调查数据，深入分析和解读农村土地经营的现状、问题及其对农村土地制度改革的影响，发现如下发展趋势：

首先，在对中青年农民的调查中，我们可以看到一组鲜明的数据：有意愿继续在承包地从事农业生产经营的中青年农民为35%。这一比例显示，当前中青年农民中有很大一部分人对农村土地经营持消极和否定态度。这无疑为"三权分置"制度提供了巨大的社会发展空间和可能性。

其次，在经营主体的选择上，大多数人认为农村土地最适合农业合作社和农户经营，占比达到64.8%。与此同时，认为适合家庭农场经营和企业经营的分别达到16.7%和13.9%。这种多元的经营主体选择展现了农村土地经营的多样性和综合性，也预示着未来农地规模经营模式将更加丰富和多变。

关于农村土地的流转方式，调查结果显示，认为"租赁"方式较好的人数最多，占42%；其次是"转包"和"入股"，分别占25%和30%。这些数据从侧面反映出农村土地流转方式的多样性和灵活性。而这种多样性和灵活性在未来也可能成为农地规模经营的重要特点。

对于农地经营的周期选择，大部分人倾向长期经营，其中10年以上的选择占据了大多数，与《土地管理法》和《农村土地承包法》延长承包期的调整方向是一致的。这也反映出农民对土地经营的稳定性和长远性的追求，以及引入现代农业技术和方法的现实需要。

当谈到农地经营的方式时，有80%以上的人支持综合经营（包括经营农庄），而选择种粮的仅有8%。这一数据表明，未来农地经营的主导方式将是综合经营，而单一的种粮模式可能会逐渐减少。按照这样的比例预测，从更长远的角度看，类似粮食安全这种国家战略安全层面的大问题解决方式，将来也需要在综合经营的范畴下寻找新的解决方式，这中间肯定需要政府的各种介入和监管，而不能单纯依靠市场来解决。

关于农地规模经营过程中的纠纷解决方式，大多数人选择了"协商"方式，占61%；而选择"诉讼"的仅占23%。这一数据显示，农民更愿意选择和平、直接和效率较高的"协商"方式，而不是选择可能耗时较长、程序复杂和成本较高的法律途径。

综上所述，农村土地经营在当前的社会背景下正面临着前所未有的机遇和挑战。我们需要在深化农村土地制度改革的同时，注重农地规模经营的多样性和综合性，鼓励和支持多元的经营主体参与农村土地经营，确保农地规模经营的稳定性和长远性，以及加强农民之间的沟通与协调机制，为他们提供纠纷预防和解决的培训和资源。这不仅有助于推动农村经济的持续健康发展，也有助于维护农村社会的稳定和和谐。

第4章
"三权分置"下我国农地规模经营的运行现状与现行法律制度

4.1 我国农地经营的基本现状描述

4.1.1 我国农地资源现状

我国位于亚洲东部、太平洋西岸，拥有约960万平方千米的陆地领土，是世界第三大国。得益于复杂的地形、地质和气候条件，我国的土地资源类型丰富多样。总体上，山地、丘陵和高原占全国土地的66%。虽然我国农地资源丰富，耕地面积在世界上排名第四，但截止到2019年底，我国人均耕地面积只有1.36亩，不足世界平均水平的40%。[1]由于土地资源的不均衡分布，农地生产力在不同地区存在显著差异，农地利用方式也呈现复杂态势。另外，我国还面临后备耕地资源严重不足的问题。如戈壁和海拔3000米以上的高地，难以耕种，这些土地约占全国的36.3%。

4.1.2 我国农地经营的现状

依靠现有的农地资源，我国农业的快速发展是从1978年农

---

〔1〕 朱隽、常钦：《为中国式现代化提供坚实资源支撑——写在第三十三个全国土地日之际》，载《人民日报》2023年6月25日，第1版。

村推行家庭联产承包责任制的土地制度改革为起点开始的。四十多年来,以农民家庭作为农业生产经营单位的制度安排,对农民的生产积极性产生了直接激励性作用,使农业生产率得以大幅度地提高,并有力地推动了农业,使中国农业取得显著成就。

首先,从农业产出来看,根据数据统计,1978年我国粮食总产量仅为3.05亿吨,1984年超过4亿吨,1996年超过5亿吨,2008年为5.29亿吨,而2021年已经达到6.83亿吨,是1978年产量的两倍多,因此我国粮食产量已经进入快速增长期。[1]其次,随着农业产出的不断增长、非农就业途径等的不断拓宽,农民的收入实现稳步增长。根据有关数据统计,1978年农民人均纯收入为133.57元,1984年为355.33元,1996年为1926.07元,2008年增长到4761元,到了2013年达到8896元,[2]2022年农民人均可支配收入首次突破2万元,达到20 133元,年平均增长率为12.96%。[3]

然而,不容忽视的是,我国农业发展虽然取得了较大的成绩,但是我国农地利用面临着严峻的形势挑战。

第一,我国有效耕地面积并没有与农业发展形成同步增长。根据自然资源部的相关数据统计,我国耕地面积在1995年为19.51亿亩,到了2009年减少到18.26亿亩,而后在"坚守18亿亩耕地红线"农地政策的严格要求下,我国耕地面积开始略有增长,第三次全国国土调查结果显示,截至2022年,我国耕

---

〔1〕 罗红云:《中国农村土地制度研究(1949~2008)》,上海财经大学出版社2012年版,第242页。

〔2〕 罗红云:《中国农村土地制度研究(1949~2008)》,上海财经大学出版社2012年版,第242页。

〔3〕 魏后凯、王贵荣主编:《中国农村经济形势分析与预测(2022~2023)》,社会科学文献出版社2023年版,第40页。

地面积达到 19.18 亿亩。[1]从耕地的区位特点和损毁情况来看，我国有大量的耕地实际上不适宜耕种。因此，我国目前的有效耕地面积仅为 18 余亿亩，与之前相比有所减少。

第二，农地利用存在粗放经营，投入少、索取多，造成我国耕地质量逐年下降，水土流失现象十分严重。据全国耕地质量检测结果显示，在过去的三十年间，我国东北黑土区，耕地土壤有机质含量逐年减少，同时南方土壤酸化、华北耕层变浅、西北耕地盐渍化等土壤退化问题日益突出。目前，在我国有限的耕地资源中，质量好的一等耕地约占 40%，而中下等耕地和有限制耕地却占到 60%。[2]我国的耕地面临多重威胁。水土流失的面积高达 6 亿亩；沙渍化、工业"三废"污染分别影响了6000 万亩耕地，酸雨影响了 4000 万亩耕地；此外，每年有超过2000 万亩的农田被污水灌溉。[3]课题组在黑龙江省实地调研发现：黑龙江省一直以其丰饶的"黑土地"为自豪，但近年来，该省黑土的土壤有机质含量已经下降了 70%，黑土层的厚度也减少了近一半。这种"黑土退化"现象可以归结为以下三大原因：一是掠夺性经营导致土壤消耗量大于积累量；二是黑龙江西部的荒漠化、风蚀化的趋势在加强，并不断地向东边扩展，逐渐威胁到松嫩平原这个"粮仓"；三是连年增加的化肥使用量，客观上令黑土土壤的养分流失加剧，使黑土地更加"孱弱"。显然，我国耕地质量的逐年下降对粮食生产构成了威胁，这为我国的粮食安全问题敲响了警钟，也不利于维护国家"五

---

[1] 详见国务院第三次全国国土调查领导小组办公室、自然资源部、国家统计局发布的《第三次全国国土调查主要数据公报》。

[2] 常钦：《耕地保护新格局基本形成》，载《人民日报》2018 年 6 月 26 日，第 10 版。

[3] 详见国务院第三次全国国土调查领导小组办公室、自然资源部、国家统计局发布的《第三次全国国土调查主要数据公报》。

大安全"的战略目标。

　　第三，受农村青壮年劳动力的大规模外移、大量土地的农转非、农业生产成本的逐年攀升、农业收益不高、土地流转不畅等多种因素的影响，我国农地和宅基地撂荒、闲置现象亟待解决。根据相关数据，尽管我国每年都有大量农地通过土地经营权流转实现集中经营，但在过去十年中，我国农地的撂荒量每年仍高达惊人的 3000 亩，其中尤以丘陵地区的零星破碎地块撂荒问题最为严重。[1]另外，2019 年，王良健等人对我国农村宅基地的空心率进行了研究，认为我国农村宅基地空心率的均值为 29.14%。[2]课题组在海南省调研发现：海口市四区普遍存在撂荒地。尤其是"粮仓"闻名的墨桥村，其总耕地面积有8000 亩，但现在仍有几百亩尚未复耕，处于撂荒状态。具体到海口市的秀英区，撂荒地面积约为 5882.32 亩，这些撂荒地大多是散落的小块农用地，都是一两亩或几亩的小面积。海口市各区农地撂荒的原因基本相似，归纳为以下三个主要方面：①农业生产基础设施不佳。许多地块的水利条件和基础设施较差，从而导致生产成本增加和农业管理困难。任何常见的自然灾害都可能导致巨大的损失。此外，种植结构过于单一，主要是传统的粮食种植，其经济效益低，这也是造成土地撂荒的主要原因之一。②劳动力年龄结构问题。当地务农的劳动力主要是年龄在 55 岁以上的农民，其中有些甚至已经丧失劳动能力。而这部分农户的土地撂荒比例逐年增大。③外出务工和创业。随着城镇化的进程及农民对生活品质的期望逐渐提高，大量适龄劳

　　〔1〕　何朝银：《不利于新时代中国农业现代化的土地问题探析》，载《毛泽东邓小平理论研究》2021 年第 3 期。

　　〔2〕　张亚婕：《我国农村宅基地闲置现状与盘活利用对策》，载《乡村科技》2020 年第 31 期。

动力选择离乡进城务工或创业。这导致农村剩余的主要是老年人和儿童，老年人中多数不具备劳动能力。尽管适龄劳动力比例较大，但真正可以务农的劳动力稀少，从而加剧了土地撂荒的现象。

第四，我国农地流转近年来虽然出现了加速增长的势头，但是总体来看，农地流转的规模还有一定提升的空间，有些地区的流转市场仍然十分不畅。事实上，我国的农地流转始于二十世纪八十年代农村家庭联产承包责任制后的 2—3 年，二十世纪八十年代后期，农户自发进行的土地承包经营权流转，基本保持在 1%—3%，〔1〕因此该阶段是我国农地流转的萌芽时期。到了二十世纪九十年代，我国农地流转规模并没有很大的变化。例如，1998 年发生农地流转的土地仅占耕地总面积的 3%—4%，其中流转面积最大的是浙江省，其流转面积的比重也仅有 7%—8%。但是进入二十一世纪以后，农地流转规模从总体上看，呈现不断扩大的趋势。有数据显示，2001 年我国农地流转面积占耕地总面积的 5% 左右（更乐观的估计甚至达到 6%—8%），到了 2008 年这一数值上升到 7% 左右，截至 2022 年底，全国耕地流转面积超过 5.55 亿亩，占承包耕地总面积的比例达到 37% 以上。〔2〕然而从另一角度看，对我国来讲，真正意义上实现农地规模经营，其经营面积应该超过全国农村农户承包土地面积的一半，以 13 亿亩承包耕地推算，就应该有 6.5 亿亩土地流转给农业经营主体去集中生产经营。〔3〕由此可见，我国农地流转的

---

〔1〕 丁关良：《土地承包经营权流转法律制度研究》，中国人民大学出版社2011 年版，第 89 页。

〔2〕 《2021 年全国耕地总量实现净增加 耕地减少势头得到初步遏制》，载 https://www.gov.cn/ yaowen/liebiao/202306/content _ 6888373. htm，最后访问日期：2023 年 12 月 11 日。

〔3〕 邵海鹏：《报告：土地流转正在改变中国农村 中国农业会走特色规模化道路》，载 https://www.yicai.com/news/5361212.html，最后访问日期：2023 年 12 月 11 日。

比例和规模有待进一步提升，真正意义上的大面积、大范围的流转还没有大批量出现，而这造成我国全面实行农地规模化经营的愿望在短期内无法实现。此外，我国农地流转市场发展仍然较为缓慢。尽管在一些地区已经建立了农地流转中心、交易所、交易市场、农地流转服务中心等农地流转中介组织，以促进当地农地流转市场的发展，但大部分的农地流转仍受制于熟人社会规范的约束，仍然依赖传统的村内流转或口头传递的流转信息来达成交易。同时，我国已有45%的劳动力从农业转移出去，而农地流转的数量仍然保持在37%左右。这两者之间的差距表明我国农地流转仍然存在不畅的问题，农地流转市场功能尚未完全发挥出来。

图4-1 2010年以来农村土地流转面积走势（亿亩）

4.2 我国推行农地规模经营政策的制度背景

我国的家庭联产承包责任制度实质上是打破了之前的农业

耕作模式，实现土地集体所有权与承包经营权的"两权分离"。然而，该制度在推行时以"耕者有其田"和"平均地权"为原则依据，村集体往往将农地按照家庭人口和劳动力数量大体均分到户，农户承包经营所分配的农地会维持三十年不变，到期后再继续进行调整（即再"平均"）。随着农村人口的增加，有限的农地被更多人口进一步细分。不仅如此，由于农地存在优劣之分，出于对"公平"的诉求，村集体在分配农地时往往实行好坏搭配、远近搭配，把每个地块都打破分开，这样农户到手的地块就更为零散、细碎。[1]由此可见，我国至今所实行的家庭承包经营权的土地制度导致农户的经营规模逐渐减小，同时农地也变得更加零散。

2019 年，根据第三次全国农业普查数据，全国共有 2.3 亿户农户，户均经营规模 7.8 亩，经营耕地 10 亩以下的农户有 2.1 亿户，特别是在一些西南地区的丘陵山区，不但户均经营规模小，而且地块零散，比如四川省每户地块在 10 块以上，平均每块地只有 0.4 亩、0.5 亩。[2]就农地的规模来讲，中国户均规模几乎是世界上最小的。与世界其他国家按农业人口人均耕地数量比较，中国为 1.5 亩，仅是印度的 1/3，日本的 1/12，英国的近 1/60，以及美国的 1/300。[3]由于农地的细碎化经营，我国农村又回归到了新中国成立前的小农经济社会，也由此对农业的持续发展产生了一系列制度上的阻碍。

---

〔1〕 王力：《适度规模经营：新时期农地制度的创新方向》，载 https://epaper. gmw. cn/gmrb/html/2013-10/13/nw. D110000gmrb_20131013_2-07. htm，最后访问日期：2023 年 12 月 13 日。

〔2〕 乔金亮：《全国 98% 以上农业经营主体仍是小农户》，载 https://www.gov. cn/xinwen/2019-03/02/content_5369853. htm，最后访问日期：2023 年 12 月 11 日。

〔3〕 丁关良：《土地承包经营权流转法律制度研究》，中国人民大学出版社 2011 年版，第 87 页。

（1）细碎化的农地经营，不利于我国农业产业化、商品化、市场化的发展，进而影响农村集体土地收益权能的实现。农户的耕作面积小，地块细碎化，这将不利于调整农作物种植结构，也不利于大型灌溉设施的利用和开发性生产的实施。此外，这种细碎化的土地格局还限制了某些先进技术的采用和推广，使新技术、新机械以及各种农田设施的效能无法充分发挥，从而制约了我国农业商品化、市场化和产业化的形成与发展，最终影响了我国农业经济效益的发展。

（2）随着农业生产技术的不断提高，很多农户经营规模与其生产能力水平愈发显得不相匹配，由此严重影响了我国农地利用效率的提高和农业的进一步发展。土地承包经营权的分配单纯强调"公平"，因而导致了农地利用效率的损失。而这是因为在集体内部，其成员的生产能力不是整齐划一的（有的农户是种田能手、发展多种经营的高手，而有的农户的生产能力就相对比较薄弱），随着农业机械化水平的不断提高，这种农业劳动力的生产能力差别反而会愈加显见。因而，一方面，由于得不到充足的农地，种田能手的种植能力得不到有效的施展，经营优势得不到充分发挥；而另一方面，不愿种田或农业生产能力差的农户却被死死地束缚在所承包的农地上，进行低效率的农业经营。显然，其后果会严重抑制农地利用效率的提高，进而不利于农业与农村经济的进一步发展。

（3）农地的细碎化经营造成了我国农地大量地闲置、撂荒。土地"三权分置"政策出台前，我国农地撂荒、闲置现象非常严重，而这一现象是由农村青壮年劳动力的大规模外移、农业生产成本的逐年攀升和农业比较收益低等多种因素影响造成的。而农地的细碎化经营又与这些因素有着千丝万缕的联系：农地规模小会造成生产经营规模不经济的后果，由此导致农地经营成本过高、效益低，最终将会使农民失去从事农业生产的积极性。与此同时，由于小型分散的农地规模经营限制了农业经济的增长，农业收入与非农业收入的差距逐步拉大。在经济利益的驱动下，大量农村青壮年劳动力选择放弃耕作其承包的土地，转而外迁进城。然而，考虑到农地保障功能，他们通常选择保留农地的承包经营权，这导致了大量农地被撂荒或被粗放经营。

（4）小而散的农地规模经营阻碍了我国农村基本设施的建设及农村土地的整理改良，同时导致农民缺乏抵御自然灾害的能力。首先，在我国由于土地承包到户和税费改革后，农村集体经济没有支撑点，很多地区的村集体缺乏资金来源，无法进行农业基础性投资，而农户由于耕地规模小，耕作后收入不多也无法担负起这个重担。仅靠地方政府的投资又很难满足农业对基础设施大规模建设的需求，因此我国自二十世纪八十年代以后，农村农田水利设施等建设较少，整体的农业基础设施依然非常薄弱。其次，土地承包经营权作为一种用益物权，具有排他性的特点，而我国农民也长期形成了一种依赖农地生存的思想，不愿将所承包的农地进行流转，所以排他的细碎化土地经营就必然会对农村集体土地大规模平整、改良产生制度上的障碍。最后，由于农户经营规模小，其抗风险的能力普遍较差。

（5）我国农村以家庭为单位承包经营的小生产与千变万化的大市场难以有效地衔接，更不利于我国农业应对全球化竞争的挑战。首先，小生产与大市场之间的矛盾已经成为我国农业的主要矛盾。[1]其次，日本等小农制国家尽管在小规模农地经营的基础上实现了农业的现代化、产业化和集约化，但是自身

---

〔1〕王力：《适度规模经营：新时期农地制度的创新方向》，载 https://epaper. gmw. cn/gmrb/html/2013-10/13/nw. D110000gmrb_ 20131013_ 2-07. htm，最后访问日期：2023 年 12 月 13 日。

的问题依然无法得到有效解决：土地规模狭小、经营成本过高、农业品自给率不足，造成本国农业处于长期低竞争力和低产出的状态，使其政府不得不对本国农业实施高度保护政策，以维持农业的正常发展。与这些东亚国家情形相似，进入二十一世纪，面对经济全球化冲击和国外农业的激烈竞争，我国带有小农分散生产方式特点的家庭联产承包责任制，与集约和规模经营的现代化生产方式要求相差甚远，其能量和潜力都十分有限，由此使我国农产品在国际市场上竞争一直处于劣势。尤其是在面临国际市场上低价农产品的竞争冲击时，我国农业的稳定发展会受到严重影响。

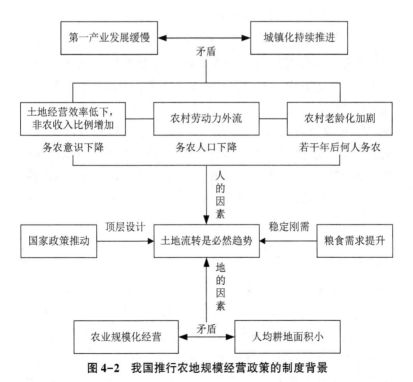

图 4-2 我国推行农地规模经营政策的制度背景

4.3　我国农地规模经营的发展特点

4.3.1　农地规模经营各地区发展样本比较

从各地区实际情况来看，由于受到经济发展、农业技术、法律政策、土地资源等因素的影响，各地区的农地经营规模呈现出多种形态，由此导致农地规模经营在各地区发展已不平衡。

根据课题组的实地调研，以下是典型省市的农地规模经营现状：

4.3.1.1　黑龙江省的农地规模经营状况

黑龙江省土质肥沃，耕地连片，具有发展农业生产的良好自然条件。截至 2022 年，全省耕地面积 25 696.91 万亩，是全国耕地最多的省份，人均占有耕地 6.2 亩，因此该省具备农地规模经营的先天优势。在当地法律政策（如黑龙江省《关于引导农村土地经营权有序流转发展农业适度规模经营的实施意见》）的引导下，该地区的农民逐步实现土地从松散型流转向紧密型流转转变，从零散向集中，从低效益、低产出向高效益，从无序向有序流转转变，从而加快了该省农地规模经营和集约经营的进程。

首先，从调研情况看，黑龙江省坚持把推进土地经营权流转作为发展规模经营的首要条件和建设现代大农业的关键，积极探索多种土地流转实现形式，各地农村土地经营权流转速度明显加快。截至 2019 年，全省农村土地经营权流转面积达 6507 万亩，同比上年增长 16.2%。以黑龙江垦区为例，作为国家级现代化大农业示范区，该地区土地流转的主要方式是转包，占全省流转耕地总面积的 80.7%，流转的土地中超过 91% 流入农户和专业合作社,且发展方向以种植业为主。

其次,黑龙江省部分地区的农户参与农地流转与规模经营的意愿较强,例如齐齐哈尔和牡丹江地区参与农地流转的户数已超过 50%。但同时,很多经济发展相对较为落后的地区,如黑河等地,农民参与农地流转的积极性普遍不高,参与户数不足 30%。

最后,目前,全省土地规模经营主要有四种类型:一是专业大户(家庭农场)经营。2019 年全省 200 亩以上的种植大户(家庭农场)发展到 10.5 万个,规模经营面积 2819 万亩,占规模经营总面积的 47.2%,平均每个大户(家庭农场)经营土地的面积达到 268 亩。二是合作经营。即以地块为单位,推行同一作物规模集约化经营,实行"统种统管分收""统种分管分收"等经营形式,在利益机制上实行"费用均摊,风险共担"。三是集体经营。农民将土地委托给农机合作社进行规模经营,由其"代耕代播代管代收"或"代耕代播代管分收",在利益机制上实行"费用均摊,风险自担"。四是企业经营。主要是通过土地托管的形式,由企业统一经营农地,形成全产业链发展。

随着农地流转的不断发展,农民流转意愿不断增强,黑龙江省农地经营的规模也在不断地发展壮大。截至 2021 年底,黑龙江省各类新型农业经营主体发展到 15.67 万个,土地适度规模经营面积达到 1.47 亿亩,比 2016 年增加 7701 万亩;而其中农地经营规模在 200 亩—500 亩的农场数量在黑龙江省农地规模经营中占据着主要的比例。

近年来,黑龙江省农村土地流转规模化经营总体态势良好,流转规模化经营面积逐年递增,收益显著提高,经营主体呈现多样化发展。但随着农村改革的深入,以及国家宏观政策环境的变化,农村土地流转也面临着新的形势和问题,包括农村土地流转形式和经营主体单一、农村土地流转信息不对称、农民在思想观念上存在顾虑、土地价格评估制度尚不健全等。

4.3.1.2 浙江省的农地规模经营状况

浙江省地处东部沿海，经济繁荣富庶，农业发达，但该地区的农地资源相对紧张有限，截至 2019 年，全省农民人均耕地面积仅为 0.5 亩，因此该省普遍存在"人多地少"的农地经营局面。依据相关地方立法（如浙江省《关于引导农村土地经营权有序流转促进农业现代化建设的若干意见》），浙江省各级政府积极引导本地区的农民将所承包的农地向各类生产经营主体集中流转，以促进本地区农地规模经营的有序实现，从而加快浙江省现代化农业发展的步伐。

第一，浙江省的农地流转速度明显加快。根据课题组的调研数据，该省的土地经营权流转率一直在全国保持前列。截至2020 年，全省流转耕地面积已超过 1005 万亩，流转率超过50%，比全国平均水平高出近 20 个百分点，而该省部分发达地区的农地流转率已超过 70%。以杭州市为例，目前耕地流转率为 58.3%，村集体流转占 70.1%，大户流转占 29.9%，种植粮食占 75.8%，苗木经济作物占 24.2%。

第二，浙江省较早就探索推行土地"三权分置"制度，目前该省农地流转形式和流转渠道逐渐多样化。截至 2020 年底，虽然浙江省以转包和出租为流转的主要形式，占流转总面积的70%以上，但农地流转形式开始呈现多样化趋势。[1]以宁波市为例，该地区积极鼓励农户以土地经营权入股组建土地股份合作社，探索土地内股外租、作价入股等土地股份合作形式流转土地，形成"土地变股权、农户当股东、收益有分红"的较稳

---

〔1〕 黄祖辉、王朋：《农村土地流转：现状、问题及对策——兼论土地流转对现代农业发展的影响》，载《浙江大学学报（人文社会科学版）》2008 年第 2 期。

固的土地流转模式。目前，全市已成立土地股份合作社 37 家，入股土地 2 万亩。

与此同时，浙江省农地流转的渠道也从原来单一的农民自发型流转发展为自发型和委托型两种流转渠道并存。截至 2020 年底，浙江省通过委托村集体或其他服务组织等委托农地流转的面积占全省土地流转面积的 40% 以上。

第三，浙江省土地规模经营主体呈现多元化，农地流转呈现市场化的发展趋势。除农户之间流转外，由于浙江省民营经济发达，大量工商资本、民营资本涌向农业，通过农地流转，促使以工商企业、龙头企业、农民专业合作组织以及专业大户作为农地规模经营的主体不断发展壮大。同时，浙江省的农地流转已熟练运用价格和流转合约等市场机制，使农地流转工作逐渐规范化，并实现了价格的合理化。这些举措有助于优化该省土地等农业生产要素的配置，充分发挥土地经营权流转的市场价值。

截至 2018 年 6 月，浙江省共有家庭农场 36 417 家，经营土地面积达到 289.5 万亩，平均每个家庭农场经营土地面积为 79.5 亩、劳动力 3 个、年销售农产品 44.7 万元。[1]2020 年，"强村公司"农业发展方案正式写入浙江省委、省政府文件。截至 2022 年底，该省已成立 2278 家"强村公司"。以杭州市临安区青山湖街道为例，该地区成立了农村集体经济发展有限公司，由 18 个村（社）联合组成，获得了开展乡村经营活动的批准。2022 年，该公司按股份分红 270 万元。

第四，浙江省大部分地区都已建立土地流转中介服务组织，采取农地流转委托管理模式，以优化土地资源配置，充分发挥

---

〔1〕　浙江省农业农村厅：《浙江多措并举培育家庭农场》，载《农村经营管理》2019 年第 3 期。

农地的资源优势，实现农地有序流转，这被认为是一种有效的途径。在浙江省的一些地区，已经成立了"土地托管中心""土地代管站"等机构，专门从事介绍流转对象和提供有关业务咨询等工作。这些中介组织建立了农村土地流转交易信息网络，及时登记和汇集可流转土地的数量、区位、价格等信息资料，并定期公开发布可开发土地资源的信息。他们接受农地供求双方的咨询，提高了农地流转交易的成功率。在双方协商一致的前提下，中介组织协助办理流转手续，并为承租者提供信贷、技术、物资等服务。此外，他们还负责妥善处理农地经营过程中发生的矛盾和问题，切实维护农地所有者、承包者和经营者三方的合法权益，从而实现农地流转与农业结构调整的双赢局面。

浙江省在农地规模化快速发展的前提下，通过《关于推进农业标准地改革的指导意见》等地方法律政策，大力推动农业规模化、标准化、生态化发展水平，为现代农业发展夯实了基础。2010年开始推进粮食生产功能区、现代农业园区"两区"建设，着力把"两区"打造成为生产条件优良、物质装备先进、科技应用领先、经营机制完善的现代农业先行区、示范区和引领区，有效稳定了粮食生产，提升了农业效益。

总的来说，浙江省农业的显著特点包括市场化改革起步早、经济社会发展活力强、农业经营体制改革创新成效明显。近年来，虽然浙江省农村土地经营权流转速度较快，但仍存在一些问题，如农地流转规范性和稳定性不足，流转土地的非粮化和非农化现象依然存在。因此，下一步浙江省需要进一步规范农地流转行为，提升农地流转和规模经营的层次和水平，以适应现代农业发展的新要求。

4.3.1.3　重庆市的农地规模经营状况

重庆市是我国四大直辖市之一，位于祖国西南部，长江上游。由于整个地区多山地、丘陵，该市农地资源极为有限，且整体质量水平不高，而家庭联产承包责任制度又造成了该地区农地连片经营程度低，细碎化现象十分严重的局面。依据相关地方立法（如《重庆市落实农村土地集体所有权稳定承包权放活经营权实施方案》），重庆市各级政府积极有序引导本地区的农民将所承包的农地集中流转，以促进本市农地规模经营的实现，并取得了良好的效果。

第一，重庆市农地的流转速度不断加快，而流转面积也在不断增大。二十世纪八十年代，重庆市的农地流转主要呈自发、零星状态。2006 年底，全市农村土地流转总面积为 217.39 万亩，占当年农村承包耕地总面积的 10.84%，涉及 39 个区县（不含渝中区）86.35 万个农户，占承包耕地农户总数的 12.46%。[1]到 2016 年底，全市土地流转面积为 1479 万亩，比 2015 年底增加 25 万亩；土地流转面积比例达 42.4%，比 2015 年底增加 0.9%。根据调研数据，截至 2020 年末，重庆市全市累计流转土地 1522 万亩以支持新型农业经营主体发展，适度规模经营 1274 万亩，农村土地规模经营集中度超过 30%。

第二，重庆市土地经营权的流转形式、流转渠道呈现多样化的态势。目前，重庆市土地经营权流转的形式主要有转包、出租、转让、互换和入股五种基本形式。根据重庆市政府农村工作办公室的相关资料显示，重庆最主要的土地经营权流转模式包括两种：一种是土地经营权股权化；另一种是土地经营权出租、转让。[2]其典型模式方面以九龙坡区"宅基地换住房、

---

〔1〕　范远江、刘耀森：《重庆市统筹城乡的农村土地基本经营制度改革探讨》，载《华东经济管理》2009 年第 9 期。

〔2〕　向前：《统筹城乡发展中的农村土地流转模式探析——以重庆市为例》，载《农业经济》2009 年第 5 期。

承包地换社会保障"、长寿区"公司+企业"合作制为实证。与此同时，重庆市农地流转的渠道也呈现多样化，已经发展为自发型流转和委托型流转两种并举类型。

第三，截至 2020 年 9 月，全市已有 31 个区县、845 个乡镇、6306 个村建立了农村土地流转服务机构，渝北、巴南等 11 个区县的农村土地经营权流转市场建设基本完成。目前，依据该市的行政级别，农村土地流转服务机构主要划分为重庆农村土地交易所、区县流转服务中心、乡镇流转服务窗口和农村流转服务站四个层次。这四个层次的农村土地流转服务机构形成了"市级平台定标准、区县平台稳交易、乡镇窗口强服务"的联动体系，不断延伸农村产权流转交易政策咨询、农村综合金融、农业项目包装推介、农村电商等多样化服务。随着全市各地农村产权流转交易平台逐步建立，通过规范的市场化渠道流转农地已成为一种趋势。

第四，通过竞争经营、集体直营、合股经营、代耕代种和托管经营等多种方式，重庆市大力培育新型农业经营主体和服务主体，加快发展农地流转型、服务带动型等多种形式规模经营，促进小农户和现代农业发展有机衔接。截至 2020 年底，各类新型农业经营主体已达 7 万家，区县级以上农业产业化龙头企业 3340 家。

第五，重庆市一些地区将土地整治与农地宜机化改造和集体经营相结合开展农地规模经营。例如，该市璧北区域集中推动万亩"田园都市"土地整治示范工程，旨在促进农业机械化、降低劳动强度并提高农业生产效率。同时，成立经济合作联合社（简称"联合社"）进行土地的集中经营，采用"保底+分红+提供就业岗位"模式，即联合社承诺在租金保底的条件下继续租用土地，将实际利润的 20% 作为村民分红，并为村民提供工作机会。该农地规模经营模式表明，通过集体经营和与村民共享利益，可以有效激发农村地区的经济活力，使农地得到合理利用，同时保障并提高村民的生活水平。

显然，重庆市农村土地经营权流转有效促进了当地农地规模经营的持续发展。从全国范围来讲，该市的农地规模经营总体水平居于中等，在西南地区却位于前列。值得注意的是，重庆市在推行农地规模经营时还面临一些问题，包括有效经营模式的选择、土地租金的利益分歧、合作经营模式的隐忧、具有盈利能力合作社的缺乏以及其他社会化服务组织辅助实现规模经营的不足等。

4.3.1.4 海南省的农地规模经营状况

海南省地处我国南部边陲，四面环海，地理区位优势明显。全省土地资源非常丰富，截至 2021 年，耕地总面积为 730.37 万亩，但人口稠密，造成该省人均耕地面积不足，仅为 1.26 亩，低于全国人均 1.4 亩的水平，尤其是海口市、三亚市等地的人均耕地面积还不足 0.8 亩。为了建设自由贸易港的用地保障，海南省深入推进农村土地制度改革，该地区的农地已逐步向规模经营、集约经营的方向转变。

第一，为发展适度规模经营，海南省的农地已逐步向农民合作社、农业企业等新型农业经营主体集中。近年来，海南省各种新型农业经营主体的规模不断发展壮大，数量已经超过 1.8 万家。这些新型农业经营主体在建设现代农业、保障农产品有效供给等方面发挥着重要作用。2023 年，海南省又认定 24 个合作社为省级示范合作社，18 家家庭农场为省级示范家庭农场。但这些新型农业经营主体在发展过程中也存在一些问题亟待解决：该省真正具备自我发展能力的农民合作社并不是很多，半运行和不运行的农民合作社将近占到总数的 2/3；虽然农业龙头企业近万家，但是有市场话语权的不到 300 家，龙头企业与农民的利益联结关系松散，带动能力整体不强；而专业大户、家庭农场在该省尚属于新生事物，有待进一步发展。因此，海南省还需要继续颁布相关地方性立法以推动当地新型农业经营主体的发展与完善。

第二，虽然全省农地流转面积不断增大，但是海南省的基本省情决定了农地流转无法大规模快速推进。如前所述，该省农村剩余劳动力人口较多，而当地龙头企业在大规模生产经营中需要考虑劳动力成本问题，他们不可能容纳过剩的劳动力，从而导致该省农民农地流转的意愿受限。另外，与其他省份相比，海南省很多地区的农地流转存在流转面积过大、期限过长、租金过低的"三过"问题，而这也深刻影响农民流转农地的积极性。以上不利因素严重阻碍海南省农地流转与规模化的发展进程。截至 2020 年底，全省农村土地流转面积为 1.13 万亩，农地流转率仅为 29.85%，其中三亚市的农地流转率只有 15.7%。与黑龙江省、浙江省、重庆市的高农地流转率相比，海南省的农地流转程度偏低，有待进一步提高。

第三，农地流转形式呈现多样化。目前，海南省农地流转形式虽然有转包、出租、转让、入股等多种形式，但其以租赁为主要流转形式和土地股份合作社等社会化服务组织的形式，通过土地流转，实现农业生产的规模化经营和提高土地的利用效率。

第四，海南省农地流转的渠道也呈现多样化，已经发展为自发型流转和委托型流转两种类型并举的渠道形式。

第五，为积极响应中央政策，全面深化农村产权制度改革，全省各地区相继成立农村产权交易服务中心、农村产权流转市场管理服务有限公司、土地流转运营中心等多种形式的农村土地流转服务机构，为农户承包地经营权等经营性资产流转交易提供信息发布、交易审核、交易鉴证、交易结算等一站式服务，并积极探索农村金融、农资农事等配套服务，为全面盘活乡村生产要素提供积极助力。

　　另外，海南省多地区将农地整治和规模经营相结合，具体操作包括：整合碎片化土地，提高农地质量，逐步带动周边农户的农地流转，打造机械化、规模化的种植模式；结合产业需求配套现代化农业基础设施，为农业生产提供强大的后盾；解决资金来源、土地去向、人员流动、土地管理与运营、产业导入等核心问题，确保农地规模经营稳健发展；鼓励和支持地方政府与大型农垦企业合作，共同推进农地规模经营，实现资源共享、利益共赢；通过建设核心示范区，实现对周边区域的辐射带动，进一步推动农地规模经营的发展。以儋州市为例，该地区成立乡村振兴投资开发有限公司（国有企业），并采用"土地流转+土地整治+产业导入"模式，引导农户或村集体经济合作社将农地流转至公司，通过土地整治，改善农业基础设施。截至 2022 年，该公司已累计流转整合 13 个乡镇集中连片低效撂荒土地 123 宗，面积约 9.6 万亩，通过流转促进农民增收 10 363 万元。同时，该公司与近百家农业企业进行了招商对接，成功引入了如海南省联明农业、海南花之旅等知名企业，推动火龙果、现代特色花卉苗木等多种热带特色高效农业项目的发展。

　　综上，虽然海南省的农地规模经营发展很快，但从流转农地占农村土地承包总面积的比重来看，目前海南省农地流转的总体比重依然不高，由此说明该省的农地规模经营总体水平在全国偏低。

4.3.2　农地规模经营各地区模式的创新与尝试

　　在党和国家政策的支持下，我国各地方政府从二十世纪八十年代中期开始，陆续推出有利于本地区农地流转的方式创新，并沿着"农地流转—农地集中—农地规模经营"的路径不断推进本地区农地规模经营的有序实现。目前，全国各地创新尝试出的农地流转与规模经营的模式纷繁复杂，可以按照运行机制、经营内容、居于主导或主体地位的主体等进行划分。[1]但其中最具典型代表的创新模式主要包括农地的土地信托、土地换社保、股份合作、土地托管等。

4.3.2.1 "土地信托"模式

土地信托模式在我国河南省安阳县率先推出，而后在浙江省、湖南省、山东省、贵州省、安徽省等地陆续推广。土地信托模式也称土地银行模式或土地信用合作社模式。[2]

土地信托实现了土地所有权、承包权、经营权的"三权分离"，使分散的农地资源在更大的范围内实现了优化配置，在土地信托流转过程中，农民把小块零散农地交给土地信托服务机构，由其整理统一进行转出，这样可以整合零散的农地资源，有利于农地规模经营的实现。该机构依法设立信托契约，可以有效保护农民的土地经营权及其相应的经济利益。虽然土地信托服务机构往往是由地方政府成立的，但其服务是被动性的，是否转出、转入农地都由相关当事人自行抉择，因而不会产生变相的"强行赎买"现象等。[3]

课题组实地调研了解到浙江省绍兴市通过土地信托，使该地区迅速实现了农地大规模的流转与集中。浙江省绍兴市的大

---

〔1〕 常伟：《农地大规模流转模式探析》，载《农村工作通讯》2010年第14期。

〔2〕 胡亦琴：《农村土地市场化进程中的政府规制研究》，经济管理出版社2009年版，第105页。

〔3〕 岳意定、王琼：《我国农村土地信托流转模式的可行性研究及构建》，载《生态经济》2008年第1期。

部分农地都集中到有能力、有资金、有市场的种养大户和工商业主手中。通过这些有种植能力的企业和农业大户对农地的有效经营，据统计，该地区有50%的农田进行了种养结构的调整，农地的产出量增加了5倍到10倍，使该地区的农地资源发挥出最佳的经济效益。除此以外，土地信托模式的所到之处几乎完全消除了当地农地抛荒、闲置的现象，并将农民从土地中真正解放出来，加速其身份的转化，因而有效地推进了当地城镇化的进程，为后续"公司+农户""公司+基地+农户""公司+合作社+农户"的大规模经营农地模式奠定了基础。

可以说，土地信托是一项制度创新，是深化农村土地经营机制的必然需求。但由于我国农村土地所有权和承包经营权尚处于分离状态，土地信托模式在我国各地推进的速度相对比较迟缓。另外，由于这种模式在我国是一种新型的流转形式，我国现行法律法规等均没有对其进行直接规定，但也没有排除其合法性。该模式除适用土地经营权流转的一般性规则外，主要受我国《信托法》相关规定的限制。但由于缺少专门的立法，导致我国各地所推出的土地信托模式五花八门，包括北京信托模式、中信信托模式、福建沙县模式等，从而使土地信托流转模式在我国无规则可循，一旦发生纠纷也无法可依，因此从长期来看，我国有必要对农村土地信托进行专门立法，以此明晰相关的法律问题。[1]

4.3.2.2 "土地换社保"模式

土地换社保模式最早出现在二十世纪九十年代初的长三角一带。目前已在我国各地普及，很多地方如成都、广州、重庆、天津等都在通过试点检验该模式的可行性。所谓土地换社保，

---

〔1〕 高圣平：《农地信托流转的法律构造》，载《法商研究》2014年第2期。

即土地承包经营权换社保，是一种用社会保障替代土地保障的方案，农民以放弃土地承包经营权为代价，以换取较为优惠的新型农村养老保险制度。[1]

土地换社保模式具有明显的特征和比较优势：①可以释放更多的农地，有利于实现适度的规模经营；②通过给予农民应有的保障权益，解决失地农民老无所养的问题，实现我国农村养老模式的历史性变革——由单纯依靠子女的家庭自助型养老模式向依托土地流转金、靠集体、靠政府的共济型养老模式转变；[2]③探索出农民对于集体经济组织的有偿退出机制，促进农村剩余劳动力向城镇的有效转移；④在促使大量农民进城的同时，还可以促进当地城乡资源要素的一体化；⑤通过加速农地的流转集中，可以有效遏制和解决农地抛荒、闲置问题。

对于土地换社保模式，以四川省成都市为例，2007年成都市温江区在全国率先提出"双放弃换社保"的设想。这一模式既为城市化过程中主动离开土地的农民提供住房，又把他们纳入城镇社保进行统筹安排，在一定程度上排解了农民进城的后顾之忧。[3]总而言之，温江模式推进了该地区的城市化改革进程，为区域经济全面协调可持续发展创造了良好的社会条件。

但土地换社保模式在实践中也出现了诸多问题，因而遭到很多学者的质疑，其中包括：①农民的承包经营权，在法律上应界定为用益物权，这是一种财产权利，而社保福利是公民从国家处获得的物质帮助。因此，在征地补偿不足以维持农民原

---

〔1〕 赵金龙、王丽萍、葛文光：《农地流转模式简析》，载《农学学报》2012年第5期。

〔2〕 赵金龙、王丽萍、葛文光：《农地流转模式简析》，载《农学学报》2012年第5期。

〔3〕 温宣：《破解"三农"二元结构多元求解——解读城乡统筹的温江方式（一）》，载《四川日报》2008年3月4日。

有生活水平和确保其长远生计的情况下，社保应是对征地补偿的补充，而不是对征地补偿的替代。②土地换社保虽然可以解决农业发展问题，但无法解决好农民问题。农地流转集中后，其集约化程度必然提高，下乡企业需要雇用的农民数量会大幅度减少，从而导致大量农民无法在农村就业。在城市，因为土地换社保所换取的只是一部分保障（即养老保障）或者浅层次低水平的保障，所以该模式无法彻底解决农民进城的后顾之忧。一旦他们在城市失业，则毫无退路可言，由此会引发一系列的社会问题。③后续政府将会面临一个双重困境：一方面是"已无地可售"，另一方面则是需要承担将农民转为市民后在社会保障上所带来的沉重财政负担。从长远角度看，这会给社会稳定带来挑战。

4.3.2.3 农地的股份合作模式

农地的股份合作模式最早起源于 1992 年广东省南海宝安等地，由一些基层干部和农民提出并加以实践，随后该模式迅速在我国广东、浙江等沿海经济发达地区推广开来，目前农地股份合作模式已在全国范围内逐步扩大规模，并与我国当前的农村集体资产股权改革相得益彰。

所谓农地的股份合作，是指在坚持家庭联产承包责任制的基础上，农民将土地经营权入股到以土地股份为主的股份合作社或者有限公司里，以合作社或公司化的方式对土地经营实现规模化运作。无论农民在何种组织形态里，都有权按照股份从土地经营收益中获得一定比例的分红以此作为其经济收益。

农地的股份合作模式具有如下明显的特征和比较优势：①农地股份合作模式是在实践中探索出的一种新型农地规模经营方式，是一种农地资源优化配置的有益探索；②农地的股份合作模式是以农民自有的土地经营权入股，土地的所有权仍然归集体所有；③农地股权化改变了我国农村以农户为基本单位的土地承包制，实现权利个人化；④在坚持土地家庭联产承包责任制不变的前提下，农地的股份合作模式是在农村集体组织范围内兼顾了公平与效率的一种现实办法，在我国更大范围内成为农地制度改革的目标模式；⑤从实践效果来看，农地的股份合作有助于促进农地的有效流转和合理配置，有利于实现农地的集约化经营与规模经营，从而实现土地创利的最大化；⑥农地的股份合作是以家庭联产承包经营制度为基础的，农民把土地经营权作为一项财产权投入农业生产的合作经营，这是农业生产方式的巨大进步。

课题组实地调研了解到江苏省如皋市的江安镇陈严村面临土地分散、农民增收困难、集体经济空壳等发展难题。2018年以来，该村积极实施农地的股份合作模式，因地制宜地成立种植农地股份合作社，农户入股的土地由农地股份合作社统一经营管理，并与当地知名农产品公司签订长期购销合同。该合作社在明确入股农户每年每亩地800元的保底收益的基础上，年终再根据经营情况给予分红。可以说，合作社的建立不仅促进了当地村集体经济的发展，也增加了农民的收入。

在"三权分置"背景下，农地的股份合作模式只是将土地经营权作价入股，一旦公司或合作社面临破产清算，依据《公司法》的相关规定，土地经营权作为公司资产要用来清偿公司债务，通过土地经营权转移由债权人予以获得，而入股农民因持有土地承包权并不会彻底丧失土地。

但农地的股份合作模式在实践中也存在一些问题亟待解决：①农民入股是农民将土地经营权作为资产进行投资，享受分红和决策的权利。此外，农地入股时的价格会受农地区位、社会经济等因素影响，特别是社会经济形势涉及供求关系、土地产出率等诸多因素，因此一旦入股，农地价格难以获得公认、合理的"当期价格发现机制"。②土地经营权入股的经济性质在于土地权利的资本化经营，通常，由于土地资本的价值较高和农业产业的规模经济要求，土地投资者往往采用长期投资的形式，土地投资的长期性与土地经营权入股的期限性形成了制度上的冲突。[1]③农地的股份合作模式在实际运行中会存在委托代理问题、受乡村行政组织干预问题、村民参与管理动力和能力不足问题，因此土地股份合作组织可能会异化为土地股份合作组织管理者谋取私利的工具，导致农民的经济利益受损。[2]④农地的股份合作模式存在运作中的失范问题，包括土地股份合作组织的组织管理形式及运作机制的法律依据问题，股权的封闭性、不流动性及其负面影响，股权的福利性与收益分配的合理性及调整问题等。⑤在监管不严的情况下农地的股份合作模式更容易导致土地非农化。耕地非农化带来的巨额增值收益对各种经营主体都有一种难以抗拒的诱惑。如果是确地到户，单个农户违法搞非农建设的能力不会太强。但许多地方的实践说明，实行股份合作后，集体行动的能力增强，集体搞违法非农建设的能力也同样增强。[3]

对于农地的股份合作模式，党中央、国务院推出的相关政策文件中已公开允许采取股份合作的方式进行土地经营权的流转，而现有的《民法典》《农村土地承包法》等多部法律对该

---

〔1〕　崔梦溪、李岩：《家庭承包经营权入股与承包权期限的冲突与协调》，载《农业经济》2012年第2期。

〔2〕　赵金龙、王丽萍、葛文光：《农地流转模式简析》，载《农学学报》2012年第5期。

〔3〕　赵鲲、李伟伟：《土地股份合作、股权逐步固化：高度城镇化地区完善承包经营制度的有益探索——广东佛山农村土地股份合作调查与分析》，载《农村经营管理》2016年第9期。

模式也已确认其合法性，但欠缺具体规范内容。

4.3.2.4 土地托管模式

土地托管，是指部分不愿意耕种或没有能力耕种土地的农民，自愿以土地入股加入合作社，把土地托付给种植专业合作社或农机服务专业合作社统一经营。土地托管经营就是在农民渴望"离乡不丢地、不种有收益"的背景下应运而生的，其主导原因是农村青壮年人口的大量外流和农民的现实需求。

目前，很多地方将农地的股份合作模式与土地托管模式相结合，形成"土地股份合作+土地托管"模式进行推广。新模式下，分散的农民以土地经营权入股土地股份合作社，不仅能获得相当于土地流转费的保底收益，还能获得规模化经营产生增益的盈余分红。[1]

土地托管模式具有如下明显的特征和比较优势：①土地托管的核心是服务费，农民要向托管方（如农民专业合作社）支付服务费用。②土地托管模式是当下适合我国国情并可以广泛推广的一种土地经营模式，风险由合作社和农户共同承担。③在土地托管模式中土地权益转移程度较低，农民对托管的土地仍有一定的控制权，因此土地托管更可能在农地非粮化、非农化问题上起到抑制作用，从而不仅能够按照国家农业的总体战略推进农业供给侧结构性改革，还能解决国家粮食安全问题。④在"土地股份合作+土地托管"模式下，农民不仅可以从土地托管中获得土地的收益，还可以因土地入股获得多次分红。同时，加入合作社的农民可以选择从事农事作业，从而获得固定的劳动收入，为他们创造了多元化的收入渠道。⑤土地托管可以在

---

〔1〕 李怀莘、王文朋：《探索"土地股份合作+全程托管服务"模式，开启农村增收新途径——供销社为农民"打工"》，载《东营日报》2022年11月17日，第4版。

不改变现有土地承包权和经营权的前提下，实现土地的规模化生产和经营。

以黑龙江省佳木斯市富锦市为例，该地区牢牢把握开展土地托管服务项目的契机，组织各有关部门成立领导小组，与北大荒农业服务集团有限公司围绕农业生产托管开展深度合作，从而全面提升本市农业生产规模化、标准化和集约化水平，节本增效效果显著，实现了村集体经济和农民收入同步增加。2022 年富锦市落实土地托管面积 100.7 万亩，其中全程托管面积 79.22 万亩。[1]

但是，①从实践看，受传统种植、经营习惯、农业机械、种植品种和栽植技术等因素影响，部分合作社带头人和一些农民思维固化，更偏重选择转包、入股的经营模式，农民对土地托管这一农地经营方式接受速度较慢，在一定程度上抑制了该模式的广泛推广。②我国土地托管模式虽然已经开展多年，但尚处于初级的摸索阶段，许多地区土地托管方鱼龙混杂，农业种植、经营的专业程度不高，常常出现"有资本的人不懂农业，懂农业的人又缺少资本"的难题。③有时，只有在基层政府和村干部的直接干预下才可以推动土地托管模式在当地落地，但强制推行除了会产生一系列负面作用，对当前的农业种植也无益处。④由于农民外出务工经商具有不稳定性，我国大多地区采用短期托管形式，导致托管方缺乏大规模投入的意愿，农田基础设施和机械化程度普遍不高，受托管农地难以发挥规模优势。⑤目前我国土地托管较为粗放。由于农地供需信息的滞后，土地托管供需存在脱节。同时，不规范的托管方式，如仅依赖口头约定，也导致我国很多地区土地托管不能高效、规范地进

---

[1] 高伟：《黑龙江富锦：土地托管"托起"好日子》，载《中国食品报》2023 年 4 月 14 日，第 4 版。

行，使其停留在一个低层次的经营状态。

现有的《宪法》《民法典》《农村土地承包法》等多部法律未对土地托管模式作出直接规定，导致我国各地托管程序不严谨、托管关系不稳定，托管双方的权利义务还需要通过国家或地方立法给予进一步明确和规范。

综上，为了加速农地流转、促进规模经营的有序实现，我国各地方纷纷进行各种农地流转和规模经营的制度创新。以此为基础，我国党中央和国务院会根据典型地区的创新经验，制定出相关的规范性指导意见，再在全国范围内推广。根据我国土地制度变迁的基本规律，在下一步的推广过程中，中央所发布的这些规范性指导意见会通过广大农民的反复实践，并再次反馈给中央决策机构进行不断地修正和调整。在经过多次反复修正形成较好的制度安排后，才能最终得到国家在立法上的认可和支持。

由此可见，我国各地方对于农地流转和规模经营的创新尝试必然会经历"不允许—不鼓励—默许—研究总结—大力推广"这几个阶段，并在"自下而上"和"自上而下"的多次互逆过程中最终形成我国农地流转和规模经营的基本法律制度体系。

4.4 "三权分置"下我国农地规模经营规制立法述评

4.4.1 "三权分置"下我国法律规制农地规模经营的制度体系

改革开放四十多年间，我国各级政府对农地流转与规模经营采取了一系列规制行为并形成了一套与之相适应的法律制度体系，是与我国农村改革发展的整体进程密切相关的——既着眼于推动我国农村生产力的快速发展，与时俱进地解决我国农村生产力欠发达的问题，又着力于推进我国农地规模经营的有序展开，为新阶段解决"三农"问题，实现"乡村振兴"和"共同富裕"目标提供充足的制度保障。

在我国法律规制农地规模经营的制度体系中，其基本层次主要分为国家立法与地方立法两大部分。其中，国家立法以农地流转行为规制为核心明确了该行为的指导思想、基本准则与基本内容，而地方立法则立足于本地方的实际情况与地区开展的实践经验，在国家法律准许的框架内创设出符合自己地方特色的有关农地流转与规模经营的规则要求。

4.4.1.1 国家立法的制度内容

为了促使农地流转以实现规模经营，我国已在国家层面上初步建立起相关的农村土地法律制度体系。目前，我国农地法律制度体系是一个具有不同层级、调整土地流转不同方面的多部法律规范所组成的有机体，土地流转的相关法律既要符合上位的宪法和法律有关土地制度的综合规定（例如，土地权利的归属原则和取得方式、土地管理的原则和规则），又要符合土地管理的基本法律和认定土地权属性质和流转形式的其他法律。[1]我国尽管没有直接以农地规模经营为内容的法律规范出现，但是以农地流转为内容的国家相关立法主要散见于《宪法》《土地管理法》《农业法》等法律、国务院和各职能部门所制定的相关行政法规与部门规章、其他规范性文件以及司法解释之中。

（1）《宪法》。我国《宪法》除明确规定了我国的政治经济制度、公民的权利和义务、国家机构的设置和职责范围、国家的根本任务等重要内容外，还对我国的土地制度进行了抽象而

---

〔1〕 窦希铭：《土地流转法律制度比较研究——以中国、美国和欧盟主要工业国的对比为视角》，中国政法大学 2011 年博士学位论文。

概括的规定。其中,《宪法》第 10 条明确规定,"城市的土地属于国家所有。农村和城市郊区的土地,除由法律规定属于国家所有的以外,属于集体所有;宅基地和自留地、自留山,也属于集体所有。国家为了公共利益的需要,可以依照法律规定对土地实行征收或者征用并给予补偿。任何组织或者个人不得侵占、买卖或者以其他形式非法转让土地。土地的使用权可以依照法律的规定转让。一切使用土地的组织和个人必须合理地利用土地。"《宪法》这一规定,明确了我国农村土地集体所有制和"土地所有权不得非法转让"的基本原则,并通过"土地的使用权可以依法转让"的规定,从而在最高法层面上为我国农村土地经营权的流转开启了绿灯。

(2)基本法律。为了进一步落实《宪法》第 10 条的规定和满足"三权分置"后土地经营权入市的需要,我国《民法典》的"物权编"第十一章专门对农村土地承包经营权进行了具体规定,在确认农地集体所有权的基础上,结合土地"三权分置"的政策要求,将土地承包经营权视为一种用益物权,即农民对所承包经营的土地享有占有、使用和收益的权利。同时,《民法典》确认承包农户可以在本集体经济组织内部转让、互换土地承包经营权,从而导致土地承包经营权"易主";也可以在保留土地承包权的前提下通过出租、入股或者其他方式流转土地经营权,从而形成"三权分置"权利结构。[1]

(3)一般法律。我国先后出台了一系列关于农地制度的一般法律,诸如《土地管理法》《农业法》《农村土地承包法》《农村土地承包经营纠纷调解仲裁法》等。首先,现行《土地管理法》的第 2 条第 3 款明确规定:"任何单位和个人不得侵占、

---

〔1〕 宋志红:《民法典对土地承包经营制度的意义》,载《农村经营管理》2020年第 11 期。

买卖或者以其他形式非法转让土地。土地使用权可以依法转让。"以此进一步明确我国农地经营权可以依法进行转让。除此以外,针对各地在全面开展农地流转时所出现的乱占耕地、违法批地的现象,《土地管理法》的第三章"土地利用总体规划"、第四章"耕地保护"和第五章"建设用地"开启了我国土地用途管制制度并重点突出了耕地保护,同时对征地制度和集体建设用地制度也作出了一定的调整。其次,《农业法》的第二章"农业生产经营体制"中,进一步确认了国家对农民承包地中使用权的保护,并提出"鼓励农民在家庭承包经营的基础上自愿组成各类专业合作经济组织",以促进土地经营权的流转和农地规模经营的实现。再其次,《农村土地承包法》第10条中明确规定:"国家保护承包方依法、自愿、有偿流转土地经营权……"该法的第二章第四节"土地承包经营权的保护和互换、转让"(共用9个条款)和第五节"土地经营权"(共用12个条款)和第三章"其他方式的承包"(共用7个条款)对"三权分置"下农村土地经营权流转作出了较为全面的规定,包括以法律形式明确了土地"三权分置"的运行框架,从土地承包经营权中正式分离出土地经营权;明确了我国农地流转的合法形式、各类流转形式发生的前提条件和具体程序、遵循的原则、流转主体、流转合同、土地权利因流转而发生的变动方式及效力、流转补偿等基本内容,从而为我国农地流转的规范提供了直接的法律依据。最后,《农村土地承包经营纠纷调解仲裁法》第2条第2款第2项明确规定农村土地承包经营纠纷包括:"因农村土地承包经营权转包、出租、互换、转让、入股等流转发生的纠纷",从而使该法对农地流转中的纠纷调解进行了有效规范,为农地流转中的矛盾、纠纷的有效解决提供了法律依据。

（4）行政法规和部门规章。我国相关行政法规与部门规章针对农地流转的某些问题又进行了较为具体的规定。首先，就行政法规而言，2021 年修订的《土地管理法实施条例》，对于国土空间规划制度、耕地保护制度、征地制度和集体建设用地制度的具体实施作出了较为详尽的规定。其次，就部门规章而言，2005 年农业部发布实施了《农村土地承包经营权流转管理办法》，而后为配合土地"三权分置"政策，农业农村部又于2021 年印发了《农村土地经营权流转管理办法》，该规章对土地经营权流转的原则、当事人的权利、流转形式、流转合同、流转管理等方面进行了更为具体而详细的规定，从而将农村土地经营权流转管理纳入了法制轨道。为了指导各地方做好土地承包经营权登记工作和农地流转工作，2012 年农业部颁布了《农村土地承包经营权登记试点工作规程（试行）》、2016 年印发了《农村土地经营权流转交易市场运行规范（试行）》等规章文件，对农村土地承包经营权的确权工作提供了相关的程序规则，为各地土地流转工作提供了参照文本。各地农地流转交易市场可以基于此基础，根据实际情况补充、完善、调整相关内容，进一步完善相关工作规则，以引导土地经营权的公开、公正和规范流转交易。

（5）其他规范性文件。为落实"支持与鼓励农地流转有序实现规模经营"的国家政策，国务院、国务院办公厅、农业农村部多次下发通知、意见等形式的规范性文件，其中包括：2008年《农业部关于做好当前农村土地承包经营权流转管理和服务工作的通知》（强调要从八个方面做好土地承包经营权流转管理和服务工作）、2014 年《关于引导农村土地经营权有序流转发展农业适度规模经营的意见》（明确了土地经营权流转的基本原则、主要目标、发展方向和保障措施）、2016 年《中共中央办公厅、国务院办公厅关于完善农村土地所有权承包权经营权分置办法的意见》（对承包地"三权分置"作出系统全面的制度安排，提出加快放活土地经营权，建立健全土地流转规范管理制度）、2017年国家发展和改革委员会等七部委《关于印发国家农村产业融合发展示范园创建工作方案的通知》，以及2020年《农业农村部办公厅关于加强农村土地承包经营合同管理的通知》（要求地方农业农村部门加强农村土地经营权流转合同管理工作）等。

（6）司法解释。土地经营权流转的司法解释主要集中于对农地流转合同纠纷的处理方面，如2014年1月的《最高人民法院关于审理涉及农村土地承包经营纠纷调解仲裁案件适用法律若干问题的解释》（后2020年进行了修正），对农村土地经营权流转纠纷的处理作出了较为具体的规定。

综上，通过多层次的相关立法，我国已初步建立起一套较为完备的农地流转的法律制度体系，但缺乏一部专门关于农地流转与规模经营的基本法，即缺乏一部专门的法律来对农地流转与规模经营的各个侧面进行系统而详尽的法律规范。

4.4.1.2 各地方的立法实验

本课题组在详细分析了各地方关于农地规模经营的法规政策文件后得出以下结论：首先，从时间线的角度看，2005年之前主要是各地对农地流转进行规范的探索期。随着《农村土地承包经营权流转管理办法》在2005年的颁布实施，各地在此办法的基础上进行了一定的规制探索，但这一探索进程明显放缓。值得注意的是，这种放缓直到2014年"三权分置"的整体改革方案出台后才得以打破，并进入了一个更深层次的农地规模经营的地方立法创新阶段。

在对各地文件进行详细梳理后，本课题组发现各地的探索性文件主要聚焦于农地规模经营的目标任务、农地流转的机构设置、土地流转的基本规则、土地经营主体的培育、农地（业）规模经营扶持政策等方面。此外，也有少数地区的文件深入探讨了农民权益的保障问题。这些建议和探索结合在一起，勾勒出了地方农地规模经营立法的基本轮廓和方向。

（1）农地流转与规模经营的目标任务设定。因历史背景、工作焦点和地域特色等多方面的原因，各地在设定农地流转和规模经营的具体规则时，主要集中在量化目标上，而对于规模经营的质量性或内涵性目标涉及得较少。但即便如此，这种目标导向的方法在推动我国农地经营改革方面取得了显著的成果。在仅仅不到十年的时间里，我国多年的农地分散经营模式得到了根本性的改变。本课题组在对 30 份地方性文件深入分析的基础上，总结出各地在农地流转和规模经营目标设定上主要表现为以下四类：第一类是量化目标，第二类是机构建设目标，第三类是确权登记目标，第四类是土地流转方向目标。其中，涉及粮食安全和耕地保护的量化目标受到了国家的严格规定，成为近些年各地政府工作的核心内容。

更进一步地，各地政府非常注重农地流转与规模经营的量化目标。如果这些设定的目标能够如期实现，预计到 2030 年，绝大部分地区的农地规模经营率将超过 50%。这将标志着我国历史上基于家庭联产承包经营制度下的分散农地经营模式将得到彻底性的转变，而以"三权分置"为背景的农地大规模流转集中将主导我国的农地经营模式。当然，将工作目标进行量化是一种有效的农地管理方法。但是考虑到《农村土地承包法》将农地流转以合同的方式交给社会处理的情况，各地政府在农地流转工作中所设定的大规模流转量化目标背后仍存在许多问题。因此，这些建议和实践中的疑点都值得我们进一步研究和探讨。

关于农地流转和规模经营的机构建设目标，只有少数地方进行了明确设定。而大多数地方，如课题组调查的四川省、黑龙江省、海南省和浙江省等地，并未明确设置此类目标。但实际上近十年来，各地在该领域的机构建设不仅多样而且十分迅速。如果缺乏明确的机构建设目标或制度要求，在大规模成立农地流转中介机构过程中将会造成机构无序发展的后果。为了更有序、高效地推进农地流转和规模经营，建议各地加强机构建设方面的规划与指导，确保相关工作有条不紊地进行。

关于确权登记的目标设定，这一工作要求主要集中在 2014 年与 2015 年。值得注意的是，这两年正是国家加大力度，部署并强调各地完成集体土地确权工作的关键时期。各地的具体确权登记目标和进度可以参考表 4-1 进行详细了解。这一阶段为后续的农地流转和规模经营奠定了坚实的基础，在"明确和保障农地权益"方面具有十分重要的意义。

表 4-1　各地集体土地确权工作目标设置情况

时间和地点	各地确权登记目标设置情况
2011 年黑龙江省	加快推进农村集体土地所有权、宅基地使用权、集体建设用地使用权等确权登记发证工作。到 2012 年底，完成农村集体土地所有权确权登记发证工作；到 2014 年底，完成村庄地籍调查、宅基地使用权和集体建设用地使用权确权登记发证工作。在此基础上，建立城乡一体化的地籍管理信息系统。
2014 年浙江省	在稳步扩大试点的基础上，用 3 年左右的时间基本完成土地确权登记颁证工作。2015 年，扩大整县、整乡试点范围，每个市至少选择 1 个县、其他县至少选择 1 个乡开展整个区域的试点；2016 年，全省全面开展，2017 年底前基本完成；2018 年进行扫尾完善。

续表

时间和地点	各地确权登记目标设置情况
2015 年辽宁省	确保用 5 年左右时间基本完成土地承包经营权确权登记颁证工作。
2016 年重庆市	全市深化农村土地确权登记颁证工作从 2016 年 10 月启动，2018 年 12 月底前全面完成，分三个阶段进行。

关于农地流转方向的目标，虽然只有少数地方明确指出农地流转要朝向新型规模经营主体，但这实际上是一个显而易见的目标。在过去的十年中，培育农地规模经营主体成为最为复杂和多样化的议题。尽管大多数地方并没有明确提及这一目标，但在实践中，培育和引导新型规模经营主体的发展已经成为各地关注和努力的重点方向。

表 4-2　各地土地流转方向目标设置情况

时间和地点	各地的土地流转方向
2015 年黑龙江省	鼓励土地经营权向专业大户、家庭农场、农民合作社等新型农业经营主体流转。大力发展农业产业化龙头企业。支持工商资本开发农业。
2015 年浙江省	积极引导农户以土地承包经营权入股组建土地股份合作社，可自行经营，可与企业、科研单位联办股份合作农场，也可将经营权流转给种养大户、家庭农场、农民专业合作社、企业经营。

（2）农地流转与规模经营的管理与服务机构的设置。在土地经营权流转和规模经营的管理与服务机构方面，各地根据《农村土地承包经营权流转管理办法》（2005 年施行）、《农村土地承包法》和《农村土地承包经营纠纷调解仲裁法》的指引，不仅明确了"农村土地承包经营权流转服务的中介组织"和"农村土地承包仲裁机构"的重要地位，还展开了丰富多彩的实

践和创新。

首先，各地针对农地流转的需求，设立了专门的流转中介机构。这些机构扮演了流转信息桥梁的角色，促进了农地的有序流转，进而为规模经营创造了条件。自2005年开始，历经十余年的发展，各地都在组织和服务农地流转上有所探索，形成了丰富的经验和实践。这些探索涵盖了多种组织形式，如表4-3所示。这些新的尝试都秉承了创新的精神。通过与时俱进的方式，这些机构为农地流转和规模经营的健康发展提供了有力支撑。更重要的是，他们所积累的经验为未来农地制度的持续创新提供了参考和借鉴，预示着更加完善、高效的农地管理模式即将诞生。

总体来说，各地在农地流转组织和服务上的探索为农地规模经营的稳步前行打下了坚实基础，而未来还需要根据实践中的问题，进行持续的优化和完善。

表4-3 农村土地流转中介组织设置工具库

机构名称	设置形态	时间和地点
农村产权交易中心	农村产权流转提供场所设施、信息发布、流转鉴证、政策咨询、组织流转等服务保障。提供农村金融、农资农事等配套服务	2014年哈尔滨市 2020年三亚市 2023年海南省
土地流转服务中心（站）	1. 乡镇设置； 2. 县、乡（镇、街道）两级设置； 3. 县、乡（镇、街道）村（站）三级设置； 4. 市、县、乡（镇、街道）村（站）四级设置	2006年宁波市 2011年眉山市 2015年葫芦岛市 2015年昆明市等

机构名称	设置形态	时间和地点
"农业综合服务中心+土地流转管理服务中心"	各镇（街道）	2013 年上海市青浦区
农村土地流转服务大厅	县、乡（镇）设置	2009 年枣庄市、2011年运城市、2012 年临汾市
土地流转服务窗口	设置于政务服务大厅	2009 年铜陵市
农村产权流转服务有限公司	县乡两级设置	2023 年重庆市江津区

其次，土地纠纷仲裁机构的建立。《农村土地承包法》于2002 年规定了农村土地承包经营纠纷的仲裁制度，但具体的执行细则并不明确。而到 2010 年，随着《农村土地承包经营纠纷调解仲裁法》的施行，仲裁制度得到了进一步的明确。尽管该法对仲裁庭的设置没有直接规定，但为各地提供了操作的框架。在实际操作中，各地基于自身的实际情况进行法律的灵活应用。例如，许多地方在乡镇一级也成立了农村土地承包仲裁委员会，形式和模式也有所不同。但遗憾的是，不少地方在土地纠纷仲裁机构的设置和运行上遇到了难题。其中，仲裁机构的人员配备、专业能力以及其与行政复议、法院审判之间的关系是主要的挑战。

实际上，这样的机构为农民提供了一个额外的、相对快速和低成本的纠纷解决途径。但在多种纠纷解决机制共同存在的背景下，其真正的功能和价值还存在许多待解的问题。例如，在实际操作中，土地仲裁机构往往并不真正进行仲裁，而是转向调解，这实际上偏离了仲裁的本意。

因此，要使土地纠纷仲裁机构真正发挥其应有的作用，除加强人员培训、明确职责外，还需要对其与其他纠纷解决机制之间的关系进行梳理，确保各种机制之间的协同和互补，为农民提供更为高效、公正的纠纷解决服务。

最后，土地规模经营领导机构的建立。针对我国农地经营的现状，虽然农地规模经营已日益受到关注并被视为各地方农地经营的主导方式，但地方实施中仍显不足。当前地方立法的资料显示，专为农地规模经营设立的政府组织机构在多数地方尚缺，仅少数地方（如 2009 年鸡西市）在政府层面成立了"土地规模经营领导小组"这一临时机构。在该领域如果缺乏能够有效组织、管理、引导的专门政府组织机构，会对规模经营的效果产生很大的影响，这需要我国各级政府进一步重视和采取相应解决措施。

（3）土地经营权流转方式的多样化探索。农地规模经营是以解决过去"两权分离"形成的农地碎片化分散经营问题为前提的，其中土地经营权的流转规则是非常重要的环节。地方对农地流转规则的探索，较早的是浙江省，其于 1994 年就在相关地方文件中进行了较为细致的规定，而其他地方则主要是从 2005 年《农村土地承包经营权流转管理办法》颁布之后开始的。该办法在流转方式上提供了"转包、出租、互换、转让、入股"等基本方式，同时也为地方政府提供了进一步探索的空间。从内容上来看，各地基本上是在落实 2005 年《农村土地承包经营权流转管理办法》，但也有明显的突破。相比于 2005 年《农村土地承包经营权流转管理办法》，地方在流转方式方面的探索更为丰富多样。就各地的探索情况看，其丰富程度足以形成土地经营权流转工具库，自 2006 年以来竟已探索出多达四十余种的流转方式，不少地方往往同时采用多种方式进行土地经营权流转。

（4）农地规模经营主体的培育。近些年来，随着大量的农村人口进城和置业方式的转变，土地承包经营权者在农地经营上的投入逐年减少，导致农地产出效益下降。因此，需要寻找新的农地经营主体，由此正式开始了"三权分置"的改革。换句话说，新的权利主体（土地经营权者）承担着提高农地产出的历史重任。无论从哪一方面看，都需要地方政府加大对其的培育和扶持力度。这些正是各地集中力量吸引、培育和扶持土地经营权者的原因，也是一种时代责任。

表 4-4   各地农地规模经营主体培育对象

时间和地点	培育对象
2015 年辽宁省鞍山市	1. 支持农村实用人才、农村致富带头人和外出务工返乡农民通过土地流转等多种方式扩大生产规模，逐步发展成专业大户。 2. 鼓励农户以土地承包经营权入股的形式组建土地股份合作社，形成利益共同体。鼓励农业产业化龙头企业重点从事农产品加工流通和农业社会化服务，带动农户和农民合作社发展规模经营。
2017 年海南省	专业大户、家庭农场、农民合作社、农业企业。
2017 年黑龙江省	支持发展规模适度的农户家庭农场和种养大户。鼓励普通农户和各类新型农业经营主体以土地、林权、资金、劳动、技术、产品等为纽带，开展多种形式的合作与联合。积极发展生产、供销、信用"三位一体"综合合作，依法组建专业合作社、综合经营性合作社和农民合作社联合社。支持农业企业和农民合作社开展农产品生产、加工、流通和社会化服务，带动农户发展规模经营。
2018 年浙江省	支持家庭农场、种养大户、农民合作社、农业龙头企业、农业服务组织在不同领域、不同环节发挥各自的优势和作用。

续表

时间和地点	培育对象
2020 年重庆市涪陵区	发挥扶持政策对新型农业经营主体培育"多元融合、适度规模、利益分享、提高质量"的引导作用，促进新型农业经营主体高质量发展。培育种养大户、发展家庭农场、规范提升农民专业合作社、做优做强农业企业、大力培育社会化服务组织、发展壮大农村集体经济组织实力、引导主体多元融合发展、完善利益分享机制。

（5）农地规模经营扶植政策的创新与探索。随着时间的推移，各地对农地规模经营主体的扶持策略已从单一领域拓展至综合性的扶持体系，实现了全方位的覆盖。这种转变对农地流转和规模经营产生了积极的推动效果。尽管不同地区在具体扶持内容上存在一些差异，但大部分地区已经构建了一个较为完善的政策支持体系，主要包括财政支持、金融支持、保险支持、项目支持、技术支持、配套设施用地支持等措施。

4.4.2　"三权分置"下我国法律规制农地规模经营的制度特征

4.4.2.1　我国农地规模经营的规制立法变迁

自新中国成立以来，受政治、经济、社会和文化等多重因素的影响，我国政府的执政理念和政策目标不断进行调整。这使得农地规模经营的相关立法也展现出明显的阶段性特征，先后经历了法律禁止—政策放开—法律放开—法律规范—政策鼓励支持—法律政策全面支持的制度发展脉络。

（1）农地规模经营的法律禁止阶段（1978—1983 年）。1982年《宪法》第 10 条第 4 款明确规定："任何组织或者个人不得侵占、买卖、出租或者以其他形式非法转让土地。"《全国农村工作会议纪要》（中发〔1982〕1号）进一步指出，"社员承包的土地，不准买卖，不准出租，不准转让，不准荒废，否则，集体有权收回；社员无力经营或转营他业时应退还集体。"

在这一阶段，我国的法律政策首要目标是确认家庭承包经营权的合法性，并使其与集体所有权相分离，承包经营权确立为农民的基本土地权利。然而，在当时的"集体主义"背景之下，政府通过法律明确禁止了农地的自由流转。农地流转的法律禁止导致零散的农地承包经营权无法集中，因此在这一阶段农地规模经营的规制立法表现为法律的禁止。

（2）农地规模经营的政策放开阶段（1984—1987年）。党中央和国务院在1986年的一号文件、1987年的《把农村改革引向深入》中进一步强调"鼓励耕地向种田能手集中"，可以选取典型地区发展适度规模经营等政策文件中首次提出"土地规模经营"的概念。与此同时，1986年《民法通则》第80条第3款规定："土地不得买卖、出租、抵押或者以其他形式非法转让。"1986年《土地管理法》第2条第2款规定："任何单位和个人不得侵占、买卖、出租或者以其他形式非法转让土地。"

这一阶段，我们党和国家逐步意识到家庭联产承包责任制度所带来的问题，以及土地流转与规模经营的制度优势。为了及时作出反应，中央政府在政策层面上对土地流转与规模经营制度予以认可，并通过各地试点进行推广。然而，与此同时，相关法律对农地流转和规模经营的态度具有滞后性，依然持否定态度。

（3）农地规模经营的法律放开阶段（1988—2002年）。1988年，国家修正《土地管理法》，修改后的第2条第4款中明确规定："国有土地和集体所有的土地的使用权可以依法转让……"从而为我国农地流转提供了明确的法律依据。党和国家在此期间又发布了多部相关政策性文件,对农地流转与规模经营的实施予以不同层面的规范。例如,1998年《中共中央关于农业和农村工作若干重大问题的决定》指出,"土地使用权的合理流转,要坚持自愿、有偿的原则依法进行,不得以任何理由强制农户转让。"

在这个阶段,国家态度在法律层面上发生了转变,从对农地流转与规模经营的禁止转向正式确认和支持。党和政府对此表现出积极的态度,针对实践中涌现出的各种问题,及时制定并发布了多项政策性文件,旨在对农地流转与规模经营的行为进行规范和指导。此外,相关政策性文件通过对农地规模经营有效实施进行总结和反思,进一步推动了这一过程的健康发展。

(4)农地规模经营的法律规范阶段(2003—2007年)。在国家法律和政策全面放开的背景下,我国各地陆续掀起了农地流转与规模经营的实践热潮。然而,随之而来的是一系列因农地流转产生的待解问题。为此,我国开始从法律层面上对农地流转的活动准则与行为予以规范。这包括2003年实施的《农村土地承包法》、2004年实施的《农村土地承包经营权证管理办法》、2005年颁布实施的《农村土地承包经营权流转管理办法》以及2007年颁布的《物权法》等。尤其从2005年开始,党中央和国务院连续在一号文件中明确提出引导农村土地承包经营权有序流转,推进农地适度规模经营,并以之作为农村土地制度改革的一项重要创新。

在这一阶段,我国开始颁布大量的法律规范引导农地流转行为,由此为实现农地规模经营奠定制度基础,同时在政策方面确认农地规模经营是农地流转的最终实现目标。

(5)农地规模经营的政策鼓励支持阶段(2008—2013年)。自2008年起,随着党和国家对农业和农村发展的持续重视,一系列关于农地流转与规模经营的政策相继出台。特别是 2012 年《中共中央、国务院关于加快发展现代农业进一步增强农村发展活力的若干意见》，更是明确了农地流转的方向和目标。该文件强调了农地承包经营权有序流转的重要性，并提倡多种形式的适度规模经营，如专业大户、家庭农场、农民合作社等。

在这一背景下，全国各地都积极响应中央的号召，纷纷出台了一系列地方性的法规和政策，以鼓励和推动农地流转和规模经营的健康发展。但也应看到，这一时期，大部分的支持和鼓励措施主要体现在政策层面，相较于政策的积极性，法律制度的完善和更新显得较为滞后。这种滞后性意味着，在实际操作中可能出现政策与法律不一致、政策执行的难度增加等问题，也可能导致相关的法律风险。

总之，这一阶段我国在农地流转与规模经营的政策层面取得了积极的进展，但在法律制度方面仍存在一定的滞后，亟待进一步完善和补充。

(6)"三权分置"下农地规模经营的法律与政策的全面支持阶段（2014 年至今）。2018 年新修正的《农村土地承包法》，其主要内容就是将我国农地"三权分置"政策以法律形式固定下来，同时也更有利于规模化农业的发展。而后，根据党中央有关精神和修改后的《农村土地承包法》的内容，2020 年出台的《民法典》中的"物权编"第十一章专门就"土地承包经营权"作出详细规定，确认土地经营权流转形式多样化，赋予农村土地经营权融资抵押功能，将土地"三权分置"改革成果以法律形式固定和升级。而后，党中央和国家在提出"乡村振兴"以及"全面推开农村集体产权制度改革"的发展战略中与"推进农地'三权分置'开展多种形式适度规模经营"的内容相衔接，并认为土地经营权的有效流转是实现我国"乡村振兴"和

"农村集体产权制度改革"的有效路径之一。

2023年中央一号文件全文已公布，为促进乡村振兴，实现农业经营增效，文件提出"总结地方'小田并大田'等经验，探索在农民自愿前提下，结合农田建设、土地整治逐步解决细碎化问题"，即推进一户一田制，从而为下一步在农地规模经营实现的背景下建立农地综合整治制度指明了发展方向。

农地"三权分置"是继家庭联产承包责任制后农村改革又一重大制度创新，其政策的落实将有利于农村土地产权的明晰，维护农民集体、承包户和经营主体的合法权益，有利于促进农地资源合理利用，构建新型农业经营体系，发展多种形式适度规模经营。现阶段，我国正不断通过相关法律、政策推进和落实土地"三权分置"制度，发展土地经营权多种流转形式，培育新型农业经营主体，解决"分田到户"带来的细碎化经营的问题，为推进农地实现规模经营扫清各种制度障碍。

4.4.2.2　我国农地规模经营的规制立法以政策为主导方式

党中央和各级政府相继出台了许多相关的政策性文件用以调整农地流转与规模经营，这些政策从我国四十余年的农村土地制度变迁进程来看，对于规范农地流转与规模经营起着主导性作用。

首先，国家立法对于农地流转与规模经营的态度往往是依据党和国家的政策而不断地进行自我修正。改革开放初期，国家相关立法是严格禁止农地进行流转的，如1982年的《宪法》以及1986年的《土地管理法》等。对于各地方已经普遍存在的农地流转，首次表示公开确认的是《关于1984年农村工作的通知》这一政策性文件。而后，党中央和国务院在1986年的一号文件、1987年的《把农村改革引向深入》中进一步强调"鼓励耕地向种田能手集中"。自1993年起，我们党和国家又多次在相关的政策性文件中提出"允许农民采取转包、转让、互换、入股、抵押等多种形式流转土地承包经营权（'三权分置'推出后又改为'土地经营权'）以发展农地的适度规模经营"。根据这些政策性文件，我国国家层面上的相关立法才着手对农地流转进行系统性的规范，如《农村土地承包法》《民法典》等。在这些法律法规中，我国土地经营权的多种流转形式，如农地抵押、入股，终于以法律形式被予以确认。除此以外，这些相关的法律法规又对流转主体的行为，权利、义务关系从不同侧面进行了较为系统性的规定，并由此初步建立起我国农地流转和适度规模经营的法律制度体系。

其次，我国地方政府规制农地流转与规模经营的具体措施主要依赖于中共中央和国务院所出台的多部政策性文件。从2005年起，我国党中央与国务院多次在一号文件中提出引导农村土地有序流转，发展农地适度的规模经营。为落实党中央和国家的相关政策，地方各级政府纷纷采取了一系列行政干预措施：①许多地方，如唐山市、银川市和绵阳市，制定了与农村土地承包经营权或经营权流转相关的地方性管理办法或实施细则；②地方各级政府建立了专门的农地流转管理部门和服务机构，并推出了农地流转合同样本、农地流转信息网络平台或交易平台；③有些县市政府为鼓励大规模农地流转，推出了相关的地方奖励政策；④一些地区也启动了农村土地改革试点，例如，重庆市在获批为"全国统筹城乡综合配套改革试验区"后，于2008年提出了以"土地承包经营权出资入股"为核心的新型农村土地流转模式。

再其次，在我国，很多对于农地流转与规模经营的规制内容尚且停留于党和国家的政策层面上，还没有上升为法律形式。尽管《农村土地承包法》的修正确认了农地抵押的合法性，但在我国农地信托、托管、流转奖励、土地整治及新型农业经营主体培育等多个方面的具体规制上，还仍停留在政策性文件的概括性描述层面，缺乏明确的法律规定。而这将会影响这些政策文件的权威性和执行效果。另外，我国至今还没有出台直接规范农地流转和规模经营的专门立法，相关规范性内容（如"小田变大田"的土地整治制度）还主要依赖于党和国家政策不断地进行自我调整与更新。相比之下，在发达国家推进农地规模经营的过程中，法律制度的设计与安排起到了很大的作用——日本确定了农户最小面积的限制，并修改《农地法》为《农用地利用增进法》，其目的就是促进农地有序流动和集中；美国和欧盟也相继在直接规范农业规模经营的法案中设定土地经营规模的条款，为农地规模经营的形成提供了直接的法律依据。[1]

最后，我国以政策为主导的规制方式往往使农地流转主体的权利缺乏法律上的界定和保障。由于国家对于农地流转和规模经营没有专门细化的立法，我国各地农地流转和规模经营还主要依赖于本地区的政策性文件进行规制，没有上升为法的形式，体现着一种法律政策化的形态。相较于法律，这些政策性文件对于规范当地农地流转和规模经营往往起着主导作用，但政策较之法律缺乏系统化、明晰化、具体化的表述。因而，农地流转和规模经营行为在具体实施中由于其权利、义务缺乏法律方面明晰的界定与保障，常存在流转不规范、纠纷多且难以解决等问题。

党和国家的政策在农地规模经营过程中发挥了关键性作用，但政策向法律的转化相对滞后。这一滞后现象与我国的法治文

---

〔1〕 刘兆军：《政策演进下的适度规模经营制度保障探析》，载《农村经济》2010年第7期。

化传统以及农地流转与规模经营制度改革自下而上的推进方式有关。政府政策直接参与其中，而法律法规在认可和规范基层创新活动方面则表现出一定的被动和滞后，导致法律制度供给不足或滞后问题的出现。为解决这一问题，需要加强法律制度建设，提高法律法规的适应性和及时性，以确保农地流转与规模经营在法律框架下稳健推进。

政策是为实现特定时期内的国家目标而制定的方针性、方向性措施的总称。从本质上说，它与法律是一致的，都代表了国家的意志。但由于法律制度是制度安排的终极层次，政府所制定的政策最终要转化为法律，取得法的形式，这是包括西方国家在内的各国立法的普遍规律。[1]我们党和国家针对农地流转与规模经营所制定的相关政策最终也要固化为法律，这不仅符合立法的客观规律，而且也非常必要——这样不仅使其更有效力，而且体现了这些措施的合法性，说明了它们源于民主、体现民心、发扬民主（因为法律、法规的制定是经过一系列的民主程序的），更说明了它们并非党和政府单方意志的产物，而是政府和民众共同意志的体现。[2]为此，我国应进一步完善相关法律和法规，借助立法手段促进农村土地流转与规模经营的有序进行。这不仅是农村土地流转立法的迫切任务，更是社会经济发展和国家政治稳定的必要条件。

4.4.2.3 各种地方法规、政策以直接干预为手段

为响应党和国家政策号召，我国各地政府在农地流转过程中积极充当着非常重要的推动角色——不仅通过地方规制立法规范，协调和促进本地区农地流转，有时还会颁布各种地方政

---

〔1〕 刘瑞复：《法学方法与法学方法论》，法律出版社 2013 年版，第 92 页。
〔2〕 黄延廷：《我国农地规模化的路径——基于农场经营规模与农业生产效率、农地配置状态的关系的假说》，载《农村经济》2010 年第 11 期。

策，对于农地流转行为进行直接干预，最终成为农地流转和规模经营过程中的直接组织者和领导者。

首先，省级政府在相关规制立法中扮演着不可或缺的角色。省级政府往往是法规、政策的制定者与尝试者。一方面，省人大拥有较大的地方立法权，这种立法权以地方法规的形式用以支持本省各地区在农村土地流转和规模经营中的创新与实践，这也是省级政府较之市、区、县政府的优势所在。另外，一些省级政府往往通过颁布各种带有工作任务指标要求的政策性文件引导本省进行各种农村土地制度的改革实践。例如，浙江省政府《关于引导农村土地经营权有序流转促进农业现代化建设的若干意见》，明确今后全省各地引导农村承包土地经营权流转，促进农业规模经营的若干举措。其中明确提出了农地流转目标：坚持依法、自愿、有偿流转基本原则，"力争到2012年，全省土地流转率达35%以上，其中经济发达县（市、区）达50%以上，土地集约程度和经营者的规模效益明显提高。"黑龙江省《关于引导农村土地经营权有序流转发展农业适度规模经营的实施意见》要求"2015年全省全面启动农村土地承包经营权确权登记颁证工作，到2018年全省全面完成农村土地承包经营权确权登记颁证工作任务。"重庆市《关于加快农村土地流转促进规模经营发展的意见（试行）》要求"到2012年，全市农村土地规模经营在'一圈'内达到30%以上，'两翼'达到20%以上。农业产业化经营整体水平处于西部地区前列。"

其次，市、区、县政府在规制农地规模经营过程中也发挥着重要的指导性作用。他们往往根据中央和省级政府涉农的法律法规以及相关政策制定出符合本地区发展情况的区域政策。例如，土地整理项目、统筹城乡试验区、农地股份合作制的试点、农业龙头企业"千百计划"、土地银行、土地信用合作等有利于农地规模经营的诸多纷繁的改革试验，实际上都有赖于市、区、县政府的进一步决策和组织实施。从土地财政角度看，市、区、县政府往往掌握着一定程度涉农资金的财政自主权，可以用来设置促进农地流转和规模经营的奖励政策，推动相关项目的实施与落地。例如，为推动本地区农地流转集中的快速进行，海南省东方市印发的《现代农业示范园招商引资优惠政策（试行）》、浙江省杭州市富阳区实施的《农村土地经营权规模流转奖补资金管理办法》和重庆市江津区实施的《加快市场主体培育推动经济高质量发展激励政策》都对农地流转、连片经营设置了一系列优惠政策和奖补措施。但此外，很多中西部地区的地方财政资金有限，当地市、区、县政府没有财政能力制定鼓励农地流转和规模经营的奖励政策或奖励政策设置金额不足，无法达到通过经济手段间接促进农地流转与规模经营的目的。为完成省级政府下达的政策性任务指标，下属的许多市、区、县政府只能以任务指标的方式进行政策推进。这包括：2009 年重庆市石柱土家族自治县要求"2009 年，全县农村土地流转达到 18%以上，农地规模经营达到 16%以上"；2006 年，浙江省宁波市要求"市级特色农业产业基地的规模经营率应达到 80%以上"；2012 年，浙江省杭州市要求"力争到'十二五'期末，全市以土地流转为主要形式的规模经营面积达到 120 万亩以上"等。

最后，为落实上级政府下达的任务指标，很多乡镇政府和村委会直接参与到农地流转和规模经营的过程中。据课题组近年的调研，我国各地的农地流转在大部分情况下主要由乡镇政府和村委会主导并推进。例如，黑龙江省巴彦县探索出五种农地规模经营模式，即"整体转包模式""委托经营模式""合作经营模式""农机合作社代理模式"和"股份合作模式"。2022

年，全县共有 1200 名乡村干部参与推动本县的农地流转，最终形成规模经营面积达 105.5 万亩。黑龙江省同江市东明村、新光村等六个村采取的"龙头企业+合作社+基地+农户"产业化发展模式中，由村集体推动整村进行农地流转，流转面积达到7.6 万亩；带动大户流转 135 户，流转面积达到 22.5 万亩。浙江省温州市梅屿乡马中村、飞云镇林中村等地创新采用"招投标式转包""中转站式转包"和"中介机构合同转包"三种耕地流转模式，都是由当地村委会主导参与实现农地大规模流转集中的。

然而，出于提高地方经济效益和凸显政绩的目的，许多乡镇政府和村委会在推进农地流转时，常常过于强调流转率，而忽视了流转后的农地是否仍被用于农业或是否能实现规模经营，农地流转问题突出。

客观地讲，政府直接干预行为一方面确实可以做到有力推动我国农地流转和规模经营进程，但另一方面，一旦其干预行为不当，就会造成我国农地流转与规模经营健康发展受阻，阻碍"乡村振兴"和"共同富裕"目标的实现。此外，政府的强制干预行为本质上是利用公权力直接干涉农地交易市场，对农民的经济自由权和财产权进行行政介入。若此行为运用不当，势必会侵犯农民的合法经济权益。

从长远角度看，政府需要调整其直接干预和强制手段，同时发挥农民意思自治的作用。政府应更多地作为一个指导者，通过间接和适度的手段，促进我国农地流转和规模经营的有序和持续发展。

第 5 章
"三权分置"下我国农地规模经营的运行问题与现行立法不足

5.1 我国农地规模经营的运行问题

5.1.1 我国土地经营权流转实践中存在的特点与发展困境

二十世纪九十年代后，随着工业化和城镇化加速进行，我国城乡差距急剧扩大，农村土地流转逐渐成为城乡一体化改革的核心内容，得到持续推动。大部分地区的农民纷纷进城务工，导致农民间零星的农地流转悄然兴起，但多数以口头约定形式进行无偿流转。在党的十七届三中全会至十八届三中全会期间，国家积极倡导农地规模经营，鼓励农地自由流转，推动多种适度规模经营的发展，培育新型农业经营主体，打造集约化、专业化、组织化和社会化为一体的新型农业经营模式。特别是近年来，我国农村土地改革持续深化，全国各地农地流转积极性高涨，呈现出规范、有序、平稳的发展态势，承包合同和承包经营权证书的普及率持续提高，土地承包后续工作也在不断推进。

目前，我国农地流转的现状和特点包括：

第一，随着土地"三权分置"政策的不断推进与落实，在数量方面，至 2020 年，全国家庭承包耕地流转面积达 5.65 亿亩,占全国承包经营耕地面积的 36.2%。[1] 另外,在规模方面,现代农业受农地流转、产业园区等政策推动,已经形成了家庭农场、农业产业化龙头企业等新型农业经营主体竞相发展的局面,全国农民专业合作社注册数量达到 222.2 万家,包含生产型合作社和服务型合作社。[2]

第二,随着时间的推移,农地流转的收益经历了一个从快速增长到最终趋于平稳的过程。由于国家农业补贴政策的实施和农地确权工作的有效落实,我国农地流转租金由最初找人代耕的无租金或低租金快速上涨到平均 1000 元/亩。但目前,受到国家整体经济环境的影响,以及自然灾害的累积效应,我国农业增收呈现出缓慢态势。同时,农业生产成本的迅速增加也进一步影响了农地流转的收益,使其增长乏力。

第三,近年来,我国农地流转主体逐渐丰富,流转形式也日益多元化。传统的出租、转包、互换等方式逐渐演化为出租、互换、入股、委托、抵押、托管经营等多种形式并存。例如,广西壮族自治区百色希望小镇成立了土地流转信用合作社等机构组织,该组织通过入股、租赁、互换、代耕代种和反租倒包等多种方式,将分散的农地灵活集中,朝向规模化和集约化经营迈进。广西壮族自治区横县朝南村新时代蔬菜专业合作社让农民成为股东,通过农地流转,农民获得更多收入,真正实现了增加农民收入的目标。同样,广东省将土地价值占有权与实物占有权相剥离,农民凭借土地经营权折价入股,交由有经济实力的大户、集体经济组织或工商企业集中经营农地,农民按

〔1〕 刘同山、陈晓萱、周静:《中国的农地流转:政策目标、面临挑战与改革思考》,载《南京农业大学学报(社会科学版)》2022 年第 4 期。
〔2〕 李光荣、王力主编:《土地市场蓝皮书:中国农村土地市场发展报告(2018~2019)》,社会科学文献出版社 2018 年版。

股份分享收益。此外，农村土地流转还包括转让、委托代耕、互换、租赁、抵押、托管等多种形式。这一多元化的发展趋势为我国农村土地流转提供了更为丰富的选择，促进了农村经济的增长和农民收入的提高。

第四，从全国家庭承包耕地流转情况来看，各地区的分布表现出明显的不均衡性。耕地流转面积占耕地承包面积比重较大的前 10 个省市分别为：上海（60%）、北京（48%）、江苏（43%）、浙江（42.3%）、重庆（40.2%）、黑龙江（32%）、广东（27.8%）、湖南（24%）、河南（23%）、福建（21.2%）。此外，流转面积较上一年增长幅度较大的 10 个地区分别为：甘肃（89%）、河南（52%）、山西（51.1%）、河北（47%）、宁夏（43.3%）、辽宁（41.1%）、湖北（37%）、贵州（31.2%）、山东（29.3%）、安徽（28.8%）。[1]这些数据反映了我国各地区在耕地流转方面的差异和发展趋势。一些经济较为发达的地区，如上海、北京、江苏等，耕地流转面积较大，这可能与城市化进程和农村产业结构调整有关。此外，一些中西部省份，如甘肃、河南、山西等，土地流转面积的增长较快，可能受到农地资源整合和农村经济发展需求的推动。总的来说，耕地流转在不同地区呈现出多样化的特点，这与各地的经济发展水平、政策支持和农业结构有关。未来，我国政府需要更加精细化地制定政策，以促进农村土地资源的有效利用和农村经济的可持续发展。

当前，我国农地流转的主要问题和发展瓶颈，主要表现在：

第一，农地流转对象仍主要以熟人为主。总体来看，在我国农地流转领域，特别是在经济相对落后的地区（如东北和西

---

[1] 卢泽羽、陈晓萍：《中国农村土地流转现状、问题及对策》，载《新疆师范大学学报（哲学社会科学版）》2015 年第 4 期。

部地区），流转交易主要依赖亲朋邻里之间的关系，即农地的流动范围通常限定在村内，有些地方甚至限制在村内的不同组之间，跨区域的流转相对有限。这导致了我国许多地区的农地流转市场呈现出一定程度的封闭性，交易对象受限，交易量有所制约，进而影响了农地流转交易的成交率。然而，随着农业现代化示范区大规模建立，我国各地区的流转交易范围开始逐步扩大，涵盖了农业大户、涉农企业、农业合作社等新型农业经营主体。然而，在当前情况下，这些新型农业经营主体大多数仍处于起步阶段，因此只能依赖地方政府的政策支持来促进持续发展。

第二，根据课题组从农业农村部得到的调研数据，在我国，农地流转的主要形式仍以出租和转包为主，分别占所有流转形式的51%和33.1%。相比之下，托管、入股、信托、抵押等对基层组织动员能力要求较高的新型流转形式，在我国除经济发达地区外，仍较少被流转主体使用。特别是农地抵押在我国的推广和实施仍然存在明显的滞后性。农地流转集中和农业现代化经营势必有赖于充足的资本投入，然而很多新型农业经营主体在融资方面却面临着困境——没有抵押物，银行和社会资本不会对其进行贷款。而农地抵押为新型农业经营主体提供了一种有效的融资途径。鉴于我国对土地经营权抵押操作性问题尚未给予明确的法律规定，除非受到地方政府的政策支持，否则银行及其他金融机构不会自愿开展此类抵押贷款业务。

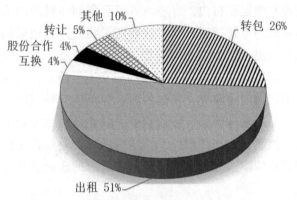

农地流转形式比例图

其他 10%
转让 5%
股份合作 4%
互换 4%
转包 26%
出租 51%

图 5-1　2022 年我国农地流转方式的占比情况

第三，农地的大规模集中流转通常需要地方政府的强制干预。总体来看，我国各地的自发农地流转交易主要依赖于亲朋邻里之间的关系，呈零散分布的状态。为实现整村整组的农地集中流转，通常需要地方政府和村委会的协调与强制介入。因此，在一些地区，为了提高流转率，地方政府和村委会通常采取行政命令的方式，甚至出现地方政府或村干部代替农民进行农地流转谈判、签订流转合同等强制性流转行为。这种情况易导致流转交易不公平，损害农民合法的承包经营权。地方政府和村委会在推动农地流转时务必要确保农民的合法权益得到保护。

第四，我国"工商企业下乡"现象层出不穷，但也伴随着一系列问题。例如，在某些情况下，一些工商企业在承包农地后，尤其是城郊地区，将其转用于非农业目的。他们通常以"建设农业生产基地"为名，在城郊地区租赁农地后，进行房地产开发、厂房建设、旅游度假村建设、高尔夫球场建设、私人会所建设等非农业项目。这种行为明显加剧了农地流转向"非粮化"和"非农化"转变的趋势。同时，工商企业一旦与农民签订长期租赁合同，会导致农民失去对农地的实际控制权，进而带来"农地兼并"的潜在风险。

第五，在农地流转的实际操作中，存在违反流转程序和私下交易等现象。课题组调研发现，我国一些地区仍然存在农地流转由农户之间私下进行的现象，双方缺乏书面协议或合同，大多数只是口头协议，从而导致了许多流转纠纷的发生。近年来，随着法律法规的逐渐完善，很多参与农地流转的双方开始选择签署书面协议。然而，由于协议中的权利和责任不明确、合同条款不完善、流转过程中存在不规范行为，流转双方常常发生纠纷。

5.1.2　农地规模经营过程中易导致土地的过度集中

农地经营规模必须遵循"适度"原则。这是因为在一定的技术条件下，如果土地经营面积过大，劳动力和机械等生产要素配置不足，会导致粗放经营和单产下降等不经济的土地利用后果。相反，如果农地规模过小，将导致其他生产要素的闲置和不合理利用，同样也会带来不经济的结果。保持农地经营规模的"适度性"意味着要在适度集中的范围内保持农地规模，以确保其他生产要素能够有效、合理地利用，从而降低平均成本，获得最佳的经济效益。在我国全面推进农地规模经营的过程中，必须注意农地经营规模的"适度"性，不可一味追求土地规模的扩大，以免导致土地使用效率下降，产生不利的经济后果。

实践表明，过大规模的农地经营可能会带来一系列问题和风险，包括：

（1）过大规模的农地经营会增加农地经营者的生产经营成本。具体而言，农地经营规模扩大会导致雇佣大量劳动力，增加雇工成本。此外，为了购置农业生产机械和管理大面积土地，经营者通常需要向银行贷款，这将带来高额的银行借贷利息成本。这些因素都直接提高了农业的生产经营成本，最终导致农产品的价格上涨。然而，高价格的农产品在市场上将失去竞争优势，因此这种模式不具备可持续性。举例来说，课题组调研发现，像山东省济南市章丘区绣惠镇太平村这样的地方，种粮大户难以有效管理大规模农业，导致亩产下降、雇工费用增加，并且监管也成了问题。因此，他们后期选择缩减种粮面积，以保证产量和经济收益。

与此同时，为了弥补高成本，过大规模的农业经营者可能需要大量种植经济作物。而这又导致了农地的"非粮化"问题，即过多的农地用于种植非粮食作物，而减少了粮食生产。课题组调研还发现，在一些种粮面积超过 1000 亩的大户中，很少有经营者只专注于纯粮食作物的种植，而是更倾向于种植蔬菜等经济作物来实现盈利，因为粮食的盈利相对有限。这种情况在山东省高密市一名种植大户的案例中得到了验证，他通过大面积蔬菜种植来增加收入，认为粮食只是用来"调茬"的。

（2）农业生产率的下降给农地经营者带来了巨大的经济和财产损失。为追求经济利益的最大化，一些农地流转主体往往忽视市场客观发展规律，盲目集中土地用于农业发展。然而，由于缺乏经验，他们易于不合理地配置农业生产中的各种要素，导致农业生产效率下降，从而使农业经营者承受重大的经济和财产损失。

举例来说，课题组调研时访问了山东省的一名种粮大户张保华，他表示，在过去土地规模较小的情况下，他的小麦亩产量可以达到 900 斤，玉米亩产量可以达到 1100 斤。然而，近年来他经营的 670 多亩土地中，只有部分受到良好管理的地块达到或超过了这一产量标准，其他地块由于管理不到位，产量很低。与此形成对比的是，同村散户时传海经营的仅有 2.5 亩的土地却取得了大丰收，小麦和玉米的亩产量合计达到了 2400斤。村集体承包经营的 40 亩土地亩产量也达到了 2000 斤。而张保华承包的 670 多亩土地的产量最低，仅为 1800 斤，这表明了农业生产率的下降可能与不合理的资源配置有关。

（3）农村土地过度集中可能加剧社会矛盾。这种情况导致农民的承包地被大规模收购或流转，引发土地兼并问题，结果是农民失去了自主经营农地的权利，也侵害了后代农民的生存权和发展权。这极易引发农村社会矛盾，激发农民的不满和抗议，甚至成为社会不稳定的因素。

（4）过度集中农地经营可能导致农村生态环境恶化。为追求规模经济，通常会进行农业生产的单一化和大规模化，增加化肥、农药等农业生产资料的使用，对土壤、水资源和生态环境造成破坏。同时，忽视生态环境过度开发会导致农地退化、水资源枯竭，以及生物多样性的丧失，最终对农村的可持续发展产生不利影响。

根据统计数据，不科学的经营管理理念和生产方式包括过量使用化肥、农药和农膜，再加上全国每年产生的 38 亿吨畜禽粪污，导致我国的农业面源污染严重。[1]这不仅导致农田土壤中有害元素含量超标和板结硬化问题，还引发了农村水环境的恶化。由此危害了农民的身体健康，还对农产品的安全性产生了负面影响。

---

〔1〕《〈中国农村发展报告〉（2017）发布》，载 https://Journal. crnews. net/nc-cwhj/2017n/d8q/zx/919135_ 20170818102827. html，最后访问日期：2023 年 12 月 11日。

5.1.3 农地规模经营过程中易出现农地的"非粮化""非农化"问题

土地作为农业生产的重要要素资源，具有位置固定性、稀缺性和再生难度大的特点。若将其用途按农业用途和非农业用途划分，二者具有一定的此消彼长的关系，并且，一旦土地从农业用途变更为非农业用途，可逆性差。[1]农地的"非农化"问题，尤其是"非粮化"问题会导致耕地的减少、农田生产力下降，对粮食安全和农村可持续发展构成潜在威胁。因此，在农地经营过程中，一定要防止其"非粮化""非农化"现象发生。

近年来，我国积极推动农地规模经营，旨在提高农业生产效率和农民收入。然而，在实际操作中，农地的"非粮化"和"非农化"问题逐渐显现，成为一大隐忧，主要原因如下：

（1）利润差的存在是导致农地"非粮化"和"非农化"问题的客观原因。农地流转中，非农业用途相对于农业用途往往会带来更高的经济效益，尤其是在城市周边地区这一差异更为明显。相同的土地，若用于工业、商业或房地产开发等非农业目的，通常能够获得更高的经济收益。出于对经济利益的追逐，一些个人或者组织不顾法律政策规定把承包经营的农地流转为非农使用。某些粮食产区对农地的"批租"现象就是例证。一些非农公司打着发展现代新型农业的幌子，对农地申请长期"批租"，租到后将其用于非农产业，导致原本用于耕种的农地变成非农用地。

在农地流转中，非粮化风险源于农业的使用范围，相对于

---

〔1〕 刘乃安：《土地流转背景下吉林省土地非农化问题思考》，载《中国农机化学报》2016 年第 8 期。

种植其他类型的农作物，种粮的经济效益较低。具体来说，土地是用于种粮还是用于培育花卉、养殖或者种植经济作物，存在利润差异。此外，与一些发达或发展中国家相比，我国粮食价格普遍偏低。根据课题组的调研结果，种植粮食所带来的收益，在扣除劳动力、化肥、种子、农药和机械等成本后，所得并不多。然而，如果将土地用于种植经济作物或者养殖，那么经济效益则会明显增加。市场经济主体通常追求成本最小化和利润最大化，因此，在农地流转过程中，时刻面临非粮化风险，而这主要是由农地种粮相对弱势性决定的。

（2）农民对农地流转后的使用漠视是农地"非粮化"和"非农化"问题的主观成因。这种漠视主要指的是在农地流转后，农民对于农地的合理利用、高效管理以及农业生产用途方面关注不足，从而导致了农地的"非粮化"和"非农化"问题的发生。在我国现行土地制度下，农民拥有土地承包经营权。但在谋求最大经济利益的驱动下，有些农民会被高额租金诱惑，选择将其承包地出租给他人，而不考虑后续经营者的农地用途。此外，随着农村外出务工人员的增多，农地撂荒现象又再次出现。课题组调研中发现一些地区依然存在农地撂荒现象，特别是山区、丘陵等不适合使用农机耕作的地方。在这种情况下，如果有人愿意租赁这些土地，不论是用于养殖还是种植果树等其他用途，大多数农民都会选择出租所承包的农地以获取租金收益。农民是土地的直接管理者和受益者。当农民对自己土地的使用方式不再关心时，就会引发问题。

（3）地方政府与基层乡村干部的监管不力是农地"非粮化"和"非农化"问题的外部原因。我国农村土地通常是集体所有制，这意味着农地的所有权属于集体组织。但"集体"的具体界定在实际操作中常常存在模糊性，这给农地管理和监管工作带来一定的挑战，也易导致农地经营过程中出现"非粮化"和"非农化"问题。当前各地普遍追求 GDP（国内生产总值）增长，而农业，尤其是粮食种植，其经济效益相对较低。因此，地方政府往往将更多的精力放在招商引资和其他工程项目上，而忽视了对农地流转后使用中的关注和监管。农地"非粮化"和"非农化"问题不仅会导致农地资源的浪费，还会引发各种社会问题。课题组在调研中了解到，被农地流转引入的农业企业中，主要以养殖或种植其他经济作物为主，真正进行粮食种植的企业并不多见。更为令人担忧的是，一些企业在流转农地后，并未进行科学合理的土地利用，而是采用了粗放的方式，其目的只是套取政府补贴。地方政府在此方面的监管明显不足，对于那些表面上从事粮食生产的企业缺乏足够而持续的审查、监管工作。

为此，地方政府和基层乡村干部，尤其是土地管理部门，应该深刻认识到自身在农地流转监管中的重要职责，加强对农地流转方向、使用方式、企业资质等方面的严格审查，确保农地资源得到合理、高效的利用，避免资源浪费和"农地流转"支持政策被滥用的现象。同时，也应增强对"集体"概念的明确定义，消除模糊地带，为农地流转提供清晰的法律和政策依据。

综上，农地流转本来是为了推动农业规模经营、增强农业生产的集约性、提高农业生产效率、夯实农业基础，而农地的"非粮化"和"非农化"恰恰是对农地流转初衷的背离。针对农地的"非粮化""非农化"问题，相关政府部门需要采取一系列的措施来加以防范和解决。

5.1.4 农地规模经营过程中易发生更多的经营风险

近年来，随着各地农地规模经营的兴起，农地在经营过程中所要面临的风险也不容忽视，这包括：

（1）政策和法律风险以及市场风险。在我国，农地规模经营所需的流转管理与服务机制仍然不够完善。尽管农地流转需求不断增加，但相关服务仍然无法满足大规模、跨地域的流转需求。这不仅涉及农地所有权和承包经营权确权工作的完成，还涉及流转过程中的信息透明度、流转成本以及流转后的土地利用效率等问题。一个健全高效的土地流转市场对于农地规模经营至关重要，但当前的法律规范并未为其提供足够的制度支持。

（2）自然灾害风险。农业一直以来都是一个与天气、土壤和自然条件紧密相连的行业。农地作为农业生产的主要载体，自然也受到了这些因素的直接影响。经营土地，特别是在规模化经营的背景下，面临的风险更为巨大。一场突如其来的暴雨，旱灾或者虫害都可能导致大片土地的减产或绝收。在规模化经营下，这些风险不仅仅涉及生产本身，更可能影响农产品的供应链，进而影响更为宏大的经济体系。然而，目前农地规模经营在风险应对方面尚未有完备的政策保障机制，大部分规模农业经营者在遭遇风险时，往往需要自行承担损失，而政府及相关机构的援助和补偿机制尚不健全。此外，现有的农险产品和服务也不能完全满足规模经营的需要，导致农业经营者在面对自然灾害时处于较为被动的地位。

（3）供应链风险。农地规模经营中的经营链条问题也不容忽视。规模经营意味着涉及生产、供应、销售等多个环节的管理需要更为精细化和有协调性。然而，目前这一经营链条仍然显得比较脆弱，容易受到外部因素的影响。举例来说，如果生产环节受到自然灾害的影响，可能会导致供应环节的中断，进而影响销售和市场供应。同样，全球性的经济波动、贸易政策变化等外部因素也可能对农地规模经营产生不利影响。因此，农地规模经营需要建立更为稳固和灵活的经营链条，以应对各种潜在的风险和挑战，确保农业生产的稳定性和可持续性。

农地自发进行规模经营时，虽然在一定程度上提高了土地的利用效率，但所面临的问题与挑战也日益凸显。为此，需要完善与规模经营相配套的服务体系，建立健全的风险应对机制，加强对农业经营链条的管理和支持，以保障农地规模经营的健康、稳定发展。

5.2　我国农地规模经营实现的制约因素

5.2.1　社会保障制度的落后

社会保障制度是在政府管理下，以国家为主体，根据相关法律规定，通过国民收入的再分配来保障居民基本生活需求的制度体系。因此，它是建立在尊重和保障人权的基本原则下的一种社会福利制度。

目前，我国城镇已经全面建立了社会保障制度，包括基本养老保险、失业保险、医疗保险和工伤保险等。然而，由于缺乏足够强大的财政支持，难以为庞大的农村人口建立充足的社会保障。[1]我国农村社会保障机制尚未完善，表现在：①目前，我国农村社会保障主要以救济性单项保障为主，覆盖范围有限。②农村社会保障待遇相对较低，难以满足居民的基本生活需求，特别是在老年人的养老金方面存在明显问题。举例来说，我国农村老年人的养老金水平普遍较低，甚至有些地区每月只能领取到200元或更少的养老金，这样的金额远远不能满足老年人

---

〔1〕　夏柱智：《社会保障视野中的农村土地制度》，载《创新》2014年第2期。

日常生活的基本开支。③尽管农村养老保险和社会救助等项目已成为农村主要的社会保障项目，但其他类型的保障尚未充分开展，且现有项目存在发放不到位、救助不及时、金额偏低等问题。在这种情况下，只能通过替代性的制度安排来解决农民的生存保障问题，因此农地的家庭承包经营制度就成为中国农村社会保障的基本形式和保障农民经济地位最低限度的方法。[1]这意味着在未来相当长的时间里，我国难以将社会保障与农地剥离，农地经营仍需承担农民基本生活保障的责任。[2]④新型农村社会养老保险制度的全面实施，是我国农村社会保障制度的重要突破。基于2011年、2013年和2015年的全国微观追踪调查数据，通过固定效应模型估计了新农保政策对农户土地流转的影响。这些结果表明，新农保政策在短期内并没有显著促进农地流转的发生，但对农户租出土地的意愿租金产生了显著的影响，即新农保政策显著降低农户租出土地的意愿租金，其幅度达到13%左右。[3]

由于农地的兜底性社会保障功能（如提供失业、养老保障），再加上农地流转不畅导致许多农地要么处于撂荒、闲置状态，要么由留守老人在低效率的耕种中经营。许多外出务工的农民通常采取以下几种方式处理所承包的农地：①直接将承包的农地弃耕、抛荒（随着土地"三权分置"政策的推进，这种现象已经得到很大缓解）；②将家里承包的农地全部留给妇女、老人耕种，由于缺乏有效的劳动力，农地低效经营，进一步加

---

[1] 郭洁：《土地关系宏观调控法研究》，辽宁大学出版社2004年版，第190页。

[2] 陈剑波：《农地制度：所有权问题还是委托-代理问题?》，载《经济研究》2006年第7期。

[3] 李琴、杨松涛、张同龙：《社会保障对土地保障具有一定的替代作用》，载《光明日报》2019年9月17日，第11版。

剧了农业的弱质性和农村的弱势地位；③以较低的价格甚至零转让费将承包的农地租给亲朋好友等熟人耕种，大多是口头协议，导致租赁关系不稳定，承租人缺乏对承包地进行长期投资的意愿，从而使经营模式变得粗放。显然，无论选择以上哪种方式，都会导致我国本来就紧缺的农地资源闲置或低效利用。

农村社会保障制度的不完善导致农民对于农地流转后能获得足够的保障和救助缺乏信心，因此他们更倾向于保留土地。国务院发展研究中心和中国社会科学院的调查研究结果表明，尽管我国农村居民对城镇化的意愿较强，但仍然有八成以上的农民不愿意通过放弃土地承包权和宅基地使用权的方式来换取城镇户口。基于此种情况，农地的兜底性社会保障功能在一定程度上阻碍了农地流转市场机制的建立和发展。规模经营通常需要农地的流转作为前提，然而，我国农村社会保障制度的滞后就成了制约农地规模经营推进的重要因素之一。

综上所述，要推动农地的大规模流转，必须解决农民的生活、医疗、养老等社会保障问题。即使政府通过法律政策强制推动农地流转，如果农民没有足够的社会保障信心，他们也不太可能轻易放弃手中的土地经营权。因此，我国农地规模经营的推进需要综合考虑并改善农村社会保障制度，以确保农民在农地流转后能够获得充分的社会保障，从而鼓励他们更积极地参与规模经营。

5.2.2 农村剩余劳动力的大量存在

农村劳动力的大规模转移在一定程度上有助于推进农地规模经营的有序实现。这是因为农地规模经营所需要的是有限的劳动力数量。如果存在大量的农村剩余劳动力，这就意味着人多地少的矛盾无法得到解决，从而影响农地规模经营的有序实现。随着城市化进程的不断推进和工业化水平的提高，农村劳动力逐渐涌入城市。这种大规模流动对农地资源的再分配产生了影响，因为随着农民迁徙到城市，他们的农地通常会集中在少数土地经营者手中。这种情况有助于为农地规模经营创造更有利的外部条件，因为相对较大的土地面积可以更容易地进行规模化的农业经营。

然而，目前我国农村劳动力转移的整体进程仍显迟缓，在农村依然存在着大量的剩余劳动力，而这必将深刻影响我国农地规模经营的有序推进。有数据显示，2019 年，我国的农村剩余劳动力现状相当严重——按照城市化水平为 60% 计算，剩余规模为 2.1 亿人；如果按照户籍城市化水平为 44% 计算，剩余规模更高达 4.34 亿人。[1]这意味着农村劳动力在农业领域的就业远远超过了实际需求。农业虽然只占我国经济 GDP 的 7%，但就业劳动力高达 25%，而按照同样发展阶段国家的比率应当控制在不超过 13% 的水平。

我国面临大量的农村剩余劳动力无法有效向外转移的问题，主要原因如下：

（1）很多农村劳动力难以从事技术性劳动，只能从事低层次的体力工作，因此很多农村劳动力难以在城市找到稳定的工作，而后安家立业。

（2）户籍制度和社会保障制度的二元结构也是制约因素之一。农村劳动力不能和城市人口同等享受各种补贴、劳保、公费医疗等福利和社会公共服务，形成了差别待遇。

（3）城镇化建设滞后和乡镇企业增长乏力也制约了农村劳动力的流动。很多地方的城镇规模较小，经济聚集规模低，缺

---

〔1〕周天勇：《农村土地市场化改革拉动增长潜能大》，载《经济参考报》2020年 11 月 17 日。

少产业支撑，导致对农村劳动力的需求不高。同时，许多乡镇企业在市场竞争中面临倒闭和破产，吸纳能力减弱。

（4）很多企业破产或减少产能，岗位需求下降，导致进城务工农民就业困难和工资拖欠问题严重，促使许多农民工返乡务农。

（5）城市高昂的房价和生活成本使许多农民工在中老年阶段选择回流农村，这成为他们生活的最优选择。

显然，农村剩余劳动力无法有效转移必然会严重阻碍我国农地的顺利流转，进而成为农地规模经营顺利实现的阻碍因素之一。为解决这一问题，我国各级政府必然要解决制约农村剩余劳动力无法有效向外转移的种种社会与制度根源，即综合考虑政策和制度改革，以促进农村劳动力的有序流动和增加就业机会。

5.2.3　农村劳动力的总体素质普遍较低

长期以来，我国农村劳动力总体素质不高，主要表现在：

（1）农村劳动力的文化教育普遍较低。根据课题组对四川省和黑龙江省十个县的走访数据，农村居民的家庭劳动力文化水平呈现出以下情况：在每100个劳动力中，大约有5.5个人不识字或几乎不识字，26.5个人只完成了小学教育，53个人完成了初中教育，9.9个人完成了高中教育，2.5个人接受了中专教育，而仅有2.7个人完成了大专及以上学历的教育。尽管近十年总体情况有所改善，但较高层次的受教育水平仍然相对较低。农村劳动力的平均受教育年限仅为7.3年，只有9.1%的人接受过专业技能培训，不足5%的人接受过农业职业教育。绝大多数农村劳动仍然属于体力型和传统经验型农民，尚未掌握现代生产技术和农业科学知识。这种较低的文化素质限制了他们接受现代农业科技和生产技术知识的能力，从而制约了农地规模经营水平的提高。

（2）农村缺乏专业技术人员。根据课题组对农村家庭人口和劳动力情况的调查，农村家庭中拥有专业技术职称的人数仅占 0.06 人/户，占农村户均劳动力的 2.39%；接受过职业教育和培训的人数为 0.12 人/户，占 4.78%。这表明我国农村中专业技术人员的数量非常有限，而且他们的年龄普遍较大，知识水平相对滞后，不够适应现代农业发展的需求。目前，我国许多地区普遍存在规模经营主体数量不足、实力不强，与农民的利益联系不紧密的问题。大多数农民专业合作社的资金实力有限，技术能力不够强，管理水平较低。粮食生产服务专业合作社的数量有限，覆盖范围较窄，很难满足大规模粮食生产的需求。这些问题限制了农地规模经营的推进。

（3）农村人才结构存在不合理现象。课题组调研发现：在农村人才队伍中，高层次和高素质的人才相对匮乏，而中级和初级专业技术人才较为普遍。此外，传统学科领域的人才相对较多，而新兴学科和具备创新能力的人才数量有限。从事农业科研、技术推广以及经营管理等方面的乡村人才主要分布在非农领域，如行政机关、事业单位、企业或高校，而在乡村基层的农村领域，这些人才极度短缺。这种不合理的人才结构对农村的发展和农地规模经营的实施都带来了一定的制约和挑战。

综上所述，农村劳动力文化素质的普遍低下对农地规模经营的实现产生了负面影响。首先，农村劳动力的低文化素质限制了他们对现代农业科学知识和生产技术的接受能力。现代农业要求农民掌握先进的农业技术，包括育种、种植、养殖、病虫害防治等方面的知识和技能，以提高农产品的质量和产量。然而，由于文化素质低，许多农民难以理解和应用这些技术，导致农业生产水平相对较低，无法实现规模化经营。其次，农村劳动力的低文化素质也限制了他们在农村以外地区就业的机会。在城市化进程中，需要大量的农村劳动力流向城市从事非农产业，但低文化素质使他们难以胜任高技能工作，就业机会相对有限。这导致了许多农民流向城市后只能从事低技能、低薪水的劳动，无法获得更好的生活质量，农村剩余劳动力的城市化转移受到了限制。

5.2.4 "恋土情结"观念的障碍

农民的"恋土情结"根深蒂固、由来已久，是指农民对土地有着天然的依恋之情，因此不愿意轻易放弃手中的土地。对我国来讲，农民的"恋土情结"主要根源于：①中国传统农业注重稳定的生存方式，土地的自然本性恰恰满足了小农求稳的心态；②对于传统农民，土地不单是自然物，还蕴含着对家庭祖宗的认同与精神寄托；③在中国传统农业社会里，土地也是农民财富的标志和社会身份的象征。[1]

农民通常将土地视为自己的根基和生活保障，对土地具有强烈的情感依恋。即使在面临其他就业机会或经济困难的情况下，他们宁愿保留土地承包经营权，不轻易放弃。这种情结使得农民在考虑土地经营权流转时更加保守，不愿将农地随意流转给他人。

此外，农民对于农地流转所带来的风险和不确定性存在着担忧。他们担心一旦农地流转，可能会失去稳定的经济来源和生计保障。鉴于我国农村社会保障制度的不完善，农民缺乏对自身在农地流转后能够获得足够的保障和救助的信心。这种忧虑使得农民更加不愿意轻易将土地经营权流转给他人。

---

〔1〕 奚卫华：《中国传统农民的"恋土情结"》，载《和田师范专科学校学报》2004 年第 3 期。

最后,在农村地区,土地不仅仅是经济资源,更是代表了农民的身份认同、文化传承和社会地位。土地与农民的历史和血脉相连,是他们的家园和生活根基。这种土地文化和传统观念的影响使得农民更加倾向于保留土地承包经营权,不愿意轻易放弃土地。

据此,农民深刻的"恋土情结"使我国农村出现了"有人无田种、有田无人种"的矛盾。一方面,由于得不到充足的农地,具有种田能力的农民无法充分发挥其种植技能,农地的潜在利用和经营优势得不到有效发挥。另一方面,不愿意从事农田耕种或农业生产能力有限、年龄较大的农户却被紧紧束缚在承包的农地上,进行低效率的农地经营活动。无论哪种情况,都会导致农地的低效率利用。因此,农民的"恋土情结"将阻碍农地的高效流转和充分利用,成为我国农地规模经营有序实施的重要障碍之一。

5.3 "三权分置"下我国农地规模经营法律规制的现行问题

5.3.1 农地"三权分置"的权利制度设计存在失衡问题

根据对各地的农地流转和规模经营法规与规范文件的整体分析,可以看出这些规范存在一些明显的权利制度设计失衡问题:

首先,目标实现与方式之间存在失衡。虽然只有少数几个地方明确了农地流转的目标方向,但在规模经营主体上,各地却形成了十分丰富的主体类型,几乎涵盖了目前所有能够从事农地规模经营的主体,并且在各种主体的联合、合作等方面更为复杂。也就是说，现有的地方性法规和规范性文件没有主体培育目标，而规范中培育的主体类型却十分丰富。此外，集体土地所有者在农地流转和规模经营中的权利没有得到充分重视，反而为其设定了不少公共管理的责任。

其次，对农地经营者的扶持力度较大，而对流出土地经营权的土地承包户的支持和保障相对较少。地方政府在保障农地经营者的权益方面表现出积极性，但流出农地的农民则需要依靠市场机制实现权益。各种土地流转机构和组织主要致力于提供农地流转的服务和保障，但尚未建立专门的机构来保障农地流出的农民权益。

这种权利制度设计失衡的现象实际上是各地立法在分散探索和单一优化的基础上形成的，缺乏整体性的制度设计和综合考虑。不同地方法规和规范文件之间存在相似的结果，其背后有共同的逻辑和动机。首先，分散经营的农户不仅生产效益较低，还可能因流动性而导致一定程度的土地闲置甚至撂荒，从而使土地经营效益进一步降低。相比之下，农地规模经营通常能够获得更高的效益，并更好地满足新的发展需求。其次，将有限的资金和资源用于农民的保障看起来只是"支出"，并没有明显的经济回报，而对规模经营主体的保障投入则可以带来明显的经济收益。

这种权利制度失衡设计导致了地方法规政策对土地所有权的忽视、对承包的轻视，以及对经营权的重视。这种不平衡的结构会为未来的规模经营发展留下隐患，这些隐患在农地流转实践中已经显现，例如，强制流转问题、农民流转意愿不高问题、流转后的非农用地问题等。因此，需要在土地"三权分置"中进行权利制度的整体性设计和平衡考量，以解决这些问题。

农地资源作为一种基础性资源，其影响是全面的。农地不仅在国家粮食安全中扮演着关键角色，还承担着农民生计保障的使命。前者的重要性不言而喻，而后者直接关系到城市化进程中的社会稳定问题，同时也关系到农地规模经营的基础是否稳固。因此，从长远和综合的角度来看，重新审视农地规模经营相关法律制度的构建是必要的，需要寻求更加平衡和合理的权利制度，以确保农地资源的高效利用、农民的合法权益和社会的稳定。这不仅涉及农地流转和规模经营，还需要考虑农地的保护、管理和可持续利用等方面的问题，以实现农地资源的可持续发展和农地规模经营的有序实施。

5.3.2 现有法律对农地规模经营主体的多元化形态缺乏有效回应

在家庭联产承包责任制度下，承包农户成了我国农业经营主体的基本形态。然而，随着我国工业化和城镇化的快速推进，传统承包农户的小规模经营已不再能够满足农业规模化、现代化和产业化的需求。纵观农业发达国家，例如美国、法国、日本的相关经验，不难发现，由种植大户、家庭农场、农业企业法人和农业合作社构成的农业经营主体不仅是农业现代化发展的主力军，还在农地规模经营方面扮演着重要的角色。

其中：①种植大户或专业大户是相对于传统农户而言的，指的是专业从事种养业、农业生产服务经营，具有一定规模但尚未达到家庭农场标准的农户；②家庭农场是指以农户家庭为基本组织单位，以家庭成员为主要劳动力，从事农业规模化、集约化、商品化生产经营，并以农业收入为家庭主要收入来源，同时达到当地城镇居民人均可支配收入水平的农业经营主体；③农业法人是指从事农业生产经营活动，具有较高的商品率，实行自主经营、独立经济核算，具有法人资格的营利性经济组织；④农业合作组织或农业合作社是指农民，尤其是以家庭经营为主的农业小生产者，为了维护和改善各自的生产及生活条件，在自愿互助和平等互利的基础上，遵守合作社的法律和规章制度，联合从事特定经济活动所组成的企业组织形式。

农地规模经营主体区别于传统小农经济的生产组织，在家庭承包经营制度下，拥有适度的农地经营规模、良好的物质装备条件和高水平的经营管理能力，是以提高劳动率、资源利用率和土地生产率，以商品化生产为主要目标的农业经营组织，其成员应具备丰富的农业文化知识、技术能力和经营技巧，可以被称为职业农民或农业专业经营组织。无论是种植大户、家庭农场、农业法人，还是农民合作社都与农地规模经营主体具有内涵上的契合点。他们无一不具有如下特征：适度土地规模经营、生产专业化、经营集约化、运营市场化和服务社会化。参考国外的先进经验，上述农业经营主体也应当成为我国农地规模经营主体的主要形态。

为了促进新型农业经营主体的培育和发展，党中央、国务院以及地方各级政府、相关部门自 2006 年起出台了多项政策措施，为新型农业经营主体的培育和高质量发展创造了有利条件。其中，农业农村部在 2022 年发布的《关于实施新型农业经营主体提升行动的通知》中明确了指导思想和主要任务，强调了加强农民合作社和家庭农场两类农业经营主体的发展，完善基础制度、提升能力建设、深化服务对接、健全指导体系等重点工作，旨在推动新型农业经营主体的质量和数量双提升，为全面推进乡村振兴和农业农村现代化提供有力支持。此外，2023 年中央一号文件也提出了深入开展新型农业经营主体提升行动的要求，支持家庭农场组建农民合作社，鼓励合作社根据发展需求开办企业，以带动小农户进行合作经营，共同增加收入。

　　然而，在立法方面，我国针对农地规模经营主体的法律规制明显不足。目前，相关法律主要包括 1993 年出台、2002 年修订、2009 年和 2012 年修正的《农业法》（第二章"农业生产经营体制"）和 2006 年出台、2017 年修订的《农民专业合作社法》。这两部法律主要围绕农业专业合作社进行规范，而对于其他形态的农地规模经营主体，如种植大户、家庭农场、农业企业法人等，则缺乏相关规制立法，包括认定标准、法律地位、权利义务、政府监管职责、法律责任等方面都没有相关法律规范。此外，党和国家发布的相关政策性文件虽然具有导向性作用，但缺乏强制执行力，其扶持内容也仅限于原则性规定，操作性较差，规范内容不够系统，需要进一步量化和细化。

　　在没有相应法律制度有效规范的背景下，我国的新型农业经营主体在发展中面临一系列问题：首先，专业大户职业化经营程度普遍不高，很多人的文化程度较低，年龄偏大，市场意识和管理能力水平有限，缺乏创新意识和发展活力。其次，家庭农场存在抵御自然灾害和市场风险能力相对较弱、经营管理水平不高、缺乏融资渠道等问题。再其次，企业法人进入农业引发了农地流转的"非粮化"和"非农化"倾向，不利于农民土地权益的保护，导致农村社会治理结构发生不确定性的变化，因此在我国存在较大的争议。最后，农业合作社数量虽多但质量堪忧，很多合作社的组织化、契约化连接机制尚未有效建立，导致服务带动能力不足，内部制度不健全，民主决策机制不完善，经营不规范，部分合作社仅仅是名义上的"空壳"，背离了我国发展农业专业合作社的初衷。

　　因此，需要进一步加强相关法律法规的制定和完善，以解决这些问题，更好地支持和规范我国农地规模经营主体的发展。

5.3.3 现有法律框架下农地流转受让主体的限制条件过多

（1）集体经济组织成员流转优先权的法律规定。在农地流转过程中，为了确保本集体经济组织的成员能够充分享有本集体土地经营权的机会，根据我国的《农村土地承包法》和《最高人民法院关于审理涉及农村土地承包纠纷案件适用法律问题的解释》的相关规定，本集体经济组织成员在同等条件下拥有优先受让土地经营权的权利。需要强调的是，该法律规定适用于各种形式的农地流转。如果土地承包经营权人无视本集体经济组织成员的流转优先权，将其农地流转给本集体经济组织以外的单位或个人，那么本集体经济组织成员有权向相关政府主管部门申请确认所签订的流转合同无效。

目前的法律规定赋予本集体经济组织成员对土地经营权流转的优先权，旨在保护本集体经济组织成员的经济利益。然而，这种限制性规定使我国的土地经营权流转具有相当程度的封闭性。将农地流转局限于农村集体经济组织内，虽然可以增加本集体经济组织成员获取和享有土地经营权的机会，并使集体经济组织对农地流转实施有效的控制，但是，这些法律规定明显与市场法则中有关劳动力和农地资源配置的原则存在冲突，导致除非具备经营能力的种植大户、龙头企业或农业合作经济组织，得到当地政府和村委会的支持，否则难以轻松地通过农地流转获得大片土地用于规模化经营。因此，集体经济组织成员流转优先权的法律规定严重限制了我国农地规模经营的顺利发展。

（2）工商企业成为农地流转受让主体的资格限定。在全国范围内，农地流转迅速增加，旨在实现规模经营的目标。这一趋势引发了工商企业的浓厚兴趣，他们敏锐地觉察到了农业领域潜藏的巨大商机,并积极探索直接租赁农地,从事大规模的农业生产经营活动。实际上,工商企业作为农地规模经营的主体进入农业领域,不仅能够为农业注入急需的资金、技术和人才等宝贵资源,还可以扮演技术示范和市场引领的积极角色,有力地推动传统农业的改革与升级。因此,他们在许多发达国家的农业现代化发展中扮演着重要的角色。

然而,在我国工商企业直接租赁农户承包地的过程中,出现了诸多问题,这些问题可能给农村经济的健康发展带来不利影响。具体而言,工商企业这一行为产生的问题主要包括以下几点:

(1)加剧农地流转的"非粮化"和"非农化"趋势。逐利是资本的天性,工商企业资本也不例外。[1]尽管农业是高投入、高风险、低收益的产业,但在我国政府出台了一系列的"三农"政策后,从事农业生产可以享受大量的财政补贴或税收优惠,这极大地激励了工商企业通过农地流转进入农业领域。然而,由于粮食生产的投资回报率相对较低,许多工商企业在流转农地后,为了追求自身经济利益的最大化,转向了"非粮化"生产,甚至进行了"非农化"建设。根据课题组的实地调研,发现在辽宁省一些地区,只有6%的工商企业租地种粮。这显然会导致粮食播种面积的大幅减少,势必将影响我国18亿亩耕地的"底线",也对我国的粮食安全构成极大的挑战。

(2)不利于保护农民的土地权益。首先,在租赁农地过程中,由于面对分散农户进行谈判具有较高的交易成本,工商业资本更倾向于借助行政权力干预农地的流转过程。[2]这导致在

---

〔1〕 吕亚荣、王春超:《工商业资本进入农业与农村的土地流转问题研究》,载《华中师范大学学报(人文社会科学版)》2012年第4期。

〔2〕 贾晋、李晋宇:《工商业资本介入农地开发:背景、途径与问题》,载《理论与改革》2009年第6期。

基层政府和村委会强制介入下，农民的"自愿流转"常常演变为"被强制流转"。而在签订农地流转合同时，工商企业通常利用资本、信息、市场以及行政权力支持的优势，在与农民谈判和签约中占据有利地位，导致签约条款明显偏向企业一方，包括"一次性买断""租金一成不变""农民不得干预企业任何生产经营"等不平等条款内容。上述现象将会导致农民的合法土地权益受到不当侵害。其次，如果工商企业长期租赁农地，随着时间的推移，他们最终会演变为农地的"事实"主人，出现土地"兼并"问题，这将损害农民的承包经营权，若不加以控制，甚至会动摇农村的基本经营制度。再其次，根据课题组的调研，发现在四川省许多地区，工商企业直接经营农地，只有约20%原承包农户能够进入企业工作，大部分农民因无法种植而不得不面临转移就业的问题。因此，"既收取流转费又赚打工钱"并不能代表大多数流转农民的实际情况。而一些年龄大、体弱多病、自身非农就业能力低的弱势农民可能会因大规模的农地流转而使自身可持续生计受到严重威胁。[1]最后，许多工商企业租地经营是短期行为，他们本身并不具备农地经营的经验和能力，因此更容易面临经营风险。在无力承担风险的情况下，这些企业往往会撤资离开农村，从而导致大规模的农地租金拖欠问题，损害农民的经济利益。

（3）这种情况可能会导致农村社会治理结构发生不确定性的变化。一旦工商企业大规模、长时间租赁农地从事农业生产经营活动，许多原本自主经营的农民可能最终沦为雇佣工人，这种结果不仅与我国基于家庭承包的农村基本经营制度相悖，而且如果继续发展下去，有可能彻底改变我国农村现有的社会

---

〔1〕 吕亚荣、王春超：《工商业资本进入农业与农村的土地流转问题研究》，载《华中师范大学学报（人文社会科学版）》2012年第4期。

结构，为农村社会治理带来潜在的风险。

新修改的《农村土地承包法》和《农村土地经营权流转管理办法》针对工商企业大规模租赁农地的行为进行了相关规范的立法探索。这些法律法规在土地"三权分置"的背景下采取了以下措施：

首先，确认工商企业作为农业经营主体的法律地位，使其可以以合法身份通过流转取得土地的经营权。

其次，对工商企业成为农地流转受让主体进行了严格的资格限定。例如，《农村土地承包法》第 45 条第 1 款规定："县级以上地方人民政府应当建立工商企业等社会资本通过流转取得土地经营权的资格审查、项目审核和风险防范制度。"《农村土地经营权流转管理办法》第 29 条、第 30 条和第 31 条进一步明确了对工商企业等社会资本通过流转取得土地经营权的资格审查、项目审核的具体规定，以及建立风险保障制度和收取管理费的法律要求。

然而，这些法律条款对工商企业农地流转受让主体资格的限定无疑会增加其投资和运营成本，限制其在农地规模经营领域的培育和发展。企业是以经济收益作为其投资活动的唯一驱动力，如果农业投资成本过高，企业可能不愿意参与农地流转和农业经营，或者为了追求更多利润，取得土地经营权后擅自改变农地用途，搞非粮食或非农业项目，从而扩大了农地流转合同的违约风险。

5.3.4 农地经营规模的立法标准不一

目前，我国出台的许多政策性文件和部门规章已明确将农地规模经营以"适度"为发展标准。例如，2005 年《中共中央关于制定国民经济和社会发展第十一个五年规划的建议》指出：

"稳定并完善以家庭承包经营为基础、统分结合的双层经营体制，有条件的地方可根据自愿、有偿的原则依法流转土地承包经营权，发展多种形式的适度规模经营。"2014年，中共中央办公厅、国务院办公厅印发了《关于引导农村土地经营权有序流转发展农业适度规模经营的意见》，提出："合理确定土地经营规模。各地要依据自然经济条件、农村劳动力转移情况、农业机械化水平等因素，研究确定本地区土地规模经营的适宜标准。防止脱离实际、违背农民意愿，片面追求超大规模经营的倾向。"2021年农业农村部出台的《农村土地经营权流转管理办法》第28条第2款规定："县级以上地方人民政府农业农村主管（农村经营管理）部门应当根据自然经济条件、农村劳动力转移情况、农业机械化水平等因素，引导受让方发展适度规模经营，防止垒大户。"

为贯彻国家法规、政策，各级地方政府也已制定并出台了相关政策文件，直接规定了本地区农地规模经营的适宜标准，如江苏省提出重点扶持土地经营规模100亩至300亩的种粮农户，广西壮族自治区提出重点扶持50亩至100亩的规模经营主体，等等。

但是，究竟如何确定农地规模经营的"适度"性，即建立具有指导意义的农地经营规模的"适度"标准制度（包括测算方法、认定程序、法律后果等），在我国无论在法律层面还是在政策层面上均属空白。一旦法律未能设定明确的农地经营规模标准，极易导致地方政府在推动农地规模经营过程中矫枉过正，农地集中经营的面积超过最佳的经营规模，从而使土地规模经营不经济。或者，农地的集中经营面积不足，无法形成土地的规模效益。无论何种后果，由于土地集中面积偏离最佳的经营规模，都无法最大化获得土地收益，也无法真正实现"农地规模经营",进而无法发挥相关制度的优势。

另外,不同地区根据各自的实际情况制定的农地经营规模标准不一,导致了跨地区农地流转和合并难度的加大。有些地区设定相对宽松的规模经营标准,而有些地区则相对严格。这不仅导致了我国各地农地资源的利用率不均,还使不同地区的农民权益产生了差异。

不一致的农地经营规模立法标准也给农地经营主体带来了困惑和不确定性。规模经营的主体在面对不同标准时,难以制定合理的经营策略和决策,甚至可能因此放弃在某些地区的经营。

最后,由于缺乏统一的立法标准,各地在执行和监管过程中存在盲区。对于农地规模经营的政策支持和扶持力度也因此存在差异,无法形成统一的推动力,造成农地规模经营的优化进程受到拖延。

综上所述,我国农地经营规模立法标准的不一致性,不仅对农地资源的利用效率和农民的权益产生了不良影响,还影响了农业发展的整体进程。因此,建议在全国范围内加强对农地经营规模立法的研究和探讨,逐步形成科学、统一的农地经营规模标准,以适应农业现代化和农村经济转型的需要。

5.3.5 农地用途管制制度缺乏有效的立法支持

目前,我国《土地管理法》将土地分为三类:农用地、建设用地和未被利用地。此外,还设立了农用地转用许可制度,即将现有的农用地按照土地利用总体规划(国土空间规划)和国家规定的批准权限,经过审查批准后转为建设用地的行为,又被称为农用地转为建设用地的一种土地制度。然而,在农用地的管制过程中,《土地管理法》并没有对农用地内部不同类型

（即耕地、林地、草地、农田水利用地、养殖水面）之间的转用
（即农村产业结构调整中不同农地类型转用）进行明确规定。

2021 年新修订的《土地管理法实施条例》第 12 条第 1 款中
规定："国家对耕地实行特殊保护，严守耕地保护红线，严格控
制耕地转为林地、草地、园地等其他农用地……" 2021 年自然
资源部、农业农村部和国家林业和草原局印发的《关于严格耕
地用途管制有关问题的通知》要求"严格管控一般耕地转为其
他农用地……在不破坏耕地耕作层且不造成耕地地类改变的前
提下，可以适度种植其他农作物。"这表明我国在农地用途管制
方面存在一定的法律和政策漏洞。具体而言，尚未明确规定在
什么具体条件下可以将一般耕地转为其他农用地，也没有规定
违法将一般耕地转为其他农用地的法律责任。因此，在经济利
益的驱使下，一些农业经营主体可能会利用法律漏洞，将一般
耕地转为其他农用地，然后再利用现有土地政策对其他农用地
管理较为松懈的时机将农地转作他用。

根据课题组的调研，我国一些地区，如黑龙江省、辽宁省、
四川省、河南省等，在农地规模经营的过程中，一些农业经营
主体，特别是工商企业，通过农地流转获得大片土地的经营权
后，为了追求经济利益，擅自改变土地用途，将其进行"非粮
化"生产或"非农化"建设，甚至出于种种目的（诸如通过圈
占农地以套取耕地补贴款、征地补偿款等）将其闲置、撂荒。
这些情况导致我国的优质耕地大量流失，对农业可持续发展和
土地资源保护造成了严重挑战。例如，河南省漯河市临颍县皇
帝庙乡五个村的耕地，其中甚至包括一些基本农田存在流转后
农地用途管制问题。这些农地整体流转给承包企业，却被用于
非粮化种植和经营活动，包括种植树木和草地，或以休闲观光
为名义违规占用土地，建设房屋和养殖场等。这些行为严重损

害了农地的质量和可持续性,给农村土地资源管理和农业发展造成了负面影响。

对于农地非粮化、非农化问题,世界上许多发达国家和地区,如美国,通常会实施严格的农地用途管制制度,其中包括农地等级制度和农业区划制度。农地等级制度系基于土地的质量因素(如肥沃程度和农业生产水平)对农地进行分类,严格禁止将高质量的农地用于其他用途,只在一些条件允许的情况下,允许或附带条件地允许低质农地转为建设用地的法律制度。而农业区划制度是指把农业用地同工业一样严格划片,在该区域内,只允许从事农业生产或与农业相关的活动,禁止在这些区域内修建住宅和发展其他城市基础设施。[1]这有助于确保农地资源专注于农业生产,减少非农业活动的干扰。农地等级制度和农业区划制度确保了对不同质量和区域的农地进行精细的管控和规划,有效地限制了农地经营者的行为。这有助于防止他们在受保护的农地上从事非粮化和非农化活动。

2019年,农业农村部依据《耕地质量调查监测与评价办法》(农业部令2016年第2号)和《耕地质量等级》(GB/T 33469-2016)国家标准,组织完成全国耕地质量等级调查评价工作,将耕地质量划分为10个等级,其中一等地质量最高,十等地质量最低。此外,非官方的《中国农业功能区域研究》课题组在2011年进行了研究,重新划分了全国的农业功能区,将其分为10个一级区和45个二级区。然而,我国现有的农地用途管制制度似乎没有有效地将耕地保护与农地等级制度和农业区划制度相衔接。在缺乏完善的农地用途管制制度的约束下,耕地保护问题日益突出,同时也会影响到农地规模经营的实施

---

〔1〕 魏莉华:《美国土地用途管制制度及其借鉴》,载《中国土地科学》1998年第3期。

效果。

此外，发达国家在构建农地用途管制制度时，除通过法律直接干预农地经营行为外，还普遍增设了补偿机制作为制度的补充。例如，美国的许多州在土地用途管制制度中将土地划分为农地、开放空间或生态保护地等用途，并采取了一些符合地方情况的农地保护政策，如"土地开发权转让""保护地役权""税收减免"和"发展权转移"等方式，以补偿对土地权利人所造成的限制损失。

目前，我国已经建立了一套以《土地管理法》及其实施条例、《民法典》《刑法》《土地复垦条例》《基本农田保护条例》等法律为核心的耕地保护法律制度。然而，这些法律法规的核心特点是政府采用了"命令—控制"的方式来直接限制农地经营者的土地经营权，因此在实施过程中具有明显的行政强制性质。

5.3.6 农地流转后的细分问题存在法律规制盲区

农地流转在现代农业经济发展中具有重要地位，其主要目标是通过资源重新配置，实现规模经营，从而提高农业生产效率。然而，在实际操作中，除规模经营外，流转形式的多样性（如买卖、出租、抵押、赠与和继承等）也可能会导致农地资源的进一步细分和碎化。这种现象可以视为市场资源配置机制中的一种"市场失灵"。

一些发达国家，如法国，早已认识到农地细分对农业生产效率的潜在影响，并采取了一系列限制措施，包括：①设立农地规模审批制度。法国的《农业指导法》和《农业指导补充法》规定了新建农场的最低面积为25公顷，通过这种法定限制方式来防止农地细分。②对农地转让作出限制性规定。法国自

1938 年起颁布法令规定,"土地转让不可分割,不能小块流转或分割流转,农场主的土地只准整体出让",[1]确保农地在转让过程中不会被进一步细分。③推行土地单嗣继承制度。法国政府通过颁布法律,规定:农地的继承权只能归一人享有,以确保农地在继承中不被再次分割。④成立土地整治与农村安置公司。根据《农业指导补充法》,法国设立了土地整治与农村安置公司,负责购买零散农地,通过合并和整理,使其达到"标准经营面积",然后以低价优先转让给中等规模的农场主,以防止农地在流转中细分。另外,美国、日本等国家也采取了类似的法律规定和实践,确保农地在流转中不会被进一步细分。

在我国,目前对于农地的流转行为主要强调其作为实现农地规模化经营的必要条件和有效途径,即农地通过流转必然会形成集中经营,尚未充分意识到在农地流转的过程中可能会产生进一步的细分与碎化。因此,我国当前的法律制度对于农地流转中的土地细分欠缺必要的制度限制。鉴于我国农地普遍存在狭小和细碎化的问题,如果不采取适当的限制和规范,农地的进一步流转可能导致更小的农地占有和经营规模。这将不仅对农业效率构成挑战,还会限制农业的可持续发展。

因此,我国在推进农地流转的同时,亟需对农地细分产生的问题进行深入研究,适当借鉴国外成功的经验和做法。在法律制度上,可以考虑制定和完善农地最低经营规模的标准,限制农地转让的规模和数量,推广合并和整合零散农地的政策,并在农地继承中采取措施,如土地单嗣继承制度,以避免农地的进一步碎化。

总之,农地流转中的细分问题是我国农业法律制度面临的

---

[1] 丁关良、童日晖:《农村土地承包经营权流转制度立法研究》,中国农业出版社 2009 年版,第 187 页。

一大挑战。只有通过合理的法律制度和政策，才能确保农地流转真正发挥其经济效益，推动我国农业的持续和健康发展。

5.3.7 对土地经营权的多种流转形式缺乏有效规范

农地流转被认为是优化土地资源和生产要素的重要举措，具有推进农地规模经营、进一步稳定土地承包关系等重要功能，因此现行法律对其给予了充分的肯定和保护。然而，我国现有的法律制度在很多方面对农地流转形式的规制存在不足，导致某些形式的农地流转在运行中常常出现无法可依的情况。

首先，我们党和国家多次在相关法律政策中，提出"允许农民以转包、出租、互换、转让、入股、抵押等形式流转土地经营权"，但是"其他方式"流转（即其他流转形式）包括哪些方式或排除哪些方式，相关法律并未给予明确说明。或许有些人认为这是基于对未来经济发展可能出现的流转形式的不确定性而作出的概括性表述。但实际上，现有法律对各地方已经创新并广泛推广的新型流转形式并没有作出明确的回应，也没有提供相关具体的法律规范。因此，这些新型的农地流转形式，如土地信托、土地托管等，在我国处于无法可循的尴尬境地。缺乏明确具体法律规则的指导，流转双方相关权利和义务没有法律约束，一旦发生纠纷将会出现无法可依的问题。为此，我国应当加强相关立法工作，构建符合我国实际情况的土地信托制度和土地托管制度，以此有效补充现有的农地流转形式。这将有助于促进我国农民的增收和农村经济的发展。

其次，土地经营权作为一项财产权，通过抵押可以有效缓解农业经营者从事农业土地经营开发和规模经营所需的大量资金压力。目前，我国现有的《农村土地承包法》《民法典》等法律文件都明确允许土地经营权可以进行抵押。但现有法律对于土地经营权融资担保的定位是抵押还是质押、土地经营权的抵押登记制度、土地经营权抵押的客体范围（即农地抵押的范围是否包括地上附着物）、土地经营权抵押后权利的实现等问题，有的规定较模糊，有的规定不尽合理，还需在相关法律上进一步完善，以充分发挥其在我国农业经营中的作用。

最后，我国现行的《农村土地承包法》《民法典》《农村土地经营权流转管理办法》《农民专业合作社法》都已将土地经营权入股认定为一种农地流转形式。但对于土地经营权入股性质、入股价格评估机制、转让和退股机制、失地风险防范制度、利益分配机制等问题，现有的法律仍然欠缺必要的规定。某些股权制度的内容，根据我国《公司法》的规定，目前在土地经营权入股中仍然难以有效落实。这直接导致农地入股的实际操作中出现了一些问题，包括土地经营权入股标的的混乱、入股与转包概念的混同，司法实践中对农民退股案件的判定困难等。

第6章
法律规制农地规模经营行为的理论依据

6.1 政府经济职权理论下法律规制农地规模经营行为的正当性

6.1.1 政府经济职权理论的含义

政府作为人类社会发展的必然产物，根据现代政府理论，它的产生源于"天赋人权"和"社会契约"。诚如英国哲学家洛克所言，"在自然状态中，人们享有充分的自由、平等和财产的权利，……但自然状态很不安全，很不稳定"，"为了克服自然状态的很多缺陷，人们自愿放弃做事的权利和处罚的权利，订立契约，成立政府，形成公共权力，于是国家或政府就产生了。"[1]

政府是由公民授权而生，为了保障公民的生命、自由和财产安全，保护国家安全和维护社会秩序而组成的一种政治实体。在公民以契约形式让渡自己部分权利的条件下，政府在社会公共管理中承担着重要的职能，并拥有着广泛的权力。具体而言，政府的基本职能包括政治、经济、文化、社会职能等。由于政府职能是政府权力的外在表现，是政府行为在管理社会公共事务时的权力方向和主要功能，因此政府的权力与政府的职能内

---

[1] 谢庆奎：《政府学概论》，中国社会科学出版社 2005 年版，第 20 页。

容相对应，主要包括政治统治权、经济管理权、文化管理权、社会管理权等。其中，政府的经济管理权或经济职权，作为政府权力的重要组成部分，仅就其对经济和社会发展的作用来看是市场经济发展不可或缺的制度设计。[1]

到目前为止，对于政府经济职权的概念在理论界尚无定论，不同法学学者从不同角度对其进行界定。例如，学者杨紫烜认为政府经济职权是指"国家机构依法行使和组织经济建设职能时……经济监督权和经济法律规范的制定权在内的完整的权力体系"。[2]学者漆多俊指出，"经济管理权（即经济职权）是指国家经济管理职能部门依法行使的对经济运行的预测、决策等诸权力的总称"。[3]学者李昌麒将政府经济职权界定为，"是国家机关或其授权单位为维护公共利益，在依法干预经济的过程中所享有的一种具有命令与服从性质的权力"。[4]学者程宝山认为"所谓经济职权……行使经济管理职能时所享有的一种权利。"[5]而学者张武在总结以往定义内容的基础上，依据政府经济职权的固有属性，将政府经济职权详细描述为"为了克服市场作用的非理性效率……实现国家宏观经济政策等诸项经济权力的总称"。[6]

由此可见，政府经济职权的内涵非常丰富，但概括来讲，

---

　　[1]　张武：《论政府经济职权的概念和基本特征》，载《安徽大学学报》2003年第 4 期。

　　[2]　杨紫烜主编：《经济法》，北京大学出版社 1999 年版，第 101—104 页。

　　[3]　漆多俊：《经济法基础理论》（修订版），武汉大学出版社 1996 年版，第226 页。

　　[4]　李昌麒主编：《经济法学》，法律出版社 2007 年版，第 78 页。

　　[5]　程宝山：《略论经济职权》，载《郑州大学学报（哲学社会科学版）》1991年第 5 期。

　　[6]　张武：《论政府经济职权的概念和基本特征》，载《安徽大学学报》2003年第 4 期。

它是政府的经济管理部门依法在行使经济职能时所应当享有的经济管理权力。

6.1.2 政府经济职权的法律特征

第一，经济职权的主体是政府的经济管理部门，例如税收、财政、市场监管、物价等部门。他们通过行使法律所赋予的相关经济职权，以维护公共利益为出发点，合理干预市场中经济主体的经济活动。

第二，经济职权的目的是维护社会公共利益。因此，政府经济职权产生于国家的经济管理职能，是现代市场经济条件下弥补市场作用的非理性效率的必要补充。[1]

第三，经济职权具有命令与引导双重属性。首先，经济职权是由代表国家的政府在行使经济管理职能时所享有的权利，由于政府具有广泛的权威性，其行为具有强制执行力，其性质首先应具有强制性和服从性，即在政府强制行使某些经济职权时，其所作用的相对人必须服从而不考虑其主观意愿，否则政府将对拒绝服从命令者予以制裁或强制执行。但随着民主制度的不断发展，现代政府理念要求政府在行使权力时应多注重行为相对方的利益和诉求，通过非强制手段并施以利益诱导的方式促使其能自愿按照政府的要求行事。而这就要求政府的经济职权也应具有引导性，即政府非强制地实施某些经济职权时，以市场为中介，间接引导和影响市场主体的行为选择。通过利益杠杆的诱导，市场主体的行为选择在多数情况下必然能融合政府的意志。[2]而此时，政府的经济职权以相对方自愿为前提，

---

〔1〕 吕忠梅、陈虹：《经济法原论》，法律出版社 2007 年版，第 144 页。

〔2〕 冯彦君：《论市场经济体制下政府经济职权的特点与内容结构》，载《法律科学（西北政法学院学报）》1994 年第 6 期。

因而不具有强制执行力和法律拘束力。也就是说，相对方如果拒绝服从政府意志，也不会产生相应的法律责任。

第四，经济职权是一种权力和责任相统一的权限。[1]这是因为，对于政府来说，它的权力来源于公民的授权委托，而根据"委托—代理"原理，政府必须有效行使其权力来维护公民的利益，因此政府的权力与责任是一体的，二者在运行时具有一致性。对于经济职权来说，它也是其享有者——政府必须履行的经济责任。没有履行其应尽的经济职责，必然要承担相应的法律责任。

第五，经济职权应以宏观调控权和市场规制权两大类型为主要内容。政府在实施经济管理职能时，其主要内容是在宏观上把握社会总需求与总供给之间的平衡，以实现整个国民经济持续、稳定、协调的增长目标。因此，政府的经济职权首先表现为运用经济、法律和行政手段对社会经济运行调节与控制的宏观调控权。与此同时，在市场微观层面，也需要政府运用其相应的经济职能矫正和改善市场机制的内在问题。因此，政府的经济职权还包括依法享有的一种直接限制市场主体的权利或者增加其义务的市场规制权。[2]

第六，经济职权存在界限。历史实践证明，政府权力对于公民来讲是把双刃剑——一方面，政府的存在可以有效维护公民的利益；但另一方面，政府权力的滥用会侵犯公民的合法权益。为此，政府的权力必须设定边界，即通过实施主体、行使内容和范围、运行程序、监督机制等方面的法律设定限定政府权力的合理行使边界。在市场经济下，"经济自由"和"市场法治化"必然要求政府在行使经济职能时树立"有限政府"理念，

---

〔1〕　李昌麒主编：《经济法学》，法律出版社 2007 年版，第 79 页。

〔2〕　盛学军、陈开琦：《论市场规制权》，载《现代法学》2007 年第 4 期。

即要求政府经济行为必须以法律明确授权为依据，不得借行使经济职权之名滥加干预。

经济职权需要划定界限，可以通过以下几种机制来实现：其一，政府的经济职权必须具有法定性，即通过法律直接规定其职权的范围和内容。其二，经济职权具有专属性，即权力的主体只能是政府，其他主体不得享有此种权力，而且某一具体职权总是专属于某一类职能机关，除法律允许委托或替代外，其他经济职能机关也不得行使此种权力。[1]其三，不可忽视对政府在行使经济职权时程序内容的设定。这是因为，政府即使在法律限定的范围内行使其职权，依然可能由于行使程序的不合理而导致对行为相对人合法利益的侵害。所以，为了有效保护行政相对人的合法权益，还必须在权力行使的步骤、方式等方面实行程序法定，对政府行使职权再加以规范。[2]为此，有必要对政府如何行使经济职权（如方式、步骤、顺序、时限等过程）进行法律规范。其四，对经济职权应当设置监督机制。为了防止政府权力的滥用与无限扩张，需要建立有效的监督机制制约政府的行政行为。对于经济职权来讲，其监督机制应当包括设置政府的自律机制，建立完善的司法审查制度，以及赋予行为相对方对政府行为的知情权、听证权、诉讼权、求偿权、申诉权等监督权。

鉴于市场失灵现象普遍存在且市场自身机制难以有效解决这些问题，政府必须运用公权力对市场进行有效干预，以帮助市场克服失灵的困境。而政府在经济领域中的干预行为就是政

---

〔1〕 程宝山：《略论经济职权》，载《郑州大学学报（哲学社会科学版）》1991 年第 5 期。

〔2〕 李燕英：《对我国政府职权的法学思考》，载《行政与法》2008 年第 2 期。

府在行使经济职权时的外在表现。政府经济职权的作用是基于
"公共利益"的追求，通过运用政府的公权力去有效矫正和解决
"市场失灵"问题。具体而言，政府通过行使市场主体资格控制
权、非法行为取缔权等经济职权来解决"市场失灵"中的"公
共物品短缺""不完全竞争""外部性""社会分配不公""信息
不对称"等问题。

6.1.3 法律规制农地规模经营过程中的政府经济职权理论

为了有效实现和维护公共利益，防止和杜绝任何侵害公共
利益的行为，政府被赋予可以进行公共管理的行政权力：维护
公共秩序权、提供公益产品和服务权、管理公共事务权、实现
社会公正权，它的身份相应包括"裁判者""服务者""管理
者"和"协调者"。[1]政府作为掌握公共权力的实体，体现的
是整个社会的公共利益和政治追求。[2]由此可见，公共性是政
府经济职权价值的基本反映和体现。

在农地实现规模经营的过程中，确实涉及许多公共利益的
价值取向问题。这些可以从以下几个方面来体现：

第一，通过农地流转，使原先分散、零碎的农地资源集中
到有种植能力的种田大户或专门的农业经营公司手里经营，可
以有效提高农地利用率和农业经济效益，使有限的农地资源实现
合理配置。由于农地的有效利用体现着一种天然的"公共性"，
它深刻影响着整个人类社会的繁衍与发展，而农地规模经营优化
了土地资源的配置，对于人类社会的可持续发展具有重要意义。

第二，农地细碎化不利于现代农业生产技术和管理方法的
引进与采用，这样会增加农地生产与经营的难度，造成粮食产

---

〔1〕 麻宝斌：《公共利益与政府职能》，载《公共管理学报》2004 年第 1 期。
〔2〕 谢庆奎：《政府学概论》，中国社会科学出版社 2005 年版，第 121 页。

量受限。通过农地规模经营，将零散土地适度集中，才能有效提高农地的经营效率，最终保障国家的稳粮征收。所以说，通过农地规模经营可以有效解决国家粮食安全问题，为我国国民经济稳定发展提供充足的物质保障。

第三，随着农地流转和规模经营的稳步推进，更多的农业劳动力被释放出来，转向非农业部门。这种以农地流转为基础的规模经营，降低了农民对土地的依赖，促进了农民与市民之间的职业融合，并有助于市民社会的形成。

政府通过法律规制在农地规模经营中追求实现"公共利益"的价值取向，其依据可以从以下几个方面展现：

首先，在市场经济环境下，需要政府通过法律规制界定和保护农地物权、提供维护农地交易市场的运行规则、采取措施矫正农地交易市场的扭曲行为等，这体现了政府"维护公共秩序"的职权。

其次，在农地规模经营过程中，需要政府依据相关法律提供必要的公共物品，如农业保险、农地抵押优惠政策、农地规模流转奖励政策等，这体现了政府"提供公共物品"的职权。

再其次，农地流转集中后，为保障粮食安全，需要政府积极管制农地的后续利用，如建立农地用途管制和农地强制整理的法律制度，这体现了政府"管理公共事务"的职权。

最后，在农地规模经营中，会涉及农地转出后失地农民的生活保障问题，需要政府采取法律措施建立健全的社会保障体系，这体现了政府"实现社会公正"的职权。

总之，在政府经济职权理论指导下，需要政府利用各种具体的经济职权对农地规模经营行为进行必要的法律规制，促进农地稀缺资源的优化配置，最大限度地增加社会的福祉。

6.2　法律规制农地规模经营行为的必要性：基于不动产权利的社会本位理念

6.2.1　不动产权利社会本位的含义

"社会本位"是指以维护"社会整体利益"为出发点的法律本位思想。从法学视角察之，民法等私法是为了实现个人利益的，行政法等公法是体现国家利益的，而经济法所体现的则是社会的基本利益。[1]由此可见，"社会本位"是经济法独有的核心价值，是经济法得以区别于民法等私法、行政法等公法的重要法律特征。

就不动产权利而言，虽然它从本质上看是一种私有财产权利，由此强调个人对私有财产的神圣不可侵犯性，但是不动产的特殊功能决定其需要依据"社会本位"原理对其进行重新定位。众所周知，土地是人类生产和生活不可或缺的物质基础。但土地的稀缺性与不可再生性决定了人们必须合理利用土地资源，否则会严重阻碍人类社会的稳定和发展。因此，当土地权利人对土地权利的滥用损害了他人、社会的整体利益时（如闲置土地或进行掠夺性开发），为了维护整个社会的可持续发展，就需要通过法律对其行为进行必要的限制。不动产权利的"社会本位"理念由此产生，它强调：为满足社会公共利益的需要，突出对社会利益的考虑，不动产权利的行使不仅要考虑个人利益，还要兼顾社会利益；只有不动产权利符合社会的整体利益时，其权利的行使才会被国家法律承认与保护，否则，法律就要对其进行合理限制。

---

〔1〕 李昌麒主编：《经济法学》，法律出版社2007年版，第56页。

实际上，不动产权利的"社会本位"理念已经普遍获得了各国的立法确认。例如，德国的《魏玛宪法》和《基本法》规定，"对财产权人而言……也不可以逾越侵犯财产社会义务的界限。"[1] 二战后的《日本国宪法》第29条也规定："财产权的内容，须符合公共福祉，以法律规定。"而后，根据财产权社会化的基本法律规定，各国得以不断调整本国的不动产法，增加公法规范内容，使其立法原则由原先的"私人自治"向"限制自由"转变。由于不动产权利的"社会本位"理念，各国的立法和法律制度往往都倾向于平衡个人不动产权与社会整体利益之间的关系，以确保土地和不动产的合理利用，防止滥用和不当占有，同时维护公共秩序和环境保护。

6.2.2 法律规制农地规模经营过程中"社会本位"理念的体现

农地，无论是私人所有还是集体所有（例如在中国），在规模经营过程中不仅是财产，还承担多种"社会功能"，体现了"社会的整体利益"。因此，基于"不动产权利社会本位"的理论，作为重要不动产的农地，在实现权利人个人利益的同时，也必须兼顾社会的公共利益。这赋予了农地强烈的公益性，具体表现为：

第一，粮食安全问题的物质保障。由于农地是农业生产中其他要素配置的基础，为了保障国家粮食安全问题，除国家扶植政策和农民投入以外，最为重要的因素还是确保农地面积。[2]

---

〔1〕 金俭：《不动产财产权自由与限制研究》，法律出版社2007年版，第121页。

〔2〕 祝之舟：《论农地的公益性及农地征收中的公益衡量》，载《法律科学（西北政法大学学报）》2013年第2期。

由此可见，农地是国家粮食安全的重要物质保障。

第二，促进经济发展。农地是农业生产不可或缺的重要生产资料，它是农业得以健康发展的前提保障，而农业的发展必然会促进农民的就业与增收，从而使全面振兴乡村经济具有物质前提。与此同时，农业所提供的初级农产品又为国家的工业化、城镇化奠定了坚实的物质基础。由此可见，农地对于国家经济发展发挥着积极作用。

第三，公共自然福利功能。除生产农产品之外，农地还为人类提供了各种非生产性功能，如农田耕作的传统文化和生物栖息地等。这些功能具有显著的外部性，无法通过市场机制来调节。随着社会经济的发展和人们生活水平的提高，人们对这种公共自然福利的需求迅速增长。因此，农地为人类社会提供了重要的公共自然福利功能。

第四，防止城市的无序扩张。自二十世纪中期以来，随着工业化的快速发展和城市人口的急剧增长，各国普遍面临城市边界的无限扩张迅速侵占周边农村地区的问题。而历史实践证明，无限扩张会带来城市人口拥挤、环境恶化、交通堵塞、社会综合资源紧张等严重问题，因此必须严格控制城市规模——为城市增长划定"边界"（Smart Growth）。在此背景下，政府通过推行限制农地非农化等土地政策以防止农地的开发建设，依靠保持农地面积来有效控制城市的无限扩张。

可以说，不动产权利的"社会本位"理念为法律规制农地规模经营提供了必要性依据。不动产权利的社会本位理念与法律规制行为具有天然的目标链接。对于法律规制行为来讲，其基本理念之一就是要求政府在法律规制市场经济时要以追求社会整体利益为基本出发点和最终归宿。也就是说，法律规制必然是以社会整体效益优先的立场，以维护社会的秩序与稳定为行为目标。某种意义上讲，维护社会整体利益是解读和衡量政府法律规制行为是否必要，是否合理、合法的主要依据之一。

在不动产权利"社会本位理念"的作用下，土地权利人在行使相关不动产权利时，其行为必须与社会整体利益保持一致。否则，政府就有权力通过法律规制限制乃至剥夺土地权利人的不动产权利。由于农地在规模经营过程中，兼具"财产性"和"公共性"双重特征，在此前提下，农地权利人的权利行使必然受到政府的直接干预，即法律规制。换句话说，为顺利实现农地的规模经营，政府依据"社会本位"理念有权力通过相关立法，建立土地承包经营权确权制度、法定面积强制整理制度、农地用途管制制度、农地规模经营适度标准制度等制度安排，从社会公共利益出发，对农地相关权利（如土地所有权、承包权、经营权）从主体、内容到客体，从权利的取得到权利的行使方式，进行全方位、多角度的规范与约束，从而限制农地所有者或使用者对土地的非农化使用，以期达到调和个人利益与社会整体效益的冲突和矛盾，从而有效维护社会整体的效益。

6.3　政府功能理论下法律规制农地规模经营行为的合理性

6.3.1　政府功能理论下法律规制的含义

政府的功能是指它的存在、运行及行为对于整个社会、公民和国家所产生的影响和作用。历史实践证明，政府功能不是一成不变的，随着时代的变迁与社会发展，其内容不断发生变化。在前现代化时期，生产力低下，社会分工不细，人与自然、人与人关系相对简单，因而政府与国家融为一体，那时政府的主要功能在于"缓和冲突，把冲突保持在'秩序'的范围以内"，[1]即主要体现政府的统治功能。后来，随着社会现代化的启动与发展，人与自然、人与人关系变得更为复杂，社会分工细化，其集中体现为新型的社会关系和社会事务剧增，由此政府功能也开始体现在维持市场运转所需要的安全与秩序上，政府管理功能日益凸显。[2]从二十世纪初到二十世纪七十年代，欧美国家政府在管理公共事务上投入过多精力，并因此不惜大量举债，导致国家财政状况的恶化和通货膨胀的加剧。特别是在市场行为管理方面，欧美国家政府过度干预企业经济活动，导致企业经营活力降低、行业壁垒增加，并引发了大量寻租和腐败问题。面对这些社会挑战，自二十世纪七十年代起，美国政府率先实施了"放松管制"政策。其他国家也随之效仿，开始改革政府功能，使其从公共管理转向更多的公共服务，并引入非政府组织协助其发挥服务功能。

目前来看，政府功能主要涵盖统治、管理、服务三个方面，而这三方面相互依存，统一于行政系统。[3]其中，统治功能在社会民主化的今天，逐渐式微，趋于次要地位；管理和服务功能随着社会发展需要，地位日趋重要。

法律规制，是政府以矫正市场失灵为目的，通过制定和执行法律等规则直接干预微观市场主体的行为。[4]另外，面对市

---

〔1〕《马克思恩格斯全集》，中共中央马克思、恩格斯、列宁、斯大林著作编译局译，人民出版社 1964 年版，第 166 页。

〔2〕沈荣华：《现代政府功能与行政权力控制》，载《苏州大学学报（哲学社会科学版）》1998 年第 3 期。

〔3〕沈荣华：《现代政府功能与行政权力控制》，载《苏州大学学报（哲学社会科学版）》1998 年第 3 期。

〔4〕[日]植草益：《微观规制经济学》，朱绍文等译，中国发展出版社 1992 年版，第 27 页。

场失灵、外部性问题和公共物品短缺，政府致力于确保国民生命安全、防止灾害和保护环境。为此，政府依据法律，通过以下方式对安全、健康和环境进行规制：①禁止特定行为；②对经营活动进行限制；③执业资格制度；④审查鉴定制度；⑤标准认证制度；⑥信息公开制度；⑦收费补偿制度；等等。

　　法律规制的功能，从本质来看体现了管理经济与服务市场的双重功能。首先，政府利用相关法律直接影响市场主体，规范、约束和限制其经济行为。这种做法旨在将市场主体的机会主义行为降至最低限度，以维护市场的和谐、有序和稳定运行，从而体现了政府在经济管理中的关键功能。其次，在呼唤"政府服务功能"的今天，法律规制的范围已经扩展到社会公共服务领域之中，如政府为社会提供公共物品和公共服务，为保障消费者、劳动者等弱势群体利益而实施相关法律规制，都体现了政府的服务市场功能。另外，政府服务功能要求法律规制是政府对市场主体尊重的过程，而不是相反，因此它的行为虽然以强制性为特征，但在实施时应充分考虑被规制者的各方利益与诉求，应强调民众的参与和互动，还应严格依据行政程序限制其权力无限扩张的隐患。

6.3.2　政府在农地规模经营法律规制中的职责和作用

6.3.2.1　农地规模经营行为的本质

　　在探讨农地规模经营行为的本质之前，首先要认识到农地逐步实现规模经营的过程就是农地不断流转集中的过程，二者是一个问题的两个方面。[1]农地流转和农地规模经营之间存在不可分割的统一关系。

---

〔1〕　何宏莲：《黑龙江省农地适度规模经营机制体系与运行模式研究》，中国农业出版社 2012 年版，第 123 页。

　　首先，由于土地资源的稀缺性和不可再生性，它的有效配置需要依赖于合理的流转机制。因此，旨在实现农地资源有效配置的农地规模经营行为，必须通过农地流转来达成。此外，农地不断流转的最好结果是使相邻地块合并集中，进而扩大连片耕地面积，实现农地的规模经营。可以说，农地流转是农地实现规模经营的必要前提和唯一途径；没有农地流转，农地难以集中，经营难成规模，农业也就无法实现规模效应。

　　对于农地流转来说，从本质上看，它首先是一种市场行为——通过土地市场的经营权交易，农地资源可以自由流动，最终在市场价格、供求关系、竞争机制的调节作用下，农地资源实现合理配置。根据土地"三权分置"政策，在我国，农地流转专门指的是土地经营权的流转。如前所述，土地（或农村土地）经营权是一种从承包经营权分离出来的用益物权，是一种典型的具有中国特色的物权类型。依据我国《民法典》《农村土地承包法》《土地管理法》等相关规定，农民是土地承包经营权的主体，对所承包的农地拥有占有、使用、收益和一定处分的权利（诸如有偿转让、转包、出租、作价出资、投资补偿、物上请求等权利）。因此，我国农地流转的实质是土地"三权分置"背景下农民土地经营权的市场化。[1]

　　其次，农地流转也是一种民事行为。在农地流转过程中，转让方和受让方作为平等的民事主体，通过自愿协商达成农地流转合同。基于该合同，他们完成土地经营权的有偿转让，这一过程体现了农地流转的典型民事行为特征。此外，在农地流转的过程中，农户将手中的土地经营权以出租、转包、互换、转让、入股等方式进行有偿转让，其最终结果一般而言是发

---

〔1〕　郎佩娟：《农村土地流转中的深层问题与政府行为》，载《国家行政学院学报》2010 年第 1 期。

生承包地占有的转移。无论农地以何种方式进行流转，整个过程都是基于自愿原则。土地经营权在平等的民事主体间依法进行有偿转让，这使得我国的农地流转成为一种典型的民事行为。

此外，农地流转也是一种私法行为。私法是相对于公法而言的一类法律，根据罗马法学家乌尔比安的观点，凡是维护私人利益、规范私权关系的法律均属于私法，因而"以自愿平等关系为基础的民法与商法都属于私法"的观念早已成为法学界的共识。因此，由于农地流转产生的土地经营权转让行为属于民法中的民事行为，它也应被视作一种私法行为。对于私法来说，"自治"是其核心价值，而农地流转体现了土地权利人的意思自治，他以自己的理性判断去行使自己的权利转让行为，因此农地流转体现了"私法自治"的精神。

综上，农地流转行为是一种市场行为、一种民事行为，也是一种私法行为，而农地规模经营与农地流转具有不可分割的统一关系，是一个问题的两个方面。因此，与农地流转一样，农地规模经营也是一种市场行为、民事行为以及私法行为。

6.3.2.2 农地规模经营过程中政府法律规制的功能

农地规模经营行为是一种市场行为，在运行过程中也必然会出现"市场失灵"现象。特别是我国现处于经济转型时期，农地流转的市场机制尚未完善，农地市场的"失灵"现象主要体现在以下几个方面：

（1）由于市场只关注经济效益，单纯的市场调节无法解决土地利用的外部性（例如生态环境、农地保护）问题，从而影响社会的整体效益。

（2）市场机制无法有效解决宏观上的土地总量的平衡问题，

导致土地宏观总量的失衡。[1]

（3）土地市场的调节作用具有短期性，无法实现土地开发利用的可持续发展目标。

（4）在我国，城市与农村土地市场的人为分割性和土地市场自身的发育不良使得市场机制应然的调节作用发挥有限，表现出市场信号不灵敏、应有功能被弱化。

（5）随着土地流转市场的进一步发展，必然会造成土地资源向少数人手中集中垄断，而这是市场机制无法避免的问题。

（6）市场竞争以优胜劣汰、适者生存为原则，同时也承认不公平和机遇的存在。因此，单纯依靠市场调节容易产生土地资源的利益分配不公问题，影响社会稳定。

（7）由于土地位置具有固定性、土地利用主体的分散性以及市场交易的信息不对称性，单靠市场机制难以优化土地利用结构和形成合理区域布局。

（8）土地的"准公共物品"属性使其在市场机制下难以得到有效保护或供应。[2]而土地资源的不可或缺性、稀缺性、不可再生性、不可替代性、不可移动性等特性又加重了土地市场的"失灵"问题。[3]

为了矫正农地流转市场的"失灵"现象，政府有必要介入，对农地规模经营实施一定的法律规制。政府通过制定和执行相关法律政策来直接干预农地流转市场，其措施包括：设立农地规模上限或合理分配资源，以避免土地流转的过度集中和扩张，

---

〔1〕　胡亦琴：《农村土地市场化进程中的政府规制研究》，经济管理出版社2009 年版，第 75 页。

〔2〕　董祚继：《土地利用国家干预的若干理论问题》，载《中国土地科学》2007 年第 3 期。

〔3〕　杨惠：《国家干预土地资源配置之法理基础与实证分析》，载《经济法论坛》2007 年（第 4 卷）。

保护农地生态，防止土壤退化和资源枯竭，从而支持农业的长期发展。此外，政府还应当开展农村集体土地所有权确权工作，引导和协助建立农村土地流转市场和服务中心，实施土地流转整合政策来盘活闲置土地，完善土地承包经营纠纷的仲裁体系，引入大企业和大项目发展高效农业产业，通过培育和奖励政策支持现代农业带头人，解决资源配置效率低的问题，促进农村产业发展，提高农民收入，最终实现乡村振兴的发展目标。

可以说，政府在法律规制农地规模经营方面扮演着双重角色：管理农业经济和服务农地流转市场。具体来说，政府利用相关法律直接影响农地流转双方，对其行为进行规范、约束和限制，旨在最大程度上减少机会主义行为的发生（如农地非农化、非粮化问题，流转合同的法律纠纷等），以维持农地流转市场的和谐、有序和稳定。通过设定规模经营的准入条件和限制面积，政府既可以保护小农户利益，防止他们被大规模农业企业挤出市场，又可以促进现代农业发展，提高农业生产效率，满足对食品安全和可持续农业的需求。另外，政府努力为流转双方提供各种便捷服务，以推动农地流转和规模经营的顺利进行。此外，通过制定农地流转和"三权分置"的相关法律政策，政府引导农民将土地用于最具竞争力和效益的农业产业，从而推动农业结构调整和现代化，提高农业产出、农民收入和农村发展水平，并促进农业与非农产业的良性互动和农村经济的多元化发展。

第7章
典型国家农地规模经营的立法
经验与启示

7.1 政府全面干预与强化干预的立法模式

7.1.1 制度的立法背景

从十九世纪末至二十世纪二十年代初，西方资本主义国家经历了从自由竞争向垄断资本主义的转变，并在 1923 年至 1933 年陷入一场前所未有的世界性经济危机。美国的胡佛政府在此时期坚持经济自由主义政策，反对政府干预经济，但这反而加剧了国内的经济危机。1933 年，罗斯福上任并实施了新政，通过政府对财政、金融和农业等部门的全面干预和调节来克服危机。这一政策在缓解经济危机和社会矛盾方面取得了显著成功，为资本主义世界的经济复苏带来了希望。

同时，苏联的集中计划经济体系在这一时期取得了显著的工业化进展，没有遭受失业和经济危机的困扰。这些现实经验促使欧美国家政府反思市场机制的局限性和政府干预的重要性，并以罗斯福的新政为起点，开始积极介入经济生活和社会公共领域，采取了与过去经济放任政策截然不同的全面和强化的政府干预方式。

7.1.2 典型国家政府对农地规模经营行为全面干预与强化干预的制度表现

纵观国外发达国家的农业发展经验,我们可以总结出:农地的适度集中与规模经营是国家实现农业现代化、产业化的客观需求,也是社会经济发展到一定阶段的必然选择。日本经济学家速水佑次郎和美国经济学家费农·拉坦对世界主要发达国家的农业进行分析比较,并得出结论:"农业现代化可分为美国模式、日本模式和西欧模式(以法国为代表)。其中,美国主要表现为大农场模式,法国、日本主要表现为中、小型农场模式。"[1]

依据速水佑次郎和费农·拉坦的研究成果,本课题组以农地经营规模为标准将发达国家的农业发展模式分为三种类型:一是大农场规模经营模式,如美国、加拿大、澳大利亚、新西兰、俄罗斯等人烟稀少而农地资源异常丰富的国家。二是中型农场规模经营模式,即以英国、法国、意大利为代表的人均农地资源较为丰富的欧洲国家。三是小型农场规模经营模式,如日本、韩国、以色列等地少人多,但农业资本、技术高度密集的国家。依据这一分类标准,本书旨在介绍并评析一些典型国家的农地经营制度变革,作为"他山之石",以此为我国农地流转与规模经营的法律制度设计提供有益的借鉴和启示。

7.1.2.1 美国规模经营型农业发展模式

法国人种学家柯格德·莱维-斯特劳斯曾撰文写到,"当他到达美国时,他感受到了精神上的撞击——需要去适应那里巨大的地貌和广阔的地平线。"[2]从直观感受来讲,美国的确是个

---

〔1〕 何宏莲:《黑龙江省农地适度规模经营机制体系与运行模式研究》,中国农业出版社 2012 年版,第 9 页。

〔2〕 秦明周、[美] Richard H. Jackson 主编:《美国的土地利用与管制》,科学出版社 2004 年版,第 2 页。

幅员辽阔、土地多样而广袤的国家。根据相关数据统计，美国国土面积为 937.26 万平方公里，约占全球陆地面积的 6%；而人口总数在 2021 年约有 3.32 亿，约占全球人口总数的 4.6%。[1]美国农业耕地面积为 28 亿亩，占国土总面积的 19.1%，占世界耕地面积的 11.92%。[2]

　　美国是个典型的"人少地多，资源要素极为丰富"的国家，而这为美国的农业发展提供了得天独厚的自然条件。到目前为止，美国不仅是世界第一经济大国，更是全球农业的第一强国。美国农业以高效闻名于世，农业人口虽仅占全美总人口的 2%，但是农业（包括食品加工业）产值占到美国 GDP 的 6% 左右，农业产品不仅能满足全美人口的食品需求，还能有 2/3 的农产品对外出口。[3]事实上，美国农业的高效率、高产出、高收益深深得益于美国的农地经营模式，即"大农场式"。

　　纵观美国农地制度的发展史，它经历了一个由分散的粗放型家庭小规模经营，到家庭适度规模经营，再到现代化、专业化和综合性的家庭大规模经营的发展历程。[4]可以说美国"大农场式"的农地经营模式并非一蹴而就，而是经过了长期的农地流转而逐步形成的。在这一过程中，美国政府功不可没，其所推出的相关立法和农业政策对于农地的快速流转起到了推波助澜的作用。

　　〔1〕《美国国家概况》，载 http://my.zcqtz.com/news/hyxw/1161 909.html，最后访问日期：2022 年 11 月 11 日。

　　〔2〕丁关良、童日晖：《农村土地承包经营权流转制度立法研究》，中国农业出版社 2009 年版，第 161 页。

　　〔3〕《令人震撼的美国农业》，载 https://mil.sohu.com/a/509346794_121124390，最后访问日期：2021 年 12 月 17 日。

　　〔4〕何宏莲：《黑龙江省农地适度规模经营机制体系与运行模式研究》，中国农业出版社 2012 年版，第 148 页。

事实上，美国农地制度的初期发展史可以概括为以下几个阶段：

（1）美国建国初期到二十世纪初。自从美国在 1776 年摆脱英属殖民，实现国家独立后，美国西部拥有大量的自由土地。为了鼓励西部开发，美国联邦政府先后颁布了《1785 年土地法令》《1787 年西北地域法令》，采取三个步骤：其一，将土地收归国有；其二，根据人口增长情况在西北地区逐步确立权力平等的新州，各州按照人口的比例产生代表，平等加入联邦；其三，将国有土地以低价出售（土地出售的最小规模是 640 英亩，最低价格是每英亩 1 美元），使得大批土地所有权得以流转到贫苦农民手中。[1]

而后，美国政府又先后推出了《哈里森土地法》《优先购买法》《土地分等法》，以非常廉价的方式出售土地（最低面积和出售价格逐渐降低到 40 英亩和 0.125 美元），继续鼓励本国人前往西部，以促进"西进运动"中的土地开发和农业发展。1862 年，美国总统林肯又签署了《宅地法》，这是美国土地政策的一个重大转变。根据《宅地法》，凡是美国公民，只要缴纳一定的登记费，并在这块土地连续居住满五年以上，就可以免费获得这块土地的所有权。《宅地法》的实行使穷苦的美国拓荒者也可以免费获得一份公有土地，从而成为独立的小农场主。

此外，在美国政治家、第三任总统托马斯·杰斐逊（1776—1786 年）倡导下，美国各州基本废除了旨在保护封建大地产制的《限定嗣续法》及《长子继承法》，即取消长子继承制，实行平均分配遗产制。尽管该制度旨在倡导美国社会的公正与平等，但其实际造成了农地更加分散和细碎化，反而不利于农地

---

〔1〕 窦希铭：《土地流转法律制度比较研究——以中国、美国和欧盟主要工业国的对比为视角》，中国政法大学 2011 年博士学位论文。

的集中经营。

综上，美国政府所采取的这些法律政策，使大量农民得以以低廉的价格（甚至是免费）获得小块农地的所有权，从而使美国建国初期呈现出一种自给自足的小农经济。从这一时期到二十世纪初，美国基本确立了分散的粗放型家庭小规模的农地经营模式，而家庭农场数目也随之猛增，从 1862 年的 204.4 万个发展到 1910 年的 636.6 万个。

（2）二十世纪初到二十世纪七十年代。自二十世纪以来，美国西部的农业开发有效促进了该地区工业的发展。随着工业进步，农业生产中物质技术手段不断提升，这从客观上促使农地流转趋向集中，以便于大规模地推广先进的农业机械技术。发生在二十世纪二三十年代的世界性经济危机也蔓延到美国农业，使农产品价格降幅高达 63%（同期，工业产品价格只下降了 15%），美国农业几乎陷入绝境。美国农业的长期不景气造成农民收入锐减，大量小农场主破产，社会动荡的迹象开始隐现。这一系列历史背景促使农民将希望寄托于政府，尤其是联邦政府，期待其能够改变现状。

1933 年，美国总统罗斯福上台，开始着手对国内经济活动进行全面干预（简称"新政"），以解决经济危机。在罗斯福和他的智囊们看来，消费不足引起的生产过剩是经济危机的根源，因此要解决经济危机就必须解决生产过剩的难题。[1] 为此，罗斯福的农业"新政"包括颁布《1933 年农业调整法》和 1938 年新的《农业调整法》，这两部法律的主要目标是通过对减少农产品种植面积的农民提供经济补贴，来解决农产品过剩的问题。这样的法令成为美国政府干预农业产业的一个重要里程碑。自

---

[1] Joel Seligman, *The Transformation of Wall Street: A History of the Securities and Exchange Commission and Modern Corporate Finance*, Northeastern University Press, 1995, p. 4.

此以后，农产品价格和收入支持政策成为调控美国农业的主要政策工具之一。

除此之外，为了治理日趋严重的水土流失、生态破坏问题，罗斯福政府又着手制定了一系列有关土壤保护、迁徙农户和在水土条件充足的地区重建农场的土地资源保护方案，如《泰勒放牧法》《土壤保护和国内配额法》《班克黑德-琼斯租赁法》等，其中一些法律至今还依然有效。另外，美国联邦政府在农业部下设水土保持署，通过与农民签订合同的方法进行水土保持工作。

由于受到美国经济危机的严重影响，到1935年，美国有将近一半的白人农场主和77%的黑人农民破产，由此以租赁方式为主的农地流转规模加大，出现了农地进一步集中的趋势。为了提高农业生产率、增加农民收益、提升农业的抵御风险能力，美国政府又开始着手对农地流转市场进行全面的，甚至是强制的干预，以此加快流转速度，使农地向有经营能力的农场主手中集中，这包括：

（1）通过颁布《农业完善和改革法》等法律，建立土地租赁法律制度，使农地的所有权与经营权相分离，进而允许土地所有者对土地进行自由出租、抵押和买卖。[1]土地租赁法律制度通过允许土地自由买卖和出租，促进农地流转，以此扩大家庭农场经营的规模。

（2）家庭成员可拥有或继承农场土地股份，但不能退股或将股份做抵押，只许内部转让，以保证在代际传承中农地不被细分碎化。[2]

---

〔1〕 何宏莲：《黑龙江省农地适度规模经营机制体系与运行模式研究》，中国农业出版社2012年版，第148页。

〔2〕 丁关良、童日晖：《农村土地承包经营权流转制度立法研究》，中国农业出版社2009年版，第166页。

（3）根据美国《联邦宪法》中权利法案的引申解释，[1]美国政府拥有广泛的土地管理权力，包括征收和征用土地的权力、进行土地规划的权力、管理土地的权力（如实施土地使用的综合规划和土地休耕计划等）以及征收土地税费的权力。这些权力限制了美国农场主在行使其农地不动产权时的自由度。

（4）美国中西部地区的九个农业州直接规定，"禁止非家庭性公司拥有农地和经营农业的直接生产领域"，保证农地尽可能由农民经营。[2]

自二十世纪以来，在政府依据法律政策的直接干预下，美国的农地利用变得更加具有规划性，农地开发由原先的盲目性和粗放化转向有序性和集约化。同时，随着农业生产技术的进步和美国经济社会的快速发展，传统的自给自足小农经济已无法满足社会需求。因此，只有规模较大的家庭农场才能适应对农业商品化的生产需求。这导致农业兼并的浪潮在美国全国范围内逐渐蔓延，大量破产的小农土地被集中到大农场主手中。

自二十世纪初到二十世纪七十年代，美国经历了一个由分散的粗放型家庭小规模经营，到家庭适度规模经营的发展过程，而家庭农场数目也随之持续下降，从 1920 年的 652 万个（农场平均规模 147 英亩）降至 1970 年的 295 万个（农场平均规模 373 英亩）。

7.1.2.2　法国规模经营型农业发展模式

法国位于欧洲西部，国土面积约为 55 万平方公里，是全欧洲国土面积第三大国。法国人口在 2021 年已达到 6775 万，位列

---

〔1〕　丁关良、童日晖：《农村土地承包经营权流转制度立法研究》，中国农业出版社 2009 年版，第 165 页。

〔2〕　王丽娟等：《典型国家（地区）农地流转的案例及其启示》，载《中国农业资源与区划》2012 年第 4 期。

欧洲各国人口的第三名。目前,法国农业人口约为232.8万人,不到全国总人口数的4%;耕地面积为1832万公顷,占陆地总面积的33.2%。[1]虽然法国与美国相比人均耕地资源不算丰富,但它依然是欧洲第一农业强国。农业在法国经济中占据着相当重要的地位,农业(包括食品加工业)产值可以占到法国GDP的6%。

法国的农业经济之所以发达,不仅得益于其优越的气候条件和地理位置,还归功于历届政府制定并实施的一系列有利于中型家庭农场发展的法律政策。

1789年,法国爆发大革命,是一场借助农民的力量进行的革命。[2]于是,国民公会颁布《八月法令》,包括:把王室、贵族的土地全部没收,并分成小块优惠出售给农民,而且地价可以分10年付清;对农村公有的土地按当地人口分配。由此,法国大革命摧毁了旧的封建土地关系,通过暴力在农业中广泛建立起以小块私有土地为基础的法国小农经济。[3]

拿破仑时期颁布的《法国民法典》承认了土地制度变革的既成事实,并在法律上确认了农民对农地的财产权。大革命后的初期,小土地所有制极大激发了农民的生产积极性和创造性,从而推动了当时的农业发展,这在历史上被视为一种进步。然而,随着经济的发展,小规模的土地经营限制了农业生产效率的提高

---

〔1〕《法国小麦,亩产量有多少斤?对比中国小麦,到底强在哪里》,载 https://www.163.com/dy/article/HNITKGLV 0552CT1E.html,最后访问日期:2022年12月2日。

〔2〕杨澜、付少平、蒋舟文:《法国小农经济改造对中国的启示》,载《世界农业》2008年第10期。

〔3〕比如,在1862年,法国1公顷以上的320万农户中,占地1公顷—10公顷的小农户有244万个;到了1882年,10公顷以下的小农户更高达全国农户总数的80%以上,其中不足1公顷的最小农户占40%。1862—1892年,法国平均每个农户经营规模由12.5公顷减少到11公顷,占地不足5公顷的小农户有400万个,小农经营不仅在农业中占绝对优势,而且在数量上也有所增加。

和农业增长速度，进而严重阻碍了法国工业化和城市化的进程。受小农经济的拖累，法国的经济发展速度放缓，其经济地位从十九世纪中期的世界第二下降到十九世纪末的世界第四。

从二十世纪初开始到二十世纪七十年代前，为实现农业的规模经济，法国政府，特别是戴高乐政府，开始着手实施全面的强制干预措施，促进农地的集中流转，促使法国农场向更大规模的中型农场方向发展。

当时，法国政府采取了诸多改革举措，其主要内容包括：

（1）推行土地单嗣继承制度。最初，法国实施后嗣之间平等分配土地的遗产继承制度，但该制度造成小块农地的进一步分散化。[1]为解决该问题，1938 年法国政府颁布法令改为实施土地单嗣继承制度。1960 年，法国政府在其颁布的《农业指导法》中又进一步规定了相关问题。[2]法国政府通过限制农地的继承权确保农地在继承中不被再次细分。

（2）成立土地整治与农村安置公司。法国政府于 1960 年和 1962 年分别颁布《农业指导法》和《农业指导补充法》，要求各地区依法成立"土地整治与农村安置公司"，并以国家财政之力直接收购土地，进行必要的资源整合。具体来讲，该公司利用国家资金对市场上的农地具有优先购买权，农民把手中的土地优先卖给该公司是一种强制义务，除非该公司不买，否则不能卖给其他个人或组织（如出售则行为无效），这体现了很强的政府干预性。[3]而后，该公司将买来的零散农地合并、整理达

---

〔1〕　陈丹、唐茂华：《国外农地规模经营的基本经验及其借鉴》，载《国家行政学院学报》2008 年第 4 期。

〔2〕　［法］皮埃尔·米盖尔：《法国史》，蔡鸿滨等译，商务印书馆 1985 年版，第 588 页。

〔3〕　黄延廷：《从法国摆脱小农式发展的实践谈我国农地规模化经营的对策》，载《湖南师范大学学报》2012 年第 5 期。

到"标准经营面积"后，再以低价优先转让给中等规模的农场主，以促进农地向中等农户流转，实现农地规模经营。

（3）对离开农业的农民实行退休金和补助金制度。法国政府在1962年颁布的《农业指导补充法》中专门规定，对离开农业的农民发放终身退休金（每人每月3000法郎）和补助金（每人每月1500法郎—3000法郎），从而促进年老农场主主动放弃农业耕种。退让出来的农地再通过"土地整治与农村安置公司"用于扩大其他农场的经营规模。

（4）设立农地规模的审批制度。为了防止农地小块、零散经营，法国《农业指导法》和《农业指导补充法》规定新建农场的最低面积为25公顷。政府采取强制性的法律规制措施来推动中型农场的规模化发展，以此促进农业效率和生产力的提升。

（5）对农地转让作出限制性规定。法国政府1938年颁布法令规定，"土地转让不可分割，不能小块流转或分割流转，农场主的土地只准整体出让"。[1]

（6）农地用途管制制度。法国《农业保护法》规定，"私有农地一定要用于农业……而邻近的农场主有优先购买权和先佃权"[2]，以此保护耕地并促进邻近农地合并、集中，以实现规模经营。

（7）法律保障农地租赁者的土地权益。为了鼓励通过农地租赁方式扩大农地经营规模，法国《租佃法》规定，"私人之间签订的农地租赁合同的租期至少为30年，而地租不得超过土地价格的2%—2.5%"。

---

〔1〕 丁关良、童日晖：《农村土地承包经营权流转制度立法研究》，中国农业出版社2009年版，第187页。

〔2〕 陈小君等：《农村土地问题立法研究》，经济科学出版社2012年版，第149页。

综上所述，为了改变传统的小农经营模式，从二十世纪初至二十世纪七十年代，法国政府实施了一系列法律政策，旨在加速土地集中和强制合并小农场。这些政策扩大了农地的占有和经营规模，并导致农场总数的减少。据统计，从 1951 年到 1975 年，农场数量从 226.6 万个减少到 130.4 万个，二十多年间共减少了 96.2 万个，即 42.5%。[1]而逐步扩大的农场经营规模为法国农业实现现代化铺平了道路——专业分工、机械化与先进技术的大规模推广使法国终于在二十世纪七十年代中期初步实现农业现代化。

7.1.2.3　日本规模经营型农业发展模式

日本是个东方岛国，国土面积约为 37.77 万平方公里，仅占世界陆地面积的 0.27%，而人口约有 1.26 亿（2021 年），位居世界第十。日本人口密度极高，属于典型"人多地少"的国家。而土地资源又极为贫乏，国土面积的 80% 都是山地和丘陵，土壤也比较贫瘠，耕地面积极为有限，全国耕地面积在 2020 年为 7035 万亩，仅占国土面积的 11.1%；全国人均耕地面积也仅为 0.58 亩，远低于世界平均水平（3.69 亩）。[2]此外，日本自然灾害频发，多火山、地震、台风、泥石流等。

面对一个典型的人多地少、资源禀赋差、自然灾害频发的国家环境，日本农业发展面临巨大挑战。尽管如此，日本不仅实现了农业产业化，而且其现代化水平甚至超越了许多发达国家，稻米自给率基本达到百分之百。这一成就的关键因素是日本政府采取了积极有效的干预政策来推动农业的现代化发展。其中，对农地制度的改革是农业扶植政策的重中之重。这些改

---

〔1〕 陈文滨、刘映红：《战后法国政府对农业发展的积极干预政策及其启示》，载《江西社会科学》2008 年第 3 期。

〔2〕 《了解一下，日本农业的成功对我们有何启发》，载 https://www.sohu.com/a/436662 442_ 312246，最后访问日期：2020 年 12 月 6 日。

革有效解除了农业发展的束缚因素，为农业的产业化和现代化奠定了必要的前提条件。

纵观历史，我们可以看到日本政府在农地制度改革方面是一个循序渐进的过程。总体而言，政府通过全面和强制性干预手段实施的农地制度改革主要经历了以下两个阶段：

第一阶段是明治维新时期（1873 年）到二战前。在日本明治维新时期，政府对农村土地进行调整，建立了具有浓厚封建色彩的地主土地所有制和租佃制。

第二阶段是二战结束后（1946 年）至 1960 年。战后，日本经济饱受打击，农业凋敝，整个社会处于极度不稳定的状态。作为战败国，日本不得不接受驻日盟军总部透日日本政府实行所谓"间接统治"的现实。在驻日盟军总部的直接授意和主导下，从 1946 年起，日本政府开始着手对原有的农地制度进行现代化改革。[1]1946 年，日本国会修改了《农地调整法》并通过了《建立自耕农特别措施法》。这次土地改革显著体现了政府的强制干预，使得日本的农地制度在较短时间内从战前地主的大土地所有制转变为以自耕农为主的小土地所有制。为了巩固改革成果，1952 年日本政府又制定并公布了《农地法》。该法的主要内容包括：一是通过规定农民拥有和出租土地的最高限额来严格限制土地占有权和租佃关系；二是为了防止土地再次集中在少数人手中产生新的地主，该法又严格限制了土地的自由流转。在这一系列土地改革政策的有力推动下，日本农户的平均土地规模从 1935 年的 16.5 亩显著下降到了 1950 年的 12 亩。[2]

---

〔1〕 贺平：《战后日本农地流转制度改革研究——以立法调整和利益分配为中心》，载《日本学刊》2010 年第 3 期。
〔2〕 刘振邦、王凤林：《借鉴国外经验谈合理利用我国农地资源》，载《改革》1997 年第 5 期。

通过这些政策，日本确立了以小规模家庭经营为特征的农业经营模式。广大的日本佃农因此获得了长期梦寐以求的土地所有权，成为自耕农。这一变革极大地激发了他们的生产积极性和劳动热情，导致战后日本农业生产出现了前所未有的繁荣景象。农业生产力的快速恢复和发展对日本经济的复兴起到了积极的促进作用，为日后经济的高速发展奠定了坚实的基础。

7.1.3　全面干预与强化干预立法模式的制度评价

7.1.3.1　制度成就

在各国农地经营的发展过程中，政府的全面干预和强化干预的立法模式在发达国家广泛应用，并取得了对社会发展有益的积极效果。随着二十世纪农业生产技术的进步和社会工业化、城市化的快速发展，传统的小农经营模式已不足以满足社会的需求，有效的解决方式是通过政府干预促进土地流转和集中，扩大农场经营规模，实现农地的规模化经营。然而，鉴于土地具有生存、经济和社会保障等多重功能，其规模化和资源优化配置并非仅通过自由市场就能实现。[1]

实际上，诸如美国和法国等典型国家在政府的全面干预和强化干预下，促成了农场数量的减少和经营规模的扩大，为农地规模经营奠定了基础。相比之下，日本等国家的农村土地制度发展较为落后。在这一时期，这些国家的政府通过全面干预和强化干预的立法模式进行了一系列改革，推动农地制度向现代化发展。这些国家的立法模式主要成就在于消除地主土地所有制和租佃制度，实现以自耕农为主的小农经营模式，从而激发了农民的生产积极性，促进了经济的快速恢复和发展。随着

---

〔1〕　黄延廷：《论导致农地规模化的几种因素——兼谈我国农地规模化的对策》，载《经济体制改革》2010 年第 4 期。

自耕农小土地所有制的弊端日益显现，这些国家后期又不得不通过法律和政策等手段改造小农经济，扩大农户的经营规模，促进土地集中，实现农地的规模化经营。

7.1.3.2 制度局限

政府全面干预和强化干预的立法模式对于发达国家的农地制度所产生的局限性，主要表现在：

（1）缺乏经济激励机制。政府强制干预方式往往通过国家命令和制裁的方式限制农地权利人（即农地经营者和所有者）的权利行使，缺乏对其设置经济激励机制。在只单纯限制农地私权而没有相应经济补偿的前提下，容易导致农地权利人的强烈抵制，阻碍政府相关法律政策的推行。

（2）干预过度。全面干预方式容易导致政府干预农地市场的范围、内容没有节制，形成"干预扩大化"的局面。政府的公权力对农地经营者和所有者的私权利干预过多、过细会使他们丧失自治意志，缺少私权自主的自由空间。在长期没有经济民主与自由的环境中，农地经营者和所有者容易消极怠工，从而影响农业的生产率，也使农村经济缺乏持续活力。例如，日本在全面严格管制农地流转的后期，发现"在这一时期，如果把农地租赁出去……需要支付离耕费已成为一种惯例。"[1]在日本，由于农业政策的限制，那些有能力和愿望扩大经营规模的农民发现自己无法实现这一目标。同时，许多拥有耕地的农民选择了兼业经营，这种做法虽能维持其生计，却阻碍了农地的有效流转。这种情况不仅压制了农业劳动生产率的增长，也限制了农民收入的提升，从而影响了日本农业经济的整体发展。

（3）权力寻租与腐败。当政府官员滥用职权，为满足非公

---

〔1〕〔日〕关谷俊作：《日本的农地制度》，金洪云译，生活·读书·新知三联书店 2004 年版，第 230 页。

共利益的个人或集团目的时，将严重破坏农地资源的有效市场配置，导致土地使用效率低下。这种不当行为不仅侵犯了农地经营者和所有者的合法土地权益，还可能引发公众对政府立法和干预模式的信任危机，从而对整个农业经济和社会稳定造成负面影响。

（4）政策与发展趋势不符。从前文所述的土地制度改革发展历史来看，在一段时期内，一些国家长期维持了以家庭为生产单位的自耕农小土地制。这种小农经营模式并不符合实现农地规模经营的基本要求，导致政府在改革农村土地制度时走了一段不符合历史发展趋势的弯路。这表明，如果政府的全面和强化干预措施使用不当，可能导致"政府失灵"，在阻碍农业正常发展的同时，造成制度上的障碍。这种情况下，政府的干预不仅不能促进农业的发展，反而可能成为制约农业现代化和高效率发展的阻力。

总体来看，这些局限性说明，虽然政府的干预在特定阶段对农业发展有正面影响，但如果不恰当使用，可能引发一系列负面后果，从而阻碍农业和经济的长期健康发展。

7.2　政府间接干预与适度干预的立法模式

7.2.1　制度的立法背景

从二十世纪三十年代到二十世纪七十年代初，以美国为代表的主要资本主义国家在国家干预理论的指导下，经历了经济发展的"黄金期"。然而，到了二十世纪七十年代，遵循凯恩斯主义的西方国家陷入了"滞胀"困境，即高通货膨胀与经济停滞并存。这一时期，国家干预理论无力解释和解决"滞胀"问题，政府的积极干预手段失效，凯恩斯理论遭到西方经济学家的广泛批评，逐渐失去其在官方经济学中的主导地位。

与此同时，二十世纪三十年代产生的新自由主义学派，如新货币主义、理性预期学派、供给学派等，重获关注并开始主导经济学界。西方国家，尤其是里根和撒切尔夫人领导的政府，开始采用新自由主义理论作为国家经济政策的基础，实行放松管制的政策，削减福利，推动自由市场经济的发展。这些政策使得陷入"滞胀"困境的西方国家经济重新步入良好发展期，从而表明全面和强化的政府干预可能是产生"滞胀"问题的主要原因之一。

到了二十世纪八十年代，新凯恩斯主义理论在西方经济学界兴起，并在二十世纪九十年代得到广泛推崇。在新凯恩斯理论的指导下，西方发达国家更加注重干预方式的适度性和间接性，确立了二十世纪七十年代后的政府间接、适度干预的立法模式，这一转变体现了政府在经济管理中适应时代变化的能力和对经济理论的不断调整。

7.2.2　典型国家政府对农地规模经营行为间接干预与适度干预的制度表现

7.2.2.1　美国规模经营型农业发展模式

美国农业在二十世纪七十年代完成了从分散的粗放型家庭小规模经营向适度规模经营的转变。随着经济和科技的快速发展，美国经济进入了产业化、规模化和企业化的发展阶段。农业也需要跟上这一趋势，转型为适应现代化、专业化和产业化要求的大型农场经营。

为应对这一转变，美国政府采取了多项法律政策：

第一，美国政府推出了一系列保护耕地的法律政策。1972

年至 1980 年，耕地不断减少的现象使人们认识到保护农田的重要性。为了防止耕地流失，各州政府通过土地用途分区管制，划定农业用地区，并规定该区域只能进行农业活动，限制非农活动。联邦政府相继颁布了《农田保护政策法》（1981 年）、《为了未来的耕作条例》（1990 年）、《耕地保护法》（1996 年）和《农业风险保护法》（2000 年），直接限制耕地的非农利用。与此同时，政府开始注重调整干预方式，采用适度、间接的立法模式来保护耕地。具体政策包括：①税收优惠措施，如对继续保留农业用途的农地提供退税或减税；②推行农地发展权转让（TDR）制度，农场主自愿将农地的开发权有偿转让给其他土地，同时他们将永久丧失该农地的开发建设权；③保护地役权，即农场主与政府机构或非营利组织签订协议，有偿限制自己对土地某些权利（通常是开发建设权）的行使，或限定土地的用途（通常是农业用途）。这些政策不仅有效保护了耕地，也为农业的现代化和产业化铺平了道路，促进了农业的持续发展和效率提升。

第二，积极实施对耕地资源的环境保护法律政策。为了阻止农场主过度使用新技术给生态环境带来伤害，从二十世纪七十年代初，美国各级政府又相继制定了《安全饮用水法案》《食物保障法》等多部水资源和土壤资源清洁和保持的法律，并禁止生产和使用剧毒农药。[1] 此外，美国各级地方政府依据法律规定制订了相应的环境保护计划，例如"土壤保护区计划"，以此为农场主提供必要的法律咨询服务和经济补贴。这些措施旨在激励农场主积极响应政府的耕地资源环境保护政策。这种综合法律支持和经济激励的方式有助于提高农场主参与保护耕

---

[1] 马雯秋：《美国发展家庭农场的经验及对我国的启示》，载《农业与技术》2013 年第 7 期。

地资源的积极性，从而有效保障了农地资源的可持续利用和环境。

第三，建立完善的农业扶植政策。从罗斯福新政开始，美国政府便注重对农业实施积极扶植政策，旨在保护农民的生产积极性，维持农产品价格的稳定和市场竞争力。特别是自二十世纪七十年代起，政府更加倾向于经济性的方式支持农业。具体措施包括：①农业直接补贴政策：这项政策旨在直接提供财政支持给农民，以保障他们的生产利益和农产品的市场竞争力；②信贷支持政策：政府通过信贷政策支持农场主，使他们更容易获得优惠的农业融资贷款。这些贷款可用于购买农地、农场基建、更新农业生产设备、引入新能源和科学技术等。这一政策有效地解决了农场主的资金问题，促进了资本主义大农业的发展；③农业保险计划：自 1939 年以来，美国联邦政府开始对农业实施保险计划，以降低农民在农业生产中面临的风险。[1]值得注意的是，在制定这些农业政策时，美国各级政府通常广泛征求农业自治组织的意见和建议，如农业社、农民联合会、农场局等，从而制定出符合广泛农民利益的支持政策。这种广泛的参与和协商确保了政策的有效性和受益范围的广泛性。

第四，建立促进农地流转的法律制度。这些法律制度的主要内容包括：①一直赋予农民自由流转农地的权利：在美国，根据相关法律规定，包括国家、州、联邦和私人拥有的土地（甚至地上权与地下权）都可以自由地买卖和租赁。美国的农地买卖和租赁主要受市场调节，流转价格由交易双方协议确定。[2]在法律允

---

〔1〕 吕春生、王道龙、王秀芬：《国外农业保险发展及对我国的启示》，载《农业经济问题》2009 年第 2 期。

〔2〕 丁关良、童日晖：《农村土地承包经营权流转制度立法研究》，中国农业出版社 2009 年版，第 189 页。

许的范围内，政府不干涉农地流转，允许农地通过市场机制自由、充分地流转；②保障农地所有者权利：美国法律明确保障农地所有者的多项权利。农地所有者拥有土地收益分配和处分的权利，除了需按照国家和地方政府规定交纳土地税、农产品销售所得税、房产税等固定税费外，不受其他税费负担。此外，农地所有者在土地转让、租赁、抵押、继承等方面的权利也受到法律的充分保护，不受干扰和侵犯。[1]这些法律制度为美国农地市场提供了一个自由流转的环境，有助于土地资源的高效利用和农业经济的健康发展。

综上所述，在政府多种法律政策的推动下，先进的生产技术与设备得以在美国农业广泛应用，而拥有更高农业机械化水平和生产技术的大农场则拥有更高的劳动生产率和竞争优势。在激烈的市场竞争下，实现了农业经营的自然优胜劣汰，许多不适应农业发展需求的小规模农场被逐步淘汰。

同时，随着城镇化的加速和农业从业人口的老龄化，美国农场出租现象变得越来越普遍。根据美国农业部的统计，截至2022 年底，美国约有 9.11 亿英亩的农田，其中约 39%被出租给农民。[2]特别是种植大豆、玉米、小麦、棉花等作物的土地出租比例超过 50%，水稻种植土地的出租比例甚至超过 80%。由此，通过农地的不断租赁、买卖，美国于二十世纪七十年代完成了符合现代化、专业化和产业化要求的大农场式的农地规模经营模式。而高度的机械化、现代化、产业化又使美国大农场式的经营模式得以充分发挥，其农业劳动生产率和农产品产出

〔1〕　熊红芳、邓小红：《美国日本农地流转制度对我国的启示》，载《农业经济》2004 年第 11 期。

〔2〕　［美］劳拉·斯特里克勒、妮科尔·默德：《中国真的在收购美国的农田吗？以下是我们发现的情况》，载 https://www.sohu.com/a/4366624423122 46，最后访问日期：2023 年 8 月 31 日。

率都位居世界前列，成为农业领域的全球领导者。

7.2.2.2 法国规模经营型农业发展模式

为了改造原有的小农经济并促进农地流转集中，从而实现规模经营，法国政府自二十世纪初就开始采取一系列的农业改革措施。在政府的全面和强化干预法律制度安排下，法国的农场规模不断扩大，到了二十世纪七十年代初，已初步进入了"中型农场式的农地规模经营"的发展新阶段。

而自二十世纪七十年代起，法国政府开始调整对农业的干预方式，逐步注重对间接、适度的干预方式的使用，其具体内容包括：

（1）设立"非退休的补助金"制度。法国政府在二十世纪七十年代初设立了这一制度，旨在鼓励60岁至65岁的男性农业经营者提前退休，并在他们领取正式退休金之前提供终身补助金。[1]这一措施旨在激励年长的农场主将农地转让给有能力经营的个人或组织，从而促进农地的流转。

（2）对转入者的财政补贴。法国政府通过农业法律政策对农地转入者提供财政补贴，鼓励他们参与农地流转。为了推动农地规模经营，补贴金额与流转的农地面积挂钩，流转土地面积越大，获得的补贴金额越高。

（3）农地流转的信贷支持政策。自二十世纪七十年代以来，法国政府为有意扩大经营规模的农场主提供低息或无息贷款，并对土地产权转让提供免费登记服务。这些措施旨在农地继续向中等规模的农场流转，支持农场主扩大经营。

（4）鼓励农业合作组织。法国政府鼓励农民建立农业合作组

---

〔1〕 万宝瑞、李建和、申和平：《法国的土地集中政策》，载《农业技术经济》1986年第8期。

织，这种集体主义色彩的组织在法国非常普遍，[1]超过90%的农场主加入了农业合作社，其年营业额高达1650亿欧元，占据了猪肉生产、鲜果出口、粮油收购等行业的大部分市场份额。[2]

（5）农产品价格支持。为支持中型农场，法国政府在定价和农业保护政策方面以中型农场的生产成本为参考。[3]小农场由于劳动生产率低、生产成本高，往往无法从政府的价格补贴中获益，在竞争中处于劣势，逐渐被淘汰或兼并。

（6）农业税收调整。政府对农业税收结构进行灵活调整，扶持那些活力强、生产能力更高的大、中型农场。[4]税收优惠通常更有利于经营状况良好的大中型农场，这进一步限制了小农场的发展。

（7）推动农业专业化。法国政府根据各地不同的自然条件、传统习俗和技术水平，对全国农业分布进行统一规划、合理布局。政府把全国分成22个大农业区，其下又细分470个小区，鼓励因地制宜发展区域特色农业。目前，在政府政策的引导下，法国半数以上农场搞起了专业经营，而农业生产分工越细，效率越高，收益也就越可观。

（8）财政支持农业现代化。为实现农业装备的现代化，政府在税收、财政补贴和信贷方面对农民购买的生产资料，特别

---

〔1〕　杨澜、付少平、蒋舟文：《法国小农经济改造对中国的启示》，载《世界农业》2008年第10期。

〔2〕　李先德、孙致路：《法国农业合作社发展对我国的启示》，载 https://www.renrendoc.com/paper/177404177.html，最后访问日期：2023年12月12日。

〔3〕　黄延廷：《从法国摆脱小农式发展的实践谈我国农地规模化经营的对策》，载《湖南师范大学学报》2012年第5期。

〔4〕　黄延廷：《从法国摆脱小农式发展的实践谈我国农地规模化经营的对策》，载《湖南师范大学学报》2012第5期。

是农机具给予资助。政府还对农民实施的基础设施建设项目，如水利、道路、电气化和土地整治等提供补贴和贷款支持。

（9）建立发展农业的金融制度。为了支持和保护农业，法国政府实施了一系列措施，包括建立了一个全国性的农村信贷体系和一个全面的农业保险制度。这个农村信贷体系由国家农业信贷银行和地区农业信贷互助银行组成，为农民提供各种信贷服务，解决他们在农业经营和购买土地时的资金需求。其次，建立全面的农业保险制度。法国政府在原有农业保险制度的基础上，于1986年又成立了农业互助保险集团公司，专门经营农业保险及其相关业务。此外，法国政府还颁布《农业保险法》，以法律的形式保护农业保险。根据该法规定，政府对所有农业保险部门的资本、存款、收入和财产都实行免税政策，对一些关系到国计民生的大宗产品如水稻、小麦、大麦等都实行强制性保险。在法国的农业保险体系下，农民只需缴纳保费的20%—50%，其余50%—80%全部由政府负担，从而有效地帮助农民规避种植过程中的生产风险。

（10）大力提倡和推进了所谓的"理性农业"，即旨在实现经济、环保和社会效益兼顾的可持续发展多功能农业。①土地休耕制度（1992年）：这一制度旨在减少过度耕作对土地产生的影响，促进土壤健康和生态平衡。②《全国生态农业规划》（1997年）和《新农业指导法》（1999年）：这些政策提出了构建经济、环保和社会效益并重的多功能农业的发展目标，强调了农业在保护环境和促进可持续发展方面的重要性。③新的《全国农业发展规划》（2000年）：这一规划的修改和制定是为了进一步加强农业的可持续发展方向。④《法国2020环保农业生产国家计划》：这一计划提出了更具体的目标和措施，以推动农业生产更加环保和可持续。政府通过这些法律政策并结合资金援助、补贴等经济补偿方式，有效诱导农民参与可持续发展的农业生产经营。这不仅有助于提高农业生产的质量和效率，也有助于保护环境，实现农业的长期可持续发展。

综上，从二十世纪七十年代起，法国政府实施的农业法律和政策主要依靠经济激励和宏观调控手段，旨在引导农业朝现代化、产业化和专业化的方向发展，因此是一种典型的间接、适度的立法模式。此种方式的顺利进行需要政府投入大量的资金以扶植农业，因此法国政府每年都要对农业进行财政性专项拨款，其支出金额可以达到国民预算总支出的 13%。

到 2002 年，法国共有约 66 万个农场，平均经营规模为 630 亩。[1] 截至 2023 年，尽管农场数量减少至不到 40 万个，但平均面积增加至 1035 亩，这表明法国农地不断经历整合和规模化的过程。

法国农业的全面机械化、产业化经营以及农工商一体化促进了其中型农场模式的充分发挥。二十世纪七十年代以来，农业劳动生产率每年以 7% 的速度增长，农业产量占欧盟总产量的 22%，使法国成为世界上主要的农业发达国家之一。

7.2.2.3　日本规模经营型农业发展模式

二战后，日本的农地制度经历了显著的变革，特别是在政府的强制干预下，传统的带有封建色彩的地主土地所有制和租佃制度被逐步废除，取而代之的是以自耕农为主体的小农土地所有制。这一转变在一定程度上促进了农业的发展，但随着时间的推移和日本经济的持续发展，这一制度的弊端逐渐显现：土地改革虽然消除了封建制度，但也造成了农地小而散的结构。这种分散的土地结构不利于规模经营，阻碍了农业生产效率的

---

〔1〕　农业部农机标准化体系建设考察团：《法国的农业机械化和农机标准化》，载《世界农业》2002 年第 9 期。

提高，成为农业现代化发展的一个重要障碍。于是，日本政府从二十世纪五十代开始逐步关注"如何解决农地小规模经营"的问题，着手调整法律政策，鼓励农地集中，逐步放宽对农地流转的一些限制。

1961年，日本政府颁布的《农业基本法》是对其农业政策的一个重要转折，该法律将调整土地规模经营作为农业政策的核心，也就是所谓的"结构政策"。这一法律的主要内容包括：鼓励农地向自主经营户转移。所谓的"自主经营户"是指那些农地规模足够大，能够实现家庭成员充分就业的农户。政府鼓励将农地转移到这些自主经营户手中，以便实现农业的规模化经营；鼓励小规模农户向城市转移。这一政策旨在减少农业中的小规模经营，以促进农业生产效率和现代化；推行土地单嗣继承制度。为了防止在继承过程中农地进一步细分，政府推行了土地单嗣继承制度。[1]然而，《农业基本法》在放宽对农地流转的限制方面仍保持了一定的谨慎，法律规定对农地的所有权转让需要得到农业委员会的批准。这一审批程序的保留，一方面反映了政府对农地市场化过程中可能出现的问题（如过度集中或不合理开发）的担忧，另一方面也显示了政府对保持农业稳定性和可持续发展的重视。[2]

到了二十世纪六十年代，日本政府意识到之前农业政策的效果并不尽如人意，特别是在促进农地买卖和租赁方面。因此，1962年政府对《农地法》进行了重要的修改，以进一步促进农业的现代化和规模经营。这些修改的主要内容包括：取消原规

---

〔1〕 刘振邦、王凤林：《借鉴国外经验谈合理利用我国农地资源》，载《改革》1997年第5期。

〔2〕 ［日］关谷俊作：《日本的农地制度》，金洪云译，生活·读书·新知三联书店2004年版，第198页。

定的每户耕地面积不得超过 45 亩的限制，允许农民较为自由地出租或出售土地；创设"农业生产法人"制度，具有一定条件的农业法人有取得农地的权利；设立农地信托制度，即土地所有者在离开农村后留下的土地可以委托农协经营。[1]

为了应对日益严峻的农地非农化问题，日本政府在 1969 年制定了《农业振兴地域整备法》，这是一项关键的法律，旨在保护农用地不受工业化和城镇化的过度侵蚀。该法律的核心内容包括：一是指定农业振兴地域。这些特定区域被明确划分为农业发展的重点区域。在这些区域内，土地被专门指定为农业用途，以确保其不被转用于非农业目的；二是保护农用地。通过这一法律，政府有效地保护了农用地，防止其被非农业发展所占用或侵蚀，这对于维持农业生产基地和防止耕地流失至关重要。自该法颁布以来直到 2000 年，尽管日本农地区域面积减少了将近 1/7，但农业振兴地域的面积几乎没有任何变化，这不得不归功该法在制度上对农地利用的保障。

综上，这一时期日本的农地制度经历着从战后政府的全面管制到逐步放开，从初期积极促成小农经营模式到极力推动农场经营规模的扩大，从而使农地制度去适应农业进一步发展的需求。而从政策实施效果来看，这十年间，日本农户数量减少了 10%，农户平均耕地面积也扩大了 8.1%，虽然远低于既定目标（农户总数减少 60%，农户平均规模扩大 2 倍），[2]但是总体来看，日本对小农土地所有制的改造还是初见成效的。

而后，日本政府于 1970 年对 1952 年的《农地法》进行了根本性的修改，由此开启了新一阶段的农地制度改革风暴，而

---

〔1〕　崔文星：《中国农地物权制度论》，法律出版社 2009 年版，第 248 页。
〔2〕　刘振邦、王凤林：《借鉴国外经验谈合理利用我国农地资源》，载《改革》1997 年第 5 期。

这也标志着政府对于农地制度的管制主要着眼于"放松"。这一轮政府改革的目的是以促进农地流转、扩大农地经营规模、提高农业劳动生产率为核心任务。新修订的《农地法》主要内容包括：①解除农民购买或租入农地的最高面积限制。日本政府认为 1952 年制定的最高 45 亩的限制已不合理，因为随着农业逐步实现机械化，农民完全有能力耕作更多的土地。[1]但同时，为了防止农地因流转而被细碎化，该法又提高了农民购买和租用土地的最低数量标准，从原来的 4.5 亩提高到 7.5 亩，并对购买和租用农地的农民资格进行严格限定，要其户主或家庭成员必须能够正常从事农业生产活动，不允许农地所有者仅雇佣工人进行农业生产，以符合"耕者有其田"的农业发展目标。[2]②取消对各种农业生产组织购买和租用土地面积的最高限制，允许由农民合伙、合资组织起来的农业生产法人自由购买和租用农地，合作社可以经营社员委托的土地。[3]③对农地租用制度进行改革，解除了对耕地出租人、租入人身份的限制，同时，也取消对农地租金的最高限制等。④为了促使农地流转，日本政府还专门于各地成立不以营利为目的的农业土地管理公司。该公司由国家、地方政府和农协联合组成，其工作业务与法国的土地整治与农村安置公司相类似。[4]

在日本，由于深受东亚小农观念的影响，农民通常将农业

---

〔1〕 郭红东：《日本扩大农地经营规模政策的演变及对我国的启示》，载《中国农村经济》2003 年第 8 期。

〔2〕 郭红东：《日本扩大农地经营规模政策的演变及对我国的启示》，载《中国农村经济》2003 年第 8 期。

〔3〕 郭红东：《日本农地政策引导规模经营》，载《中国国土资源报》2004 年第 9 期。

〔4〕 丁关良、童日晖：《农村土地承包经营权流转制度立法研究》，中国农业出版社 2009 年版，第 172 页。

经营视为祖传家业，而农地被视为重要的养老保障。这种文化背景使得农民对于出租或出售自己的土地持有保守态度，因此在日本一直存在农地流转速度慢、难集中的问题。针对这一问题，与法国做法相似，日本政府又于 1970 年出台了《农业者年金基本法》，确立农业人养老金制度。该制度鼓励农民离开土地，但农民加入该制度完全遵循自愿原则。加入者因进城或老龄因素（65 周岁以上）转让农地后，政府在支付国民年金（即退休金）的基础上，会进一步支付农业者年金。

　　遗憾的是，政府实施的新农地政策引发了农民的广泛质疑。农民担心，一旦他们的土地被出租，就可能会像战后初期那样被政府强制征收，而他们将无法收回。因此，这些改革措施并未达到预期的促进农地流转的效果，反而导致农地流转在一定程度上下降。

　　为了扭转这一局面，1975 年日本政府又修改了原《农业振兴地域整备法》。[1]具体做法是：由农协成员集体讨论农地租赁的合同条款、土地使用方式，以此解决农地出租人因害怕丧失所出租土地所有权而产生的疑虑。[2]

　　1980 年，日本政府在"农地利用促进事业"的基础上又颁布了《农地利用增进法》，其内容主要包括：制定优惠政策鼓励农地流转；通过农业合作协会推进农地委托事业的发展。[3]与之相对应，日本政府又对《农地法》进行了再次修改，其主要内容包括：①进一步放宽租佃关系，这包括，出租土地的农家

---

　　〔1〕　易永锡：《中国当代农地制度研究》，黑龙江人民出版社 2010 年版，第 227 页。

　　〔2〕　易永锡：《中国当代农地制度研究》，黑龙江人民出版社 2010 年版，第 228 页。

　　〔3〕　解玉娟：《中国农村土地权利制度专题研究》，西南财经大学出版社 2009 版，第 34 页。

如果希望得到口粮，地租可用实物支付，并容许农地转租；②放宽农业生产法人有关从业人员的条件，以扩大规模经营，培养后继农业生产者。[1]

进入二十世纪八十年代，随着经济全球化的发展，农业竞争逐渐国际化，日本农业在这种背景下面临激烈的国际市场竞争。日本本土农产品因其精耕细作的特点，通常售价较高，这在一定程度上削弱了其在国际市场上的竞争力。为了提升国内农业的国际竞争力，日本政府开始认识到必须提高农业劳动生产率。而要实现这一目标，关键在于鼓励有经营能力的个人或组织从事大规模农业生产，以达到农业的规模经济效应。

为了提升农业的竞争力并实现与其他产业的均衡发展，日本政府提出了一个新的发展思路。该策略旨在通过鼓励形成"合意的农业生产经营体"，以替代传统的"自立经营农户"模式。[2]这一转变的目的是吸引更多的青壮年投身于农业经营，从而刷新农业的人力结构和经营方式。在新的发展思路指导下，日本政府于1993年对《农地法》和《农用地利用促进法》进行了重要修订。这次修订的主要内容包括：建立一套促进农地集中和转移给专业农业生产单位的制度；增加对多种经济实体参与农地规模经营的政策支持；通过农业技术培训和管理计划，激励更多青年加入农业行业；放宽对农业生产法人的限制。这些调整旨在促进日本农业的现代化和国际竞争力提升。

在新颁布的法律政策和农民退休潮的双重影响下，日本农地流转集中达到了前所未有的水平。这导致大量小规模农户的

---

[1] 郭红东：《日本扩大农地经营规模政策的演变及对我国的启示》，载《中国农村经济》2003年第8期。

[2] 何宏莲：《黑龙江省农地适度规模经营机制体系与运行模式研究》，中国农业出版社2012年版，第151页。

土地被合并和吸收。[1]到 1999 年，为了推动农业的可持续发展，日本政府又推出了《食物、农业、农村基本法》《持续农业法》和《有机农业促进法》等法律，废除了 1961 年制定的《农业基本法》。这些举措共同构成了一个完整的农业环境法律体系，旨在支持和促进日本农业的现代化和可持续性。

进入二十一世纪后，日本政府继续放松农地制度的管控，旨在促进农地流转和集中。特别是在 2001 年，政府对农业人养老金制度进行了重要修改：首先，取消了原先对加入该制度的条件限制，使所有农业从业者都能参与；其次，该法把农业人养老金分为自我积存养老金和对认证农业人的政策援助养老金两种。[2]这些调整旨在为农业从业者提供更加灵活、多样的退休保障方案，同时鼓励农业经营的规模化和专业化发展。至此，日本实现了城乡社会保障的一体化。同年，日本政府又实施了《农地法》对股份公司进入农业的政策有所调整，允许其参股农业生产法人的农地经营，但对其参股比例有所限制。[3]

同时，为了促进农业经营向法人化方向发展，日本政府又于 2002 年颁布了《关于疏通对农业法人投资的特别措施法》。[4] 2003 年 5 月，日本政府在其农业政策上又迈出了重要一步，政府对允许股份公司进入农业领域的法律政策进行了调整。此次调整允许股份公司在经济结构改革特区内租借农地，直接进行

---

〔1〕　郭红东：《日本扩大农地经营规模政策的演变及对我国的启示》，载《中国农村经济》2003 年第 8 期。

〔2〕　周晓庆：《中日土地流转困境与解决路径的比较》，载《农村经济与科技》2013 年第 9 期。

〔3〕　郭红东：《日本扩大农地经营规模政策的演变及对我国的启示》，载《中国农村经济》2003 年第 8 期。

〔4〕　张舒英：《浅谈日本的农法体系及其社会经济意义》，载《日本学刊》2004 年第 5 期。

农业种植。同时，政府也开始允许商社参与农资和农产品的经营。这些政策的调整意在进一步开放和激活农业市场，鼓励更多的企业参与到农业生产和管理中，以促进农业的现代化和效率提升。2005 年，依据《农地法》的修正案，政府又将这一模式在全国范围内推广。

综上，自二十世纪七十年代起，日本政府逐渐放松了对农地经营的管制制度，以适应现实发展的需要。这种放松主要通过两种途径实现：一是直接放松，即通过修改相关法律政策，放宽或取消原有的限制措施；二是间接放松，采用财政、金融等手段，通过经济激励来间接、适度地影响农地经营。这两种方法虽然途径不同，但目标相同，即推动农地流转和集中，促进规模化经营，从而提高农业的效率和竞争力。

7.2.3　间接干预与适度干预立法模式的制度评价

7.2.3.1　制度成就

从各国农地经营的发展历程来看，政府的间接干预和适度干预立法模式在发达国家的农地制度中得到广泛应用，取得了积极的效果：

（1）着眼于经济激励机制的法律内容设置，旨在通过激发农地权利人（即农地经营者或所有者）的经济利益，以实现农地规模经营的政策目标。农业经营与其他产业部门的经济活动类似，被视为一种市场行为和商业行为。因此，政府可以通过各种经济手段，如价格政策、税收政策、信贷支持、投资激励、补贴政策等，来影响农业经营的成本和收益，从而有效引导农地经营者或所有者作为"理性经济人"做出政府设定的目标选择。在此背景下，不论是美国、法国，还是日本的政府，都采取了为本国农场主购买农地和扩大农场经营规模提供优惠的农业信贷支持政策或财政补贴政策。这些法律政策明显解决了农场主在进行农业投入时可能面临的资金短缺问题，并且有效降低了农地流转和大规模经营农业的成本。通过这些政策，农场主的经济收益得到提高，从而有力推动了本国农地的流转和农场规模的不断扩大，这为农地规模经营的全面实现提供了坚实的物质前提。

（2）政府采用间接和适度的方式干预农地经营行为，可以避免引起农地权利人的强烈抵制，从而有效减少法律政策的监管和执行成本，由此取得良好的实施效果。以保护耕地资源为例，美国大部分州相继建立了保护地役权法律制度，这种"有偿保护耕地"的方式被广泛采用。美国的保护地役权法律制度通过降低监管成本和增加农民的经济收益，使农业经营变得经济可行。因此，自从 1974 年在纽约州的索霍尔克县首次实施以来，这一法律制度已成为美国公认的有效保护耕地免受开发建设的方法。这种间接而适度的干预方式不仅有助于保护农地资源，还能够维护农地权利人的合法权益。政府的政策在不引起农地权利人抵制的情况下，能够更顺利地执行。这种做法强调了政府与农地权利人之间的合作，促进了农地经营的可持续和稳定发展。

（3）政府在干预农地经营行为时，明智地划定了理性边界。对于那些农民能够自主决定的、农地市场能够自我调节的，以及能够由农业协会或其他专业中介组织有效管理的事项，政府选择不再过度介入或实施过度管制。这种"放松管制"政策措施赋予了农民充分的生产经营自主权，有效地激发了农民自主创业和增收的积极性。这一做法有助于大幅度提高农业劳动生产率，同时也激发了农村经济的活力和生机。政府的干预行为更加精确地聚焦在那些需要政府支持和引导的领域，为农民提供了更多的自主权，使他们更好地适应市场需求和自身情况，进而提高了整个农村经济的竞争力。这种理性边界的划定方式有助于平衡政府的干预和农民的自主权，使农地经营更具活力和灵活性，为农村经济注入新的生机。政府的角色变得更为有效，同时也有助于推动农村地区的经济发展，为社会的繁荣发展作出了积极的贡献。

（4）适度干预的立法模式通过限制政府的直接干预农地经营行为，旨在防止政府滥用权力、寻租行为以及腐败现象的滋生，从而保护农地权利人的合法土地权益。这种立法模式强调政府的干预应当是有度的，不应越过合法边界，以确保政府不滥用职权、不将农地用于自身私利或满足特定权力群体的需求。适度干预要求政府的行为是合法、透明、公正的，确保土地的合法拥有者不会受到不当侵犯。通过限制政府的直接干预，这种立法模式有助于建立法治和公平的土地制度，从而维护了农地权利人的权益，从而增强了土地权益的保障和稳定性。同时，它还有助于防止腐败和不当行为，提高了政府的透明度和廉洁度，有利于社会的公平和稳定发展。

（5）间接干预和适度干预的立法模式强调政府的干预应当具有度，采取柔软、温和的形式，以确保政府在规制农地经营行为时更多地关注农地权利人的利益和诉求，从而建立良性的互动关系。这些模式追求平衡，避免政府过度干预或过度限制农地经营的自由。政府的角色是在确保农地资源合理利用的前提下，促进农民的生产和经济发展。通过温和的方式，政府能够更好地理解和响应农地权利人的需求，确保他们的合法权益得到尊重和保护。这种模式鼓励政府与农地权利人建立合作和对话的机会，以制定更有针对性的政策和规定。政府在农地经营方面的介入应当基于农地权利人的实际情况和需求，而不是一刀切的规定。这有助于建立信任，促进社会的和谐和稳定发展。

（6）适度干预的立法模式重新强调了市场在农地资源配置中的决定性和基础性作用。这一模式的关键思想是通过市场机制来推动农地流转和规模经营，以促进农业的现代化、专业化和产业化发展。在这种模式下，政府的角色是为市场提供合适的法律和政策框架，以确保市场的公平、透明和有效运行。政府的干预不是直接干预农地经营，而是在市场的基础上制定相关政策，以鼓励和引导农地流转和规模经营。这种做法有助于防止政府过度干预，同时也保留了市场的决策权。通过完善农地市场，包括确保土地产权的清晰和可流通性、降低交易成本、提供市场信息和支持农地的有序流转，政府可以创造有利条件，使农地更容易流转到有潜力的经营者手中，从而提高了农业生产效率和竞争力，这也有助于推动农地规模经营的实现，使农业更加现代化、专业化和产业化，以满足不断增长的食品和农产品需求。

7.2.3.2　制度局限

政府间接干预和适度干预的立法模式对于发达国家的农地制度所产生的局限性，主要表现在：

（1）二十世纪六七十年代后，日本政府实施的土地制度改革多次调整，反映出政府在干预方面难以掌握"适度性"的问题。这些调整涉及政策的前后矛盾性，导致了之前的严格管制制度未能及时废止，从而妨碍了后续鼓励性的财政和税收政策的有效实施，无法达到促进农地大规模流转和集中经营的目的。这种情况反映了政府政策的协调和整合能力有时存在不足，从而导致法律和政策的不一致性，这种不一致性导致了政策的混乱和执行上的困难。为了解决这个问题，政府需要更好地协调和整合政策，确保它们在不同领域和时间段内的一致性和协调性。此外，政府还需要定期评估政策的效果，及时调整和修正政策，以确保它们能够实现既定的农地改革和发展目标，而这需要政府的决策部门、法律机构和利益相关者之间的密切协作与合作。

（2）政府采取的财政、金融、税收等农地流转和农业发展的扶植政策通常需要大量的财政支出来推动农业现代化和提高农民收入水平。然而，一旦国家出现财政赤字或经济危机，这些农业经济激励性政策可能会面临持续性和可行性的挑战。为此，政府在制定和执行上述政策时需要考虑政府财政状况和经济的可行性，以确保这些政策能够在各种情况下持续发挥作用，促进农地流转和农业发展，即通过财政规划、多元化经济基础和灵活性的政策制定，政府可以更好地应对财政赤字和经济危机的挑战。

（3）间接干预的立法模式要求政府运用非强制性的手段，以行政双方的合意为前提，即需要政府充分尊重市场机制，让农地市场在资源配置中起决定性作用，农民可以根据自己的意愿自由选择流转。但值得注意的是，对于农民来讲，农地除了具有重要的生产功能外，还具有不可忽视的保障功能乃至相当大的政治效用。[1]尤其对于东亚国家的农民来讲，受小农观念的影响，他们往往将经营农业视为一种祖传家业，如果单纯强调农地自由流转反而会导致农地流转速度缓慢，难以形成有效的规模经营。例如，在日本，尽管政府采取了大量的奖励、激励措施，诸如农业补贴、信贷支持、对农民合作组织鼓励支持等支农政策，但从实际效果看，收效不大，其农地规模经营的

---

〔1〕 ［美］西奥多·W. 舒尔茨：《改造传统农业》，梁小民译，商务印书馆 1987年版，第 2 页。

程度仍然不深。[1]由于日本的农地经营规模扩大有限，在小农经济模式下，农业相继面临发展瓶颈：农业人口老龄化、兼业化、农地弃耕或闲置等问题依然十分突出。在农业劳动生产率提升有限的情况下，其仍然面临着一系列突出的农业发展问题，其中包括农业生产成本高昂和农产品销售价格水平偏高，这导致它在国际市场上的竞争力相对较弱。此外，日本的农产品自给率明显不足，因此它需要大量进口来满足国内需求。

7.3　比较法经验借鉴

7.3.1　农地市场发展初期，法律直接规制农地流转实现规模经营

进入二十世纪以后，随着农业生产技术的提升，社会工业化和城市化的快速推进，各国原有的传统小农经营模式已无法满足社会大规模发展的需求。为了实现农业规模经济，必须采取有效的方法来促使土地流转集中，使农场的经营规模不断扩大，从而实现农地的规模化经营。然而，土地在人们生活中具有多重功能，包括生存、经济（诸如避税、抗拒通货膨胀、充当贷款抵押物等）和社会保障功能。因此，不同于其他生产要素，土地无法仅通过自由市场交易快速实现规模化经营和资源优化配置。[2]与此同时，在市场经济初期，各国农地市场尚处于发育阶段且并不成熟，市场机制对于调节农地资源配置的作

---

〔1〕　许宏、周应恒：《农地产权私有化与土地规模经营——东亚地区实践对中国的启示》，载《云南财经大学学报》2009 年第 1 期。

〔2〕　黄延廷：《论导致农地规模化的几种因素——兼谈我国农地规模化的对策》，载《经济体制改革》2010 年第 4 期。

用有限。因此，政府在这一阶段只能选用直接规制的立法模式，即依据相关法律，通过手中的公权力直接干预农地的私权利，以强制手段强行介入农地交易市场中，促使农地流转集中，防止其分散，从而有助于实现农地的规模化。事实上，在二十世纪早期阶段，如前文所述，一些典型国家，无论是美国、法国还是日本，都曾主要依赖政府直接规制的立法模式，强制干预农地市场，如限制流转农地的最小面积和土地单嗣继承制度等，使其农场的数量不断减少，而农场的规模却在不断扩大。

7.3.2 农地市场成熟后，法律间接、适度规制农地流转、规模经营行为

自二十世纪七八十年代开始，在"有限责任政府"理念的影响下，为了解决"滞胀"危机，西方资本主义各国对于本国政府干预市场的行为纷纷进行了调整，摒弃之前所坚持的"全面管制"的立法模式，转而寻求以重塑市场地位、弱化政府干预为核心的"放松管制""适度规制"的立法形式。在此背景下，资本主义各国在对本国的农地经营行为进行必要的法律规制时也从最初的直接、全面规制逐步向间接、适度规制的立法模式转变。也就是说，政府让位于市场，对于农地流转集中的管制渐次开始放松，即充分发挥市场机制对农地资源配置的优势作用，政府仅是因势利导，主要通过经济手段和法律手段来维护农地的自由交易。这一转变反映了市场经济下的政府角色重新定位，强调市场的自我调节能力和资源配置效率，同时也强调政府在保障市场公平竞争、维护法律秩序、提供必要的公共服务和社会保障等方面的职责。这种政府角色的重新定位在农地流转领域体现为更加强调市场机制的作用，减少了政府直接干预的程度，使市场更加自由化和透明化，以促进农地流转

的顺畅进行，同时保护农民的权益。

此时，政府采取了大量以激励性规制和放松管制为表现形式的间接、适度规制的立法内容，并取得有利于当时社会经济发展的积极效果：①激励性立法模式，即在农地流转、规模化过程中通过设立低息或无息贷款、补贴、奖励、优惠政策、减税或免税等一系列的以经济激励机制为制度内容，对农地权利人（即农地经营者和所有者）的农地规模经营行为给予经济利益刺激和诱导。②间接规制的立法模式，即运用非强制性方式，在充分尊重农地权利人私有财产权的基础上，通过向他们做工作、妥协或予以平等协商，从而引导其自愿贯彻政府的相关政策意图。由此，政府所推出的农地规模经营法律政策不会出现农地权利人强烈抵制的行为，从而有效减少法律政策的监管成本，因而可以取得较好的实施效果。③放松管制立法模式通过削减政府对农地规模经营行为的法律规制，给予农民充分的生产经营自主权，有效调动其自主生产和增收的积极性，使农业劳动生产率大幅度提高，由此搞活农村经济使其发展重现生机、活力。④放松管制立法模式通过充分发挥市场在农地资源配置中的决定性作用，及时纠正政府对农地经营行为的干预"越位"与"错位"，以防止农地权利人的合法权益受到损害。

根据"放松管制"和"适度规制"的实践验证，这些国家的农地流转和规模经营确实取得了令人满意的效果。无论是美国的大农场式经营，法国的中型农场式经营，还是日本的小农场式经营，都在充分考虑本国国情的基础上，持续减少本国农场数量，扩大了农地的经营规模和面积，推动了本国农地规模经营的有序实现。这一过程中，农业劳动生产率显著提高，农业走向了产业化、现代化和专业化的发展道路。这种经验表明，通过适度的法律规制和市场机制的发挥，可以更好地促进农地流转和规模经营，提高农业效率，从而为农村经济的可持续发展创造了有利条件，同时也为其他国家和地区在农地流转和农业发展方面提供了可借鉴的经验。

7.3.3 我国农地规模经营法律规制模式的必然选择

反观我国现状，随着市场经济体制的初步建立，政府在计划经济时代所表现出的对经济资源无限掌控、对社会生活无限介入的规制方式已一去不复返。但是在我国现行的市场经济环境中，政府处于强势而市场处于弱势的地位格局尚未发生根本性扭转，政府对经济领域的"全面规制"的立法模式依然存在，还没有彻底消除。由此，我国政府扮演着农地流转和规模经营行为的决策者、组织者、监管者、仲裁者和领导者等多重身份——政府既要出面推进农地的流转集中，又要负责调解农民间的流转纠纷，还要承担起制定农地流转和规模经营的法律规则，监管流转农地的土地用途，提供农地流转的信息服务，以及确立农地流转后农民的社会保障等多重职责。

事实上，由于我国农地流转市场发展相对滞后，存在农地产权关系不清晰、农地流转信息不对称、农地利用的外部性等问题，农地在流转和经营中常常出现"市场失灵"现象。这为政府采取"全面规制"农地流转以实现规模经营的立法模式提供了一定的合理性和正当性依据。通过政府的经济调节、法律约束、政策支持、行政干预等多种规制手段，可以有效解决土地市场的外部性问题，防止农地资源的过度集中和垄断，提供农地流转市场的交易信息，完善农村社会保障机制，并积极促进农地市场的发展和规范化，以此来弥补和纠正我国农地市场的失灵和缺陷问题。

但另一方面，政府在"全面规制"农地流转以实现规模经营的过程中，也常常出现"政府失灵"问题。政府培育和完善农村土地市场的职能发挥不够，即政府在农地流转市场信息的提供、农民社会保障等公共物品和服务的法律制度方面供给不足，而且在国土空间规划、土地利用总体规划、耕地保护、粮食安全等相关法律政策的提供上也存在失效现象。

显然，上述政府法律规制的失范行为侵犯了农民的自主决策权，损害了农民对土地的合法权益。由此可见，在我国农地流转以实现规模经营的过程中，政府的法律规制行为只有适度和恰当才能发挥积极作用。"全面规制"立法模式所导致的政府规制"越位""缺位"与"错位"不仅不会弥补农村土地市场失灵，还会对市场机制的正常运行造成危害。因此，政府在农地流转领域的法律规制应该更加谨慎和适度，以平衡市场和政府的角色，保障农民的权益，促进农村土地市场的健康发展。

为了实现我国政府规制"有度"，防止其"规制过度"与"规制不足"，就有必要对政府的法律规制行为划定边界，使其规制范围仅限于：其一，市场失灵的范围就是政府规制的范围，市场失灵决定了政府干预行为的空间范围；其二，根据成本与效益分析理论，由于法律规制成本的存在，并不是所有的市场失灵都应当由政府进行规制，当法律规制成本过高或法律规制能力过弱时，政府对市场的规制范围就要受到限制；其三，鉴于我国现阶段政府与市场强弱地位的差异，根据弱者优先的原则，在处理市场与政府关系时，必须遵守市场优先的原则，市场扩展到哪里，政府的规制范围就应该收缩到哪里。[1]

根据上述原理，政府在法律规制农地流转以实现规模经营的过程中，必须由目前的"全面规制"向以放松规制和以激励

---

〔1〕　单飞跃等：《需要国家干预：经济法视域的解读》，法律出版社 2005 年版，第 141—143 页。

性规制为表现形式的"间接、适度规制"方式转变。也就是说，在农地流转中，政府应主动放弃部分权力，退出部分土地交易环节，让位于市场，通过市场机制配置土地资源，合理引导农地的供给和需求。[1] 其具体做法应主要包括：一是政府通过扶植有一定规模的新型农业经营主体，建立健全农地流转中介服务机构，推进我国农地市场的成熟与完善；二是在相关法律规范与法治建设的过程中，政府应该为农地流转和规模经营提供一个公正、稳定的制度环境与运作规范；三是通过建立农地价格评估制度，完善农村社会保障制度，加强流转纠纷解决机制，确立土地整治制度，推进农地流转的金融服务体系建设，使政府成为农村土地市场的中介者，以引导方式推进我国农村土地的流转集中。[2]

可以说，选择"间接、适度规制"的立法模式，一方面可以有效增强在我国长期被弱化、被压制的市场（即农地流转市场）功能，另一方面也符合在现代市场经济中，法律规制对经济民主与经济自由理念的尊重与追求。

---

〔1〕 邓大才：《农地交易：政府失灵与市场缺位》，载《国家行政学院学报》2004年第1期。

〔2〕 邓大才：《农地交易：政府失灵与市场缺位》，载《国家行政学院学报》2004年第1期。

第8章
"三权分置"下法律规制农地规模经营的制度完善

在当前情况下,"三权分置"政策已经逐渐在农村落地生根,对于农村经济的繁荣以及农村劳动力向第二、第三产业的转型起到了积极的推动作用。特别是通过土地经营权的流转,一些地区已经逐渐呈现出农地规模经营的新趋势。然而,在这个变革过程中,也暴露出一些问题。尤其令人担忧的是,有些地方在推动规模经营时,误解了国家的政策意图,偏离了初衷,强行实施土地集中经营,忽略了农民的真实意愿。此外,在一些地区,农地过度流转集中,反而导致农地利用效率不高,产生了农地利用不经济的不利后果。此外,农地流转中自发组织的行为导致的纠纷也日渐增多,反映出农村土地流转的法律政策在实际操作上存在一些难以克服的障碍。这不仅制约了农地规模经营的步伐,更因为农地经营的管理与服务机制不够完善,很多时候,地方纠纷和问题缺乏有效的解决方案和依据。这些情况都提示我们,虽然在"三权分置"政策框架下农地规模经营已经开始在一些地方取得初步进展,但整体上仍然是一个自下而上的探索过程。因此,国家需要进一步细化和明确关于农地规模经营的政策、目标、内容等方面,以确保这一变革更加顺利、高效地推进。

8.1 制定专门的农地规模经营法：实现农业现代化的法律路径

8.1.1 "三权分置"政策下的单独立法：为何必要？

随着我国市场经济的不断深化和发展，土地作为一种特殊的资源和生产要素，日益展现出其商品属性和价值。特别是在当前我国农村土地制度持续进行变革和调整的大背景下，"三权分置"政策被视为农村土地管理和使用的新时代指导方针，它为农村土地带来了全新的使用和发展机遇。然而，如何在立法层面为这一政策提供有力支持，以确保土地资源的合理、有效和可持续利用，成为农村土地法律政策制定的重要议题。

首先，我们必须深入理解农村土地适度规模经营的实质和意义。我国农村的经济结构和社会结构目前正经历深刻的变革。随着城市化进程的推进，农村劳动力涌入城市，从事第二、第三产业的工作，导致许多农户开始寻求更为灵活和多元的土地使用方式。这种转变不仅追求经济效益最大化，还与现代农业生产模式的演变密切相关。适度规模经营有助于实现土地资源的合理配置和有效利用，避免大片土地闲置和浪费，从而增加农户的经济效益。

然而，目前仍有许多农户坚守传统的小规模、散片化经营方式，这导致了农业效益的低下和生产力的滞缓。对于这些农户来说，他们更愿意将土地经营权转租或转让给那些具有更强经营能力和经验的种植大户或企业，以确保他们的土地价值能够得到合理体现。

正是出于这种背景，我国农村土地政策开始思考如何在法律框架内引导和促进土地的适度规模经营。在市场经济的影响下，生产要素的合理流动和配置是实现农业现代化和提高农业竞争力的必要手段。其不仅有助于土地资源的优化配置，还能为农民带来更高的经济回报，从而提高他们的生活水平。

然而，要实现这一目标，仅依靠市场机制是不够的，还需要法律和政策的引导和支持。早在 1984 年，中央一号文件《中共中央关于一九八四年农村工作的通知》正式提出了农地应该"逐步形成适当的经营规模"，并鼓励各地展开不同形式和规模的实验，这一探索已经持续了四十多年。近年来，随着"三权分置"改革方案的逐渐成熟，总结农地规模经营的成功经验，并将其纳入法律保障范围已经势在必行。因此，2018 年，我国对《农村土地承包法》进行了修改，主要目的是以"三权分置"理论为基础，完善农村土地承包制度，明确新分置出的土地经营权的法律地位。然而，《农村土地承包法》一直侧重于保障农民的土地承包经营权，在处理集体土地所有权和土地经营权方面受到了原有法律框架的限制。

因此，农地规模经营和农业规模经营仍然需要新的法律规范和保障。修改《农村土地承包法》之后，我们需要进一步制定专门保障土地经营权的法律制度，以全面实现"三权分置"的改革目标。

综上所述，不论从理论、现实需求还是发展趋势的角度来看，都明确要求我们加速推动规范高效的农地规模经营。法律作为社会的调节器，应尽快完善相关规范内容，避免法律滞后于时代需要，使其可以及时适应新的社会关系。在明确所有权、稳定承包权、保护收益权、尊重经营权的基础上，促进农村土地逐步形成适度规模经营的模式。

8.1.2　农地规模经营立法的核心思路

从制度层面来看，我国农地规模经营已经经历了由放开、支持到规范的重要制度演进，并取得了显著的进展。然而，需要指出的是，对农地规模经营的直接规范仍然局限于政策文件的层面，尚未得到法律的明文规定。相比之下，发达国家在农业现代化和扩大农地规模经营的进程中，法律制度的设计与安排发挥了重要作用。例如，日本明确规定了农户最小面积的限制，并修改《农地法》为《农用地利用增进法》，旨在促进农地有序流动和集中。而美国以及许多欧洲国家在直接规范农业规模经营的法案中设定了农地经营规模的相关条款，为规模经营提供了明确的法律依据。虽然我们可以不断地对农地规模经营政策进行调整和更新，但主要依赖政策约束，特别是地方政策各自为政，限制了农地规模经营的顺利实现，缺乏足够有力的支持。因此，相关政策应该上升至法律层面，以有效解决农地规模经营制度体系的失范问题。为此，我国应在总结地方政策经验的基础上，迅速推进国家层面的农地规模经营立法工作。这一过程不是对地方农地规模经营管理创新的限制，而是为了更好地保护和推动全国范围内的农地规模经营。因此，农地规模经营的相关政策应该在国家专门立法规范之中得到统一。

我国各地的农地规模经营行为通常是由群众自发组织实施的，但实际操作上缺乏直接的法律依据，导致各方经营主体的权益难以均衡协调，容易引发纠纷，甚至影响土地流转的效益。为了贯彻国家对农地规模经营的政策和导向，依法保护经营主体及相关利益方的合法权益，加强农地规模经营的制度建设，我们必须依靠高效的直接规范来加强制度化，最终形成一个完整的法律规范体系。

因此，未来的农地规模经营法律制度设计应该根据农地制度的实际需求，借鉴国内外成功经验，并充分利用国家和地方已有的农地规模经营法律制度成果。在此基础上，需要完善当前农地规模经营法律规制体系的不足之处，进一步探讨制定一部统一的《农地规模经营保障法》。这部法律将以法律的形式规范在"三权分置"下农地规模经营中各种可能出现的突出问题，确保制度的顺利实施和各方的权益得到合理保护。

8.1.3 以"效率优先兼顾公平"为农地规模经营立法价值取向

"公平"与"效率"是一个古老而复杂的话题。通常情况下，"公平"是法学领域的基本价值理念，而"效率"则属于经济学的基本价值范畴。然而，在法律领域，"效率"也成了衡量法律制度的重要标准。对于"公平"的定义存在多种观点，其中包括：①"公平"被定义为社会制度或规则的公正和平等性；②"公平"涵盖了公正、正义和平等的概念；③"公平"意味着在一个社会中，利益相关方之间的利益分配和关系应处于相对合理和公正的状态。而"效率"则具有更为明确的含义，通常指如何从给定的资源投入中获得最大产出，即以最小的资源消耗实现同样多的产出，或以相同的资源消耗获得最大产出。[1]因此，"效率"实际上关注的是如何有效配置社会资源。

对于"效率"与"公平"之间的关系，存在多种观点。一种观点认为两者完全是对立矛盾的关系。在某些情况下，为了实现公平，可能需要牺牲一定的效率，反之亦然。因此，二者不可兼得，就像鱼和熊掌一样，只能取其一。第二种观点认为公平与效率是可以兼容的，二者可以相互促进、相互统一。公平的分配可以提高效率，而效率的提高又可以进一步促进公平。

---

〔1〕 高德步：《产权与增长：论法律制度的效率》，中国人民大学出版社 1999年版，第4页。

分配是否公平直接关系到社会的稳定，以及劳动者的积极性、主动性和创造性的充分发挥，这对于效率的提高至关重要。同时，效率的提高也可以使人们在比例不变的情况下获得更多的分配。此外，还有一种观点认为，"效率"与"公平"是矛盾的统一，既有相互矛盾、相互排斥的一面，又有相互统一、相互依存的一面。二者的统一性表现在：效率为公平提供了物质基础，没有效率的提高，公平可能会流于形式。而公平则是提高经济效率的保证，只有保证充分的利益和权利分配的公平，才能激发劳动者的积极性，促进生产力的发展，从而提高经济效率。

从表述来看，第三种观点更能反映出社会的整体发展规律，也因此是我国学者的主流观点。

法，作为反映社会关系、规范调整社会关系的调整器，作为良化社会关系、促进经济发展和社会进步的推进器，必然要将公平与效率这对矛盾的统一体纳入其基本价值范畴。[1]这不仅是社会发展对法的要求，作为主体的人对法的要求，也是法的品格使然。[2]在所有法律的制定过程中，必然需要在"公平"与"效率"之间进行权衡考虑。这种权衡可以表现为两种不同的立法价值取向，一种是"效率优先，兼顾公平"，另一种是"公平优先，兼顾效率"。

这两种取向在法律制定中发挥着重要的作用，因为它们可以根据不同的情境和政策目标来指导决策者。在"效率优先，兼顾公平"的立法价值取向下，强调经济效率的最大化。这意味着法律应该被设计得能够最有效地分配资源，以实现最大的

---

〔1〕 齐延平：《法的公平与效率价值论》，载《山东大学学报（哲学社会科学版）》1996年第1期。

〔2〕 齐延平：《法的公平与效率价值论》，载《山东大学学报（哲学社会科学版）》1996年第1期。

产出或效益。在这种情况下，可能会出现一些不公平的分配，但这被认为是为了实现更广泛的效益而作出的必要牺牲。相反，在"公平优先，兼顾效率"的立法价值取向下，强调社会公平和正义，这意味着法律应该确保资源和利益的公平分配，以满足社会的公平要求。虽然这可能会导致一些效率损失，但它强调社会的平等和公正。

因此，在制定法律时，决策者必须在这两种立法价值取向之间进行权衡，以找到最佳的平衡点。在不同的情境下，可能需要优先考虑一种取向，但同时也要考虑另一种取向，以确保法律的综合效果最大化。这种权衡和取舍过程将有助于形成最佳的立法效果，同时兼顾公平和效率的重要价值。

对于《农地规模经营保障法》，必然要选择"效率优先，兼顾公平"为立法价值取向。这是因为：

（1）以"效率优先"作为立法价值取向，可以推动农地规模经营的法律制度更好地发挥优化农地资源配置的作用，从而实现农地规模经营的立法目标。我国当前土地承包经营制度注重"公平"作为其价值取向，这导致土地承包经营权在农民中机会均等、权利平等地分配，但也带来了农地资源配置的效率损失。这一制度使农地无法得到充分高效的利用，同时抑制了农民生产劳动的创造性和积极性。为了解决这一问题，需要通过相关制度安排重新配置土地经营权，通过规模化经营实现农地资源的优化配置。在制定农地规模经营的法律制度安排时，必须将"效率优先"作为立法的核心价值取向。只有高效率的农地经营才能为农民带来更多的经济收益，改善他们的生活条件和福利水平，进而缩小城乡收入差距，促进社会公平。这一立法价值取向将有助于确保农地规模经营政策的实施，使其更符合社会的整体利益和发展规律。同时，也可以在维护公平的基础上，更好地推动农地资源的高效配置，促进农村经济的发展，以及提高农民的生活水平。

（2）在进行农地规模经营的有关制度安排时，也同时需要以"兼顾公平"作为立法价值取向，这是因为一个公平的土地制度可以为高效率的农地经营提供重要的前提条件。当农民感到其土地权益得到有效保护并获得合理的收益分配时，他们更有动力积极参与规模经营，从而进一步提高农业生产效率。此外，如果我们单纯追求"效率"而忽视了"公平"，可能会导致农地资源的过度集中和经济利益分配的不均，这样会加大农民之间的贫富差距，可能会威胁社会的稳定和谐。因此，在制定农地规模经营的相关法律制度时，需要平衡"效率"和"公平"的关系，确保效率的提升与公平的实现相协调，避免二者之间的冲突。

综上所述，《农地规模经营保障法》中"效率"与"公平"的立法价值并不是对立的，而是相互依存、相互促进的关系。在制定农地规模经营的具体法律制度时，应充分考虑"效率与公平"的协调关系。当二者出现矛盾、冲突时，根据"效率优先，兼顾公平"的原则要求，应当优先实现"效率"，以促进农地规模经营的有序发展和农民权益的全面保护。

可以说，"效率优先，兼顾公平"这一立法价值取向将有助于确保农地规模经营规范内容的综合性实施，使其更符合社会的整体利益和发展规律。同时，也可以在维护公平的基础上，更好地推动农地资源的高效配置，促进农村经济的发展，以及提高农民的生活水平，从而促进社会的稳定和谐发展。

8.1.4 《农地规模经营保障法》中相关法律制度的设计建议

如前所述，在"以效率优先兼顾公平"的立法价值取向下，

《农地规模经营保障法》应以"放松管制"和"激励性规制"为法律规制的表现形式,其具体的制度内容应主要包含如下几个方面。

8.1.4.1 农地规模经营主体制度

(1)工商企业成为农地规模经营主体的制度条件。新修正的《农村土地承包法》和《农村土地经营权流转管理办法》已着手规范工商企业成为农地规模经营主体,诸如要求各地方设定一定的准入和监管制度,并可以征收一定的管理费,但是上述规制内容只是原则性规定,缺乏具体可操作内容。为了深入监管"工商资本下乡"的现象,各地方相继出台诸如广安市广安区《工商企业等社会资本通过流转取得土地经营权审批实施细则》等地方法规,并对工商企业成为农地规模经营主体进行非常严格的资格限定,从实践来看,如此规范只会增加其经营成本,进而加剧"下乡租地的短期行为"。

针对这一问题,反观其他国家的相关立法状况:鉴于土地资源的稀缺性,为了保障农民利益、提高农地的产出率,许多发达国家,例如德国、日本、韩国,都有规范工商企业经营农地的法律规定。在这些国家中,由于日本与我国都属于人多地少、农地资源相对紧张的国家,且具有相近的历史、文化、伦理思想背景,因此,日本的农地制度构建经验对我国具有重要的借鉴价值和启示。通过对日本农地制度变迁过程的深入研究,不难发现,该国对于本国工商企业租赁农地的态度随着社会、经济的发展在不断地进行着自我调整:自二十世纪五十年代农地改革以来,日本一直对工商企业直接租赁农地进入农业部门实行严格的限制政策。1962年,日本《农地法》在第一次修改后虽然创设了农业生产法人制度,打破了之前法人不得拥有农地的限制,但该法又同时设置了严格的满足条件。至此一直到二十世纪九十年代前，企业直接参与农地利用在日本原则上是受到法律严格限制的。随后，为了推动农地的规模化经营，解决农村人口老龄化的问题，日本逐步解除对农业生产法人的各种限制。通过多次修改《农地法》，日本大幅度放宽了农业生产法人注册登记的各种条件，取消了对法人获取土地面积以及雇佣工人数量的各种限制，废除了对农业法人不利的税收政策等。[1]目前，根据 2009 年最新修订的《农地法》，工商企业只要满足一定条件后，就可以在日本境内任何地方自由租赁农地，参与农业生产经营。[2]值得注意的是，尽管在过去的七十多年中，日本政府逐步放松了对工商企业直接参与农地经营的管制，但对于农业生产法人仍然保留了适度的监管内容。这些监管措施包括工商企业租赁农地的准入制度以及政府对工商企业租赁农地的审核批准制度等，通过这些法律制度的设置，旨在防止企业在租赁农地后对农村社会结构和农业发展造成不利影响。

参照日本的有益经验，结合我国现有的农村社会经济特征，我国在《农地规模经营保障法》中应设立工商企业成为农地规模经营主体的具体条件。这一制度条件应以"适度规制"为核心，以促进工商企业积极参与农地规模经营的发展。

第一，设置规制适度合理的农地规模经营主体的准入制度。借鉴日本农业生产法人的准入制度，我国工商企业取得土地经营权的准入门槛条件，应包括：①具有涉农企业法人资格；②具有农业经营能力；③具有一定的经济实力（拥有与经营项目相吻合的资金）；④禁止以非"农地农用"目的取得土地经营

---

[1] 黄延廷：《从日本脱离农地零碎化经营的实践谈中国农地规模化经营的对策》，载《经济体制改革》2011 年第 6 期。

[2] 丁关良：《工商企业租赁与使用农户"家庭承包地"的法律对策研究》，载《华中农业大学学报（社会科学版）》2013 年第 5 期。

权；⑤从事农业生产环节的经营项目应具有可行性研究报告，并符合农村土地利用总体规划；⑥符合农地规模经营的要求；⑦有效利用农地，提高农业生产效率；⑧租地企业负有保护农地的责任；⑨租地从事农业生产的企业要书面承诺参加村庄的农田道路维护和水利设施建设等活动。[1]

第二，在《农地规模经营保障法》中建立工商企业流转农地的风险保障金制度。这一制度旨在防止企业私自改变土地用途，或因经营不善而中途退出，从而保护农民的利益。具体规定如下：工商企业承包农地后，每年需缴纳一定数量的经营风险保证金，其金额可以设置为流转农地年租金的 1~3 倍。如果企业在经营农地过程中违反规定，这些保证金将被用作处罚金，用于赔偿农民的经济损失。但如果企业没有违规行为，这些保证金将在流转合同到期时如数退还。此外，风险保障金制度还应与农业保险和担保相结合使用，以提高对工商资本经营农业的风险保障能力。通过建立这一制度，可以有效预防企业因经营不善而退出，防止企业私自改变土地用途或从事掠夺性经营行为，从而维护了农民的利益和农地资源的稳定利用。

第三，设立工商企业从事农地经营的审批、监管制度。参考日本的农地租赁审批制度以及我国各地的相关立法实验，《农地规模经营保障法》应明确地方政府有权审核、监管工商企业的农地经营行为，具体内容主要包括：①审核工商企业的资质，是否符合"取得土地经营权的准入门槛条件"。②审核工商企业与农户所签订的流转合同，其格式是否规范，实质内容是否符合法律规定，是否有损害农民利益的条款。③监管工商企业是否按法律规定建立了流转农地的风险保障金制度。④在农

---

〔1〕 丁关良：《工商企业租赁与使用农户"家庭承包地"的法律对策研究》，载《华中农业大学学报（社会科学版）》2013 年第 5 期。

地流转后，监管工商企业是否有掠夺性经营农地的行为，是否有闲置农地的行为或将农地"非粮化""非农化"的行为。⑤工商企业在大规模租赁农地时，监管相关农村是否出现土地兼并或有农民无法维持正常生计的现象。

第四，应增设对工商企业成为"农业生产法人"的财政金融扶植制度。在《农地规模经营保障法》中，应平等对待工商资本的经营主体与其他新型经营主体，并规定"对从事粮食生产经营的工商企业和个人给予一定的惠农补贴支持，同时对解决当地农村就业问题的租地工商资本给予一定奖励和补贴"。通过这一财政金融扶植制度，可以激励更多的工商企业积极参与农地规模经营，特别是在粮食生产领域。这将有助于提高农业生产的效率和农产品的供给，同时也为农民提供了更多的就业机会，促进农村地区的经济发展。此外，这还有利于工商企业更好地融入农村社会，推动城乡一体化发展。

（2）培育新型农业经营主体的制度支持。正如前文所述，为满足农业规模化、现代化和产业化的需求，我国有必要积极培育出新型的农业经营主体，包括种植大户、家庭农场、农业法人和农业合作社。这些新型经营主体将成为推动农业现代化发展和农地规模经营的主要力量，它们具有更强的经营能力和创新精神，能够引入现代农业技术和管理方法，提高农业生产效率。同时，它们也能够更好地适应市场需求，实现农产品的产销一体化，提高农民的经济收入，这对于我国农村地区的发展和农民生活水平的提高具有重要意义。

但从实践来看，各地新型农业经营主体发展仍普遍存在规模偏小、产业结构单一、管理不尽规范、竞争能力不强、带动作用不突出等问题。对此，需要通过一定的法律制度对已经涌现出的新型农业经营主体的各种形态进行统一立法，以此推动其规范、有序发展，由此增强乡村产业发展的内生动力。

为此，我国应在《农地规模经营保障法》中设置培育新型农业经营主体的制度支持。而在具体制度设计时，应注意如下问题：

第一，应首先明确在坚持家庭联产承包责任制的基础上，继续将家庭承包户视为我国农业经营主体的基本形态。与此同时，要进一步明确，为实现农业的产业化、规模化、现代化发展，需要积极培育和扶植以种植大户、家庭农场、农业法人和农业合作社为主要构成的新型农业经营主体。在新型农业经营主体的各种形态中，应特别强调并确立家庭经营的基础性地位，即种植大户和家庭农场在农业生产中的重要作用。这有助于保障农民的权益，促进农业的多元化和可持续发展，同时也有助于维护农村社会的稳定和农村经济的繁荣。家庭经营不仅可以提高农产品的质量和产量，还可以促进农村就业和增加农民的收入，对于实现乡村振兴战略具有重要意义。

第二，在具体内容制定时，应明确：新型农业经营主体各种形态的法律性质、法律地位、资格认定标准、审定条件、登记办法、退出机制以及相关扶持政策等内容，从而有效指导和推动我国地方政府对新型农业经营主体的相关监管工作。其中，为了扶持新型农业经营主体的健康发展，防范无力经营问题的出现，在制定"资格认定标准"时，可以参考日本《农地法》的某些做法，设立"认定农业生产者"制度，即由地方政府根据当地实际情况制定出"认定农业生产者"的具体标准，有兴趣成为"认定农业生产者"的农业生产个人或组织则先提出申请，在申请时要求提供一项农地经营改善计划，具体内容包括计划达到的农地经营面积、生产条件、生产形式及农地管理的情况，然后由地方政府对申请者提交的材料进行评价、审批，认为符合条件的,就将其作为"认定农业生产者",并在土地集中、贷款等方面由政府给予支持;[1]如果相关政府部门认定不符合条件,则申请者将不被允许进入农业从事生产经营活动。同时,为了有效解决新型农业经营主体在实际经营中所出现的各种问题,该法应赋予地方政府有效的后续监管权,其具体内容包括:督促各类新型农业经营主体完善内部运行机制,及时纠正或清退不符合"资格认定标准"的新型农业经营主体,及时制止或纠正新型农业经营主体有损害农民利益的行为等。

除此之外,《农地规模经营保障法》还应当明确要求各级地方政府对新型农业经营主体给予财政、税收、土地、信贷、保险等政策支持。为了将此规定落地,我国还应该出台相关的配套措施以扶持和推动新型农业经营主体的发展,具体办法包括:首先,针对新型农业经营主体因缺乏有效担保财产而出现贷款难的问题,国家在放开农地经营权抵押贷款的基础上,应继续研究制定居民房屋和农业保险保单等进行抵押贷款的具体办法;其次,我国应进一步完善农业补贴制度,农业补贴政策的设定可以与发展家庭农场、农民合作社等新型农业经营主体相联系。同时,农业补贴在支付时,应改变以往发放给承包户的方式,直接给予土地经营者,从而使新型农业经营主体可以有效获得国家资金方面的扶植;再次,为了有效解决农业合作社融资难的问题,我国应成立国有性质的农业担保公司,为其运行提供金融担保服务,同时,大力发展农村资金互助组织,引导农业合作社开展信用合作,鼓励发展真正的农村合作金融,以此培育农村"内生"的金融组织;最后,建立农业从业人员的培训与认证制度。国家可以设立专门的资金,用于培训和培养农业

---

〔1〕 郭庆红:《日本扩大农地经营规模政策的演变及对我国的启示》,载《中国农村经济》2003年第8期。

从业者，包括农业合作社成员和新型农业经营主体。同时，全面建立农业行业从业人员职业资格认证制度，以此推动我国农民向职业化、专业化的转变。

（3）外资企业进入农地流转市场的法律限制。随着我国加入WTO过渡期的结束，经济对外开放程度也迈入了新的发展阶段——整个国家正以积极主动的姿态参与经济全球化的进程，对外贸易规模持续扩大，外资结构全面升级，对外投资合作也同样保持着良好的发展势头。在此背景下，外国资本也开始试探性进入我国的农业领域，直接投资农业生产、加工、流通、销售等各个环节，并由二十世纪八十年代初的小规模零星投资逐步发展为大规模、集群式的成片开发。[1]目前，外商直接投资我国农业的主体包括跨国公司、外国农业企业以及其他国家和地区的投资者。这些外资投资者通过建立合资企业、收购或租赁土地、提供资金和技术等方式积极参与中国农业领域。外资投资农业的重点区域主要集中在我国经济发达的沿海地区和拥有特殊农业资源的地区。例如，一些跨国公司已在江苏、浙江、广东等地投资农产品的种植和加工领域，同时一些水产养殖项目也聚集在福建、广东等沿海省份。

可以说，外国资本在农业领域的积极投入为我国实现农业产业化、现代化、规模化发展注入了新鲜的活力。具体来讲，外资企业进入农业领域，其积极作用主要表现在：

第一，在一定程度上，弥补我国对农业投入不足的问题。虽然近年来国家和地方政府对农业的投入逐年递增，但由于我国农业基础薄弱，农村建设资金需求量大，致使国家安排的支农资金对于广大农村来说仍然是杯水车薪。而农业部门的资金

[1] 黎元生、胡熠：《论外资农业规模经营中土地流转机制的缺陷及其完善》，载《福建师范大学学报（哲学社会科学版）》2005年第3期。

投入不足又是导致我国农业发展停滞不前、农民收入增长缓慢的主要原因之一。因此，外国资本作为舒尔茨观点下的"新的收入流"进入农业部门可以在一定程度上弥补国家、地方、集体和农民对农业资金投入不足的问题，为农业的现代化发展提供多元化的资金来源。

第二，改变我国的传统农业生产格局，使其逐步向现代化农业生产迈进。[1]我国正处于从传统的小农经济生产方式向现代化农业生产模式过渡的转型时期，在这一时期，我国大部分地区仍然采用传统的小农生产方式，其特征包括经营小块土地、使用粗笨工具、利用落后技术、从事"低投入—低产出"维生型小农经济等。然而，引入外资项目可以带来先进的科学技术、管理人才、知识信息等现代生产要素，这将促进立体化大农业生产体系的形成，有助于将我国低效的传统小农业改造为高效的现代大农业。[2]

第三，提高我国的农业科技水平。通过引入外资项目，我国可以获取优良的动植物品种资源、先进的技术成果和现代化的管理经验。同时，外资项目的存在也可以促进农业科技人才的培养和交流。这些因素共同作用可以有效提升我国的农业科技水平，缩小与世界上先进农业国家的差距，从而促进农业的增效、农民的增收和农村的繁荣。

第四，促进我国外向型农业的发展。外资的大规模引进可以有效提高农产品的交流化与品牌化，使我国农业产品得以顺利打入国际市场，从而带动了我国外向型农业的快速发展。据

---

〔1〕 钱乃余：《关于利用外资发展我国农业的思考》，载《山东农业》2001年第3期。

〔2〕 张新光：《资本农业引领中国农业现代化走向光明前景——马克思主义经典作家关于"小农趋于衰亡"论断的回顾性阐释》，载《财经理论与实践》2008年第2期。

统计，目前农业外商投资企业出口创汇额已占我国农产品出口创汇的 1/3。[1]

第五，推动我国农业管理体制和经营方式的改革。为了创造有利于自身发展的外部环境，外资企业势必会要求我国在农业推广机构改革、农业信息体系建立、动植物检验检疫规范管理、农村金融（小额信贷）试点研究、农业普查、粮食购销体制改革等多方面进行前瞻性研究。同时，它们还会参考本国的相关成功经验提出许多建设性意见，从而有力地推动我国的农业管理体制和经营方式的改革。

然而，外国资本大规模进入我国农业领域，虽然带来了种种好处，但也带来了一些潜在的问题和隐患，值得我们关注。具体来说，外资企业对我国农业发展会产生以下负面影响：

第一，外资企业会削弱国家对农业产业的控制权。当前，投资我国农业领域的外资企业多为跨国公司，它们通常拥有强大的实力，并倾向于投资农业领域的关键产业，这些产业与国家经济和民生息息相关。外资企业逐渐介入这些关键产业的各个环节，最终可能垄断整个产业链，导致我国失去对这些关键农业产业的控制权。以我国的大豆产业为例，目前约有 85% 的大豆加工业被外资企业掌控，它们倾向于从国外大规模进口大豆原料，同时利用其市场垄断地位，压低国内大豆价格，导致国内大豆种植业急剧减少，这使得我国从几十年前的大豆净出口国变成了大豆净进口国，国内大豆价格受国际市场波动的影响较大。这一情况凸显了外资企业对关键农业产业的控制权可能削弱国家的决策和掌控能力。

第二，可能对我国的粮食安全、经济安全和社会安全构成

---

[1] 袁志勇：《对外资进入农业要"引""管"并重》，载《人民日报海外版》2020 年 9 月 10 日。

潜在威胁。当外资企业深入我国农业领域并控制粮食市场定价和农产品资源时，会削弱我国的粮食供应独立性，从而对我国的粮食安全带来潜在威胁。此外，如果外资企业发展壮大，通过操纵粮食价格，也会削弱我国政府在宏观经济调控方面的能力，增加宏观调控的难度和不确定性，从而对我国的经济安全和社会安全带来巨大的威胁。

第三，挤压我国农业企业的发展。目前，我国农业企业尚处于起步阶段，大都规模较小，技术、管理、资金都相对落后。如果允许外国资本不加限制地进入我国的农业领域，将会有大量的跨国公司利用其资金、技术、管理的优势挤占我国的国内市场，实行恶性竞争。这种不公平的竞争将会导致许多缺乏竞争力的国内农业企业破产倒闭，阻碍我国农业企业的发展。为了保护国内农业企业的利益，有必要在引进外资方面加强监管和限制。

第四，削弱我国农业的自主创新能力。[1]跨国公司一旦通过兼并收购等方式获得我国农业企业的经营决策权后，将会牢牢控制企业内部的技术研发，将其基础性和关键性的研究放在其母国进行，在我国只是辅助性的研究，从而实现其对核心技术的持续垄断地位，由此大大延缓了农业技术在我国的扩散和溢出效应，削弱我国农业的自主创新能力。[2]

第五，农地经营将会被外资控制。一旦外资企业进入农村土地市场，通过租赁、入股等方式获得我国大片农地的长期经营权，将会发展为变相的"地主"，从而加剧我国农地的兼并和

---

〔1〕 李长健、柳勇：《外资并购我国农业龙头企业的影响及法律对策》，载《湖南工程学校学报（社会科学版）》2011年第1期。

〔2〕 丁玉、孔祥智：《外资进入对我国农业发展和产业安全的影响》，载《现代管理科学》2014年第3期。

垄断。从这个角度看，外资的大规模进入如果不加限制将会严重动摇我国的基本土地制度。除此以外，外资企业为了逐利在获得农地的支配控制权后也会出现与我国工商企业"资本下乡"后同样面临的问题，诸如加剧农地流转"非粮化"和"非农化"的倾向，发生损害农民土地权益的行为等。

综上，外资企业大规模投资我国农业将会带来更为复杂的潜在风险，因此需要采取措施进行防范。许多国家（例如，印度、日本、韩国）都对外资企业投资农业这一问题持保留、怀疑态度，并制定出较为严苛的法律制度来限制外资企业的涌入。以印度为例，该国政府对外国资本进入农业领域确定了"限制与利用"的基本原则，不断颁布对外国资本比较严格的限制政策，诸如严格限制外资进入粮食领域、实施外债管理制度和设立外国投资农业的审批制度等。[1]印度的这些法律政策有效地控制了外资企业在农业领域的快速发展，避免了像拉美国家那样的不利后果（由于拉美国家对外资企业投资农业普遍实施较为开放的法律政策，致使本国的农业经营与农地经营完全陷入遭受外国企业掌控与干涉的悲惨境地）。

面对外资企业进入农业部门所带来的利益和风险，可以借鉴其他国家的实践经验，我国应该对外资农业企业确立"引导与限制"相结合的管控原则。《农地规模经营保障法》中应该就"外资企业取得与使用农地行为"进行详细的法律规范，并明确如下规制措施：

①进一步细化外商投资产业指导目录农业类中有关土地禁止和限制的内容，旨在保护农地资源、农民利益和国家粮食安全，同时促进农业可持续发展。针对土地禁止的内容，主要包

---

〔1〕 张雯丽、翟雪玲、曹慧：《巴西、韩国、印度农业利用外资实践及启示》，载《国际经济合作》2013 年第 5 期。

括：禁止外商投资参与基本农田的开发和利用；禁止外商投资从事农村宅基地的开发和利用；禁止外商投资从事农村集体建设用地的开发和利用；禁止外商投资从事农村承包地的开发和利用。另外，外商投资农业类的土地利用须遵守一定限制条件，这些限制条件包括：外商投资项目需符合国家规定的土地利用总体规划、城乡规划和耕地保护政策；外商投资农业项目需通过土地审批程序，并获得土地经营权；外商投资农业项目的土地规模、用途和期限需符合相关法律法规和政策要求；外商投资农业项目需确保农民权益和环境保护，不得损害农民利益和生态环境。

②设立外资企业进入农村土地流转市场的准入标准，除要求外资企业应具备前文所提到的工商企业取得土地经营权的准入门槛条件外，还应增置外资企业进入农业领域的控股比例，如规定外商控股不得超过50%，有助于避免外资企业对我国农业的过度控制，也可以据此扶持和保护我国农业企业的持续性发展。

③租赁农地类型与面积的法律限制。为防止外资企业对我国农地形成大规模的控制与垄断，在相关法律规定中应设定外资企业租赁农地面积的最高限制。同时，为了确保我国粮食安全的稳定，还应该明确"禁止将基本农田保护区的耕地租赁给外资企业进行使用"的规定。

④明确外资企业进行农业规模经营中的土地流转方式。目前在我国实践中，外商获得成片土地经营权主要有以下几种方式：反租倒包、长期租赁、年租制、入股、拍卖等。[1]对此，在相关法律中应明确外资企业合法、有效取得土地经营权的流

---

〔1〕 黎元生、胡熠：《论外资农业规模经营中土地流转机制的缺陷及其完善》，载《福建师范大学学报（哲学社会科学版）》2005年第3期。

转方式，如规定"可以以租赁、入股的方式获得土地的经营权"，防止外商在参与农地流转时发生不规范的行为，如强迫性流转或侵犯农民利益的情况。这样的规定可以帮助确保土地流转过程的公平性和合法性，保障农民的权益不受侵犯。

⑤通过实施税收、金融等优惠政策，引导外资企业投资农业的产前、产中和产后服务，而非直接租赁农地进行生产经营。这一方式有助于避免外资对农地的大规模控制，同时促进农业的现代化发展和产业链的完善，从而形成立体化大农业生产体系。为此，相关法条中应明确"各地方须实施优惠的法律政策，如税收减免、财政金融支持，引导外资积极投向农业的产前、产中和产后的服务中去。鼓励利用外资开展现代农业、产业融合、生态修复、人居环境整治和农村基础设施等建设；尽量减少外资替换农民直接经营农地的情况出现。"

⑥对外资企业进入农地流转市场建立严格的审查监督制度。在外资企业进入农地流转市场的过程中，相关法律内容应明确地方政府对其行为负有严格的审查与监管职责，其具体审查、监督内容可以参考前文所提到的工商企业租赁承包地的审批监管制度。除此之外，地方政府对外资企业经营农地的监管职责还应当包括：土地规划管理、土地使用方式管理、土地质量管理、土地流转价格监督等内容。[1]

（4）取消集体经济组织成员流转优先权的法律规定。如前所述，根据我国《农村土地承包法》等法律的有关规定，当土地经营权发生流转时，本集体经济组织成员在同等条件下享有流转优先权。这一优先权具有以下特点：首先，优先权是一种成员权。它是一种基于特定身份关系，即集体经济组织成员身

---

〔1〕 黎元生、胡熠：《论外资农业规模经营中土地流转机制的缺陷及其完善》，载《福建师范大学学报（哲学社会科学版）》2005 年第 3 期。

份而产生的权利。其次，该优先权是法定的而非约定的权利，即法律明确赋予集体经济组织成员流转优先权，旨在保障他们的生存利益，同时充分发挥农地在社会保障中的作用。当事人不得以约定的形式改变或限制集体经济组织成员的优先权。约定必须遵守法定，否则，该约定无效。再次，优先权可以对抗第三人，具有物权绝对性。也就是说如果土地承包经营权人不顾集体经济组织成员享有优先权的法律规定，而擅自将农地流转给集体经济组织成员以外的第三方，则本集体经济组织成员有权申请确认该项交易无效，从而行使自己的优先权。最后，按照《农村土地承包法》第 38 条第 5 项的规定，在同等条件下，本集体经济组织成员享有优先权，这是行使优先权的基础。条件同等，主要是指与发包方利益密切相关的条件同等。

虽然集体经济组织成员流转优先权的法律规定在一定程度上保护了本集体经济组织成员的经济利益，但同时也造成了土地流转范围的封闭性。这限制了土地经营权按市场方式自由流转的可能性，导致许多具备规模经营潜力的农户或组织无法参与本村的土地流转。由此，该规定限制了土地资源的流动性和有效配置，阻碍了农业生产的规模化和现代化发展。

为此，《农地规模经营保障法》以及我国其他相关法律政策应将这一规定废除，从而消除我国法律对于农地流转受让主体的不必要限制，同时排除过严规制对农地市场正常运行的干扰和破坏。只有建立更为开放的农地流转机制，才能恢复市场对劳动力流动和农地资源配置的调节功能，进而鼓励更多非集体成员参与农业生产和农村经济发展，有助于突破行政区划和户籍限制，使农村土地和劳动力这两大生产要素实现更加合理的配置。

8.1.4.2 农地规模经营客体制度

（1）建立农地经营规模适度标准制度。农地经营规模要保持其"适度性",在农地经营中达到适度的集中程度,以确保其他生产要素能够得到有效且合理的利用,从而降低平均成本,实现最佳的经济效益。合理的农地规模能够提高农业生产的效率,有效保护土地资源,减少对土地的过度开发,为未来的农业可持续发展打下坚实基础。

所以说,《农地规模经营保障法》在"农地经营"相关法律制度设计中需要考虑农地规模的"适度性"问题,以促进农地的合理流转和适度集中经营。

而在构建农地经营规模的适度标准制度时,首先要明确如下制度原则:

第一,发展适度规模经营必须以充分尊重农民意愿和保障其基本土地权益为前提。农民是农地的实际经营者,拥有自主的生产经营权。在确定农地经营规模的适度标准时,应尊重农民的意见和建议,促使他们积极参与和支持,只有这样,该制度才能真正发挥作用。发展农地适度规模经营需要在流转中强调保护农民的承包经营权,防止政府侵害农民权益的强行流转与集中行为的出现。[1]

第二,发展适度规模经营,要坚持效率优先兼顾公平。我国是典型的人多地少、农地资源相对紧张的国家,因此在推进农地适度规模经营时,应首先坚持效率优先原则,即农地经营规模的确定应以实现土地的产出率和经济效益最大化为基本前提,以实现我国土地节约型的农业发展方向。但同时,社会主义基本制度又要求我国在确定农地的经营规模时,尽量避免农地的过分流转集中,以防止出现大规模的土地兼并现象所带来的农村社会"两极化"问题。

---

[1] 刘兆军:《政策演进下的适度规模经营制度保障探析》,载《农村经济》2010年第7期。

第三，发展适度规模经营，要坚持因地制宜，从各地实际出发。由于我国地域幅员辽阔，各地经济发展程度又极不平衡，农地经营规模适合的"度"在各区域之间存在着明显的差距，对全国来讲难有普适性的量化标准。据此，我国各地区在具体确定农地经营规模的适度标准时，应根据不同的界定方法和标准，决不可以搞"一刀切"。政府应因地制宜，从各地的实际出发，综合考虑本地区的土地资源禀赋、社会经济发展状况、农业经营环境等因素，结合农地单位面积的成本投入和产出状况，确定符合本地区农业发展的指导性标准。[1]

其次，在具体构建农地经营规模适度标准的制度内容时，应该包括：

第一，建立不同农地类型的适度规模的标准制度。根据国内外学者的已有研究成果可知，不同类型的农业经营项目，例如种植粮食作物和经济作物，确实会具有不同的适度经营规模。例如，学者汪亚雄对南方各省农户（以粮食规模种植为例）"适度"的经营规模进行分析，认为农户对粮食规模种植最优适度规模应为 10 亩；学者朱音通过对福建省农户种植茶叶规模与农药使用行为规范化程度的关系进行分析，认为茶叶最优生产规模应是 32 亩；学者屈小博基于随机前沿生产函数的计算，认为陕西省苹果主产区农户适度经营规模应为 4—8 亩；学者王佳洁和鞠军以江苏省潘庄村为例，测算了农地适度经营规模，认为蔬菜种植适度经营规模应为 3.15 亩。[2]

可见，《农地规模经营保障法》应明确强调需要因地制宜地

---

〔1〕 黄毅：《我国农地适度规模经营的法律思考》，载 https://epaper.gmw.cn/gmrb/html/2013-10/13/nw.D110000gmrb_20131013_2-07.htm，最后访问日期：2023年12月11日。

〔2〕 郭斌：《农户耕地经营适度规模的合理确定：一个文献综述》，载《西北农林科技大学学报（社会科学版）》2013年第6期。

制定适度规模经营的标准，以满足不同地区和不同农业类型的需求。即建立不同农地类型适度规模的标准制度，根据土壤质量、水资源、地理位置等资源禀赋，以及农业经营环境、生产力水平等各种经济和生产要素的特点，结合不同农作物的种植特点进行综合分析，以制定合理的规模标准。这种差异化的标准制度有助于充分考虑不同农地类型的特点和潜力，以实现农业的可持续发展，并合理利用土地资源。

第二，建立农地适度规模的动态调整机制。农地经营规模的适度值受多种因素和经济条件的综合影响，并且会随着条件的变化而变化。适度规模经营不是一个静态的数值，而是根据不同的情况和时机进行动态的调整。有学者明确指出："适度意味着对理论上最佳规模的某种程度的偏离。适度的规模不是一个凝固的规模，适度的'度'是动态的。"[1]也就是说，当外部约束条件发生变化时，有必要适时调整农地规模，使适时的经营规模不断向最佳经营规模逼近，以获取规模经济效益。

据此，《农地规模经营保障法》在具体构建农地经营规模适度标准制度时，应当建立农地适度规模的动态调整机制，从而使农地经营规模的"适度"值具有可调整性，以适应不断发生变化的外部条件，进而实现土地收益的最大化。具体来讲，在相关法律制度设计中要明确启动调整机制的实质要件，包括农业技术水平、农作物品种、机械化程度、农业经营者的生产经营能力和投入能力、组织化程度等要素条件，以及和运行动态调整机制的法律程序，包括调查程序、专家咨询程序、听证程序、公开程序等内容，以保证调整机制的公正性、科学性与权威性。此外，《农地规模经营保障法》应强化政府和相关部门的监测与评

---

〔1〕 何宏莲：《黑龙江省农地适度规模经营机制体系与运行模式研究》，中国农业出版社 2012 年版，第 25 页。

估工作，根据实质要件的变化及时启动调整标准程序，以适应农业发展和土地资源变化的需要。同时，政府还应加强对农民的培训和指导工作，以提高他们对适度规模经营的认识和理解。

第三，建立以支持家庭农场发展为核心的农地经营规模适度标准制度。目前，我国的农地规模经营主体主要包括专业大户（或种田大户）、家庭农场、农业法人和农民合作社。家庭农场作为一种农业经营组织形式，充分发挥了农业精耕细作的特点，有效地解决了农业生产中的合作、监督、激励、标准化和质量安全追溯等问题。因此，它被认为是现代农业经营体系中发挥着越来越重要作用的最佳组织形式，农业发达国家的实践也证明了家庭农场的主体地位。回顾中国的农业发展历程，可以看到我国一直保存以户、家庭、家族为单位进行农地经营管理的传统。

根据其他国家农业生产经营的实践经验以及我国的实际国情，可以总结出：我国目前发展农地规模化经营的最好模式应该是家庭农场经营。[1]因此，在推行农地规模经营时，我国应以鼓励和支持家庭农场发展为主。在制定农地经营规模的适度标准时，更应建立以支持家庭农场发展为核心的标准制度，即以家庭农场承包多大规模农地为宜进行农地经营规模适度值的计算。而其具体计算方法可以以一个家庭农场在不雇或很少雇工的情况下所能承担的耕作面积为准，因为这样的经营规模，生产经营者利益直接，主动性、积极性和责任心强，更容易做到高产、高效。[2]

---

〔1〕 黄延廷：《我国农地规模经营中家庭农场优势的理论分析》，载《改革与战略》2011 年第 5 期。

〔2〕 马跃：《土地经营规模"适度"之研究》，载《浙江学刊》1997 年第 4期。

第四，设立适度农地经营规模的多种判定标准和评价方法。目前，我国学者在评估农地经营规模的"适度"时，由于其研究角度的差异，导致出现多种不同的评价标准和分析方法，包括：土地产出率（单位面积产量）指标、土地收益率指标、劳动生产率（产出率）指标、劳均纯收益指标、投入产出率指标（利润最大化）以及最佳经济规模下的土地最优规模指标等，以及多种分析方法，包括：简单的统计分析、计量分析、线性规划等。[1]我国学者所采用的评价标准、分析方法不尽相同，因此最后所得出的适度规模结论差异很大。[2]

在具体构建我国农地经营规模适度标准制度时，应当设立几种具有指导意义的评价标准和评价方法，以供各地政府根据自身实际情况进行最为适合的选择，诸如土地产出率、劳动生产率指标等评价标准和统计分析、线性规划等分析方法。同时，为了保证各地区选择农地经营规模评价标准和评价方法的准确性与科学性，还应当在《农地规模经营保障法》中明确其结论需要满足以下几点因素：一是适度的农地数量必须是农业劳动力获得略高于或相当于非农业劳动力平均收入所需的土地数量；二是农地规模不能超越经营主体的实际经营能力；三是土地产出率要相当于或高于当地的平均水平；四是要考虑农村劳动力、农业技术和装备等生产要素是否得到合理的利用。[3]

（2）建立法定面积农地强制整理制度。《农地规模经营保障法》在土地经营权流转内容设计上，有必要建立法定面积农地

---

〔1〕 王培先：《适度规模经营：我国农业现代化的微观基础——一个新的分析框架》，复旦大学 2003 年博士学位论文。

〔2〕 郭斌：《农户耕地经营适度规模的合理确定：一个文献综述》，载《西北农林科技大学学报（社会科学版）》2013 年第 6 期。

〔3〕 伍业兵、甘子东：《农地适度规模经营的认识误区、实现条件及其政策选择》，载《农村经济》2007 年第 11 期。

强制整理制度。这是因为在土地经营权流转过程中，由于无法保证农户的流转行为一致，因而各家各户的流转情况各不相同，这种情况导致了农地流转的零散状态，使流转后的土地难以形成集中的规模化优势。[1]如果在农地流转过程中无法形成地理上的边界连接，那么就无法实现连片经营，其结果只会导致农地进一步细碎化。可以说，虽然农地流转是农地集中和规模经营的前提，但并不必然导致农地的集中和规模经营的实现。这和工业生产资料的流转形成了鲜明的对比：工业生产资料，如生产设备、原材料一般都是动产，容易集中到一起，形成规模优势，从而形成规模化、专业化、社会化、现代化的大生产。[2]在农地流转过程中，如果完全依靠流转双方进行土地交易，农地可能无法迅速实现集中经营，或者可能需要经过多次交易才能实现。在这种情况下，为了加速农地规模经营的实现，有必要借助外部力量，对转出的农地进行集中整治，然后再统一转入给有意向的农地经营者，以实现连片的集中经营。

根据一些发达国家的实践经验，这种外界力量往往是由提供社会公共服务的政府通过设立法定面积的农地强制整理制度来实施的。例如，在法国，政府根据《农业指导补充法》成立了"土地整治与农村安置公司"。该公司将购得的零散农地进行合并和整理，以达到"标准经营面积"，然后以低价优先转让给中等规模的农场主，从而促进了农地的流转集中和规模经营的顺利实现。在我国一些地区，当地政府也采用了类似的方法，通过实行"小田并大田"的改革方式，对农地进行强制整理。

---

[1] 黄延廷：《制度视野下的农地规模化流转探讨——兼谈促进我国农地规模化流转的对策》，载《云南师范大学学报（哲学社会科学学报）》2011年第3期。

[2] 黄延廷：《制度视野下的农地规模化流转探讨——兼谈促进我国农地规模化流转的对策》，载《云南师范大学学报（哲学社会科学学报）》2011年第3期。

例如，课题组了解到江苏省盐城市亭湖区将431户农户承包的1123块土地进行整合，最终合并为147块用于集中经营。这种做法有助于促进农地的流转集中，实现规模经营，提高农业生产的效率和农民的收入水平。

参考国外先进的立法经验和我国"小田并大田"的地方改革实验，在我国，建立法定面积农地强制整理制度势在必行。该制度将通过整合农地资源、优化农业布局，推动农业现代化发展，实现农民增收和乡村振兴的目标。而《农地规模经营保障法》在具体构建法定面积的农地强制整理制度时要注意：

首先，应明确地方政府在该制度的主体地位与主导作用。这是因为在农地整理和合并过程中，通常会涉及土地的权属变动、置换等整理后果，因此该制度的顺利运行必然依赖政府的干预活动，以解决土地权利主体之间的利益分配和权属调整问题。在法定面积农地强制整理制度中，政府作为主要组织者和实施者，需要通过强制手段干预土地流转市场，将零散的农田进行整合和集中，以形成地理上的边界连接，然后以规模化的方式（即一定规模的农地面积）将其流转给有意向的农地经营者，从而有效提高农地的连片经营程度，以实现农地的规模化经营。《农地规模经营保障法》还应赋予地方政府对流转农地的强制整理权，使其能够合法介入土地流转交易，并通过对土地利用的宏观调控优势来推动农地流转后规模经营的顺利实现。

其次，在具体制度内容构建时，应明确：

①为促进法定面积农地强制整理制度的顺利实施，需要设置具有官方色彩的农地整理机构。如前所述，为了实现农地的流转集中，法国推出了"土地整治与农村安置公司"，使其担负起对流转农地强制整理的职责，并取得令人满意的效果。我国也可以借鉴这一经验，通过政策扶植要求各地方建立农地整理

机构，这些农地整理机构不仅可以充当农地流转的平台，还可被赋予一些特殊的权力。例如，可以赋予它们流转土地的优先受让权和让与土地的选择权。优先受让权意味着在同等条件下，农户要流转土地经营权时，必须优先考虑将土地流转给农地整理机构，否则不能将土地流转给其他个人或组织（如流转则行为无效）。让与选择权意味着农地整理机构在将自己受让的土地流转时，可以选择将土地流转给新型农业经营主体。通过农地整理机构对农地流转的强制干预，可以有效推动农地向大规模经营的农业生产者集中，从而促进农地规模经营的实现。

②设置实施强制整理流转农地的最小面积。本质上讲，农地强制整理制度是政府以公权力强制性地对农民的土地权属关系进行调整，因此它是典型的公权力对私权利的限制和干预。为此，相关法律有必要为政府的这种干预行为划定明确的边界，即政府在干预经济时应以最小的介入获取最大的经济和社会收益作为基本准则。因此，在构建农地强制整理制度时，应设定实施强制整理流转农地的最小面积标准，各地方政府根据本地土地经营的实际情况来确定本地区零散农地的具体面积标准。当土地市场中流转的农地面积小于这一数值时，可被视为零散农地，农地整理机构可以以提高土地利用率和维护社会公共利益为干预的依据，对零散农地进行强制整理。然而，如果流转的农地面积大于这一数值，农地整理机构则无权进行整理，应该由市场充分发挥资源配置的作用。至于实施强制整理流转农地的最小面积数值的计算，应以当地农地实现适度规模经营所需的具体面积为衡量标准。

③在建立法定面积农地强制整理制度时，还应考虑为涉及强制整理的农民设立财税金融等方面的配套优惠政策。政府在实施农地强制整理时，虽然是在维护社会公共利益，但不可避

免地侵犯了农民的土地经营权。因此，从公平的角度出发，政府应当对受到强制整理影响的农民提供一定的经济补偿，以换取他们对土地经营权的限制或一定程度上的放弃。具体来说，主要的措施可以包括向涉及强制土地整理的农民提供倾斜的资金安排，例如税收减免、财政补贴，以及低息甚至无息的金融贷款等。

（3）重塑农地用途管制制度。土地用途管制制度，国外也称"土地使用分区管制制度"（如日本、美国、加拿大）、"土地规划许可制度"（即英国）、"建设开发许可制度"（如法国、韩国等），是指国家为了实现土地资源的最优配置和合理利用，促使社会、经济与环境协调发展，依据国土利用空间规划、城市规划等确定的土地利用分区及每块土地利用分区的土地利用规划，对土地利用作出许可、限制许可或不许可并监督、检查、跟踪管理直至追究法律责任的一种法律制度。[1]土地用途管制的核心在于政府借助土地利用总体规划等国家强制力，将土地用途分区，并限制用途和开发速度、规模、强度、区位，从而引导土地资源的合理开发和利用，协调经济发展与土地资源保护的关系。[2]

如前所述，在强调自由、民主化观念的今天，发达国家所实施的土地用途管制制度越来越跳出传统的"强制与控制"思维，而更多地趋向于弹性和民主观念的市场化管制，例如，美国所实施的奖励激励分区、分组分区等更有弹性的分区管制工具以及"开发权转移"等更具有市场化特点的管制手段就是明

---

〔1〕 王文革：《城市土地配置利益博弈及其法律调整》，法律出版社 2008 年版，第 230 页。

〔2〕 杨惠：《国家干预土地资源配置之法理基础与实证分析》，载《经济法论坛》2006 年。

证。反观我国，目前土地用途管制制度仍表现为政府以"命令—控制"的方式对土地资源配置进行强制干预与直接干预，具有浓厚的行政强制色彩，然而其制度执行效果较差，尤其是农地，其非粮化、非农化问题一直没有得到有效纠正。

为了保护日益稀缺的耕地资源，保障国家的粮食安全，《农地规模经营保障法》有必要强调"在农村土地经营时遵守国家土地用途管制制度。未经依法批准不得将承包地用于非农建设。土地经营的单位和个人必须严格按照土地利用总体规划确定的用途使用土地"，并对现有的农地用途管制制度进行重塑，使其重新发挥出应有的功能与价值。

具体来讲，其措施应包括：

第一，需要对农地用途管制的理念进行重塑。目前，我国的农地用途管制制度以国家确定的耕地和建设用地的指令性控制指标为基准，通过土地利用总体规划和计划分解、下达到基层，划分农地利用区，确定土地的农业用途，然后要求用地单位或个人严格按照政府所确定的用途使用土地。这种制度实际上是一种土地资源的"行政—计划"配置制度，完全排斥了市场的资源配置机制，容易导致土地资源配置计划的失灵（即土地规划和计划因得不到全面而准确的土地供需信息，从而对土地资源的配置缺乏科学性、准确性和权威性）和效率的下降。为了改善这种情况，我国应该对农地用途管制的理念进行重塑，从按照"计划"配置资源的模式转向按照"市场"配置资源的理念。新的理念应明确，农地用途管制制度是在土地资源市场配置的基础上运行的，政府的农地管制行为只能在市场配置失灵的前提下进行，而不是替代市场配置资源的基本作用。

第二，需要重塑农地用途管制的内容。目前，我国的农地用途管制制度缺乏农地等级制度和农业区划制度，这导致了一些问题，如土地的非粮化和农业资源浪费。为了解决这些问题，可以考虑引入国外成熟的农业区划和农地等级制度，并重塑农地用途管制的内容，以确保耕地的质量和农业生产能力的提高。首先，引入农地等级制度可以将农地分为不同的等级，根据土地质量、水资源、气候等因素进行评估，以确定每块农地的等级。这有助于保护高质量的耕地，确保其用于粮食等重要农产品的种植，从而提高粮食产量和质量。其次，引入农业区划制度可以将农地按照不同的农业功能进行划分，包括耕地区、园地区、林地区和牧草地区等。这有助于合理规划和管理农地资源，确保不同类型的农地用于相应的农业生产，防止土地的滥用和浪费。最后，在此基础上建立特定分区和类型（如耕地区）的农用地转用（即农用地内部不同类型之间的转用）的审批许可制度。通过这一制度，可以确保农地的合理利用，避免一些农业经营者滥用农地，将其用于非粮，甚至非农业用途，从而保护农地资源的可持续利用。

第三，需要重塑农地用途管制的执行方式。如前所述，由于我国目前的土地用途管制制度往往依靠政府的"命令—控制"手段，让土地权利主体被动地贯彻与执行，导致执行成本高，效果不佳。因此，有必要重新调整执行方式，引入市场化的机制，以激励土地权利主体自觉遵守农地用途管制制度，降低执行成本，提高制度的实施效果。这包括：首先，可以引入对限制开发土地的补偿机制。目前，发达国家普遍认为，从公平角度讲，对限制开发土地（划入农业发展区等限制发展地区的土地）的补偿，是整个社会理应分担管制成本（即土地权利人为公共利益所支出的成本）的需要。[1]这些国家通常采用土地开

---

〔1〕　杨惠：《土地用途管制法律制度研究》，法律出版社 2010 年版，第 285 页。

发权转让、保护地役权、税收减免、发展权转移等措施，以经济上的补偿方式对待土地权利人。在我国，也可以考虑在限制开发的基础上，建立合理的补偿机制，激励农地经营者积极遵守管制规定，从而实现农地资源的保护目标。其二，实施奖惩并用的机制。为了引导农地经营者自觉遵守农地用途管制制度，可以建立奖惩机制。例如，《农地规模经营保障法》应明确对违反管制规定的农地经营者进行处罚，包括罚款、停止违法行为、恢复原状或赔偿损失等，以严惩违法行为。同时，也可以考虑在相关法条中，规定"从罚款中提取一定比例的资金，用于奖励遵守规定的农地经营者和鼓励民众举报非法用途的行为"。这种奖惩机制可以有效地激励农地经营者遵守农地用途管制制度，从而提高制度的执行效果。

（4）设立农业保护地役权制度。为了有效保护耕地资源，美国大部分州已广泛推行了农业保护地役权制度。所谓农业保护地役权制度，英文表述为 Conservation Easement，是指政府机构与农地所有者自愿达成的一种协议，旨在防止农地被用于开发建设。在这个协议中，农地所有者同意限制其对农地的开发建设权，或承诺将土地限定于农业用途。作为协议的对价，政府机构或非营利性组织将向农地所有者提供一定的经济补偿。这个协议不仅约束现在的农地所有者，还会约束将来受让该农地的所有者。虽然土地受限于地役权购买协议，但农地所有者仍可以用于耕种、出售、转让、遗赠等流转活动。

该制度相较于单纯的农地用途管制制度具有以下制度优势：首先，通过对耕地农民提供经济补偿，可以有效缓解农民的经济压力，从而阻止耕地用途的改变。因为经济压力可能迫使一些农民出售他们的土地用于非农业开发，而这一制度可以减少土地的机会成本损失，同时增加农业生产的收益。其次，农业保护地役权制度以农民自愿为实施基础，因此可以有效减少相关法律政策的执行者监管成本。

目前，我国尚未建立农业保护地役权制度，而现有的相关耕地保护措施主要通过法律和行政手段强制推行土地用途管制，以实现耕地的严格保护目标。然而，由于缺乏经济激励机制，这些措施的最终效果并不令人满意。为了保障国家的粮食安全，防止农业经营主体将转用的土地用于非粮食生产，《农地规模经营保障法》在重塑土地用途管制制度的同时，可以考虑建立符合我国国情的农业保护地役权制度，作为一种补充措施，以促进种粮者的生产经营积极性。具体来说：

首先，应从法律上明确土地开发权为土地经营权内容表现之一，以及土地开发权归农地经营者所有，同时这一权利可以单独从土地经营权中分离出来并有偿转让给地方政府，而土地经营者仍保留土地经营权中的其他权利，如土地经营收益权。

其次，通过法律制度设计允许地方政府按照市场价格向农地经营者购买土地的开发权。具体来讲，《农地规模经营保障法》"财政保障条款"中规定："可以每年在地方各级政府年度财政预算编制中安排专项农业基金，如'农地保护项目'"，并规定"地方政府可以通过使用专项农业基金根据市场价格向农地经营者购买其土地的开发权。"这意味着地方政府可以与农地经营者签订协议，购买其土地的开发权，使其只能用于粮食生产经营，而不能进行非粮食用途的开发。协议的实施应以政府与农地经营者签订的农业保护地役权协议为基础，根据协议的规定，在协议有效期内，政府有权监管农地的经营状况，阻止一切非粮食生产经营行为。同时，农地经营者同意其土地只能用于粮食生产，不能进行非粮食用途的生产或开发。通过使用专项农业基金，政府每年将对这些农地经营者支付一定金额的资金补偿，补偿金额的计算可以参考农地转为建设用地后的价格减去原农业用途的土地价格的余额。此外，由于专项农业基金拨款有限，可以按"先到先得"的原则，如果申请加入项目的农地数量超过了预算资金限额，后申请的农地将进入候选名单等待前面的农地退出才能依次补上。在保护地役权协议执行过程中，如果农地经营者单方面违约，政府有权要求其返还之前获得的全部补偿金作为违约赔偿。一旦协议期满，农地经营者有权选择退出项目，无需返还之前获得的补偿金。这一制度将通过市场机制激励农地经营者积极参与农地保护，同时确保他们获得合理的经济补偿，有助于保障国家的粮食安全和农地的合理利用。

（5）建立限制土地经营权流转的细分制度。农地会因买卖、出租、抵押、赠与及继承等方式而细分或碎化，是市场资源配置机制导致的一种可能后果。然而，这种情况显然对农地进一步实现规模经营不利，反而可能导致农地利用效率的下降。为了防止农地在市场资源配置中出现细分或碎化的现象，《农地规模经营保障法》有必要在土地经营权流转中建立限制流转细分的制度。参考发达国家的成功经验，可以采取以下措施：

①建立家庭承包经营权的单嗣继承制度。即土地承包经营权只能由农户中的某一个子女继承，其他子女只能获得与所应继承份额等值的补偿金。这样既可以实现农户承包经营权的长期稳定，同时可以避免因继承而导致农地进一步细分。

②明确规定土地流转的最小面积标准。为防止农地在流转中的进一步细分，《农地规模经营保障法》及其他有关法律（如《农村土地承包法》）可以直接规定，"土地承包经营权人在享有、分割、转让土地经营权时不得低于依法核定的最低土地面积，[1] 一旦违

---

〔1〕 郭洁：《农地使用权流转法律问题研究》，载《政法论坛》1999 年第 2 期。

反此规定，则土地经营权流转无效。"

③设定农地的最小经营规模。《农地规模经营保障法》可以要求各地方政府根据本地实际情况设定农地经营的最小面积，一旦农地经营低于该面积数值，则地方政府有权强制推动农地的流转集中。

④对土地经营权的分割流转作出禁止性规定。《农地规模经营保障法》还可以规定："土地经营权在流转时不可分割，土地承包经营权人只能将手中的土地经营权整体出让，而流转的受让方只能接受整体流转的土地经营权。"

（6）扩展多种农地流转形式的法律制度。如前所述，我国现有法律对土地经营权流转形式规定不足，造成我国各地创新的农地流转方式，如土地信托、土地托管，面临无法可依、违法乱依等相对较为混乱的局面。为此，《农地规模经营保障法》及其他相关法律应该在规制立法中扩展多种形式的农地流转方式，将近年来在各地实践中被证明有效的农地流转形式统一纳入合法的轨道中去。

首先，为了促进农地规模经营的顺利实现，在现有法律确认以抵押的形式进行农地流转的基础上，为进一步落实该流转形式的顺利实施，还应当建立起配套的法律规制制度。事实上，这也是目前许多发达国家的普遍做法——无论是美国、英国等英美法系国家，还是法国、德国、日本等大陆法系国家都通过相关立法明确允许以土地权利为标的进行抵押。同时，为了解决农村发展长期资金不足的问题，这些国家相继推出扶持政策以促进本国农业金融制度的发展和完善，为农地抵押贷款创造了便利条件。以日本为例，为了促进本国农村合作金融组织的发展，政府在财力和政策上都给予极大的支持，如提供大量资金、给予利息补贴、税收减免优惠等，使本国农村合作金融组织在为农户通过农地抵押筹措生产生活资金方面发挥了重要作用，从而促进了日本农业规模化、现代化和产业化的发展。借鉴这些国家的相关经验，我国在允许土地经营权进行抵押的基础上，还应该通过相关的法律政策促进健全的农村金融组织体系（即以农业合作金融组织和政策性金融机构为主体、商业金融机构为补充的农村金融组织体系）的形成，为农地抵押提供有利的外部发展条件。除此以外，《农地规模经营保障法》及其他相关法律应该对土地经营权抵押的期限、程序、登记，抵押权的实现，对开展农村土地经营权抵押业务的个人、法人和组织的资格认定，土地经营权的定价机制和评估体系及实现抵押权的方法等方面进行较为详细的规定，使农地抵押权的实现具有可操作性，减少不必要的法律纠纷。另外，为了最大限度地保障农民的基本权益，《农地规模经营保障法》及其他相关法律还应当作出如下规定：其一，效仿美国的"家园地豁免法"，规定一定比例的农地不得因无力还贷而被强迫拍卖清偿，或者在抵押之初，必须预留一部分土地经营权不得抵押，以保证农民的基本生活之用。其二，一旦农民不能按期清偿债务，贷款机构可以自动取得土地的经营权。其三，在抵押权实现之前，法律应赋予贷款的农民至少三个月的宽限期，以给其一定的时间来解决无力还贷的问题。[1]

其次，我国现行法律对于土地经营权入股已确认其合法性，但是欠缺必要的规制内容，诸如土地经营权入股性质、入股价格评估机制、转让和退股机制、失地风险防范制度、利益分配机制等问题。为此，《农地规模经营保障法》及其他相关法律（包括《公司法》《农民专业合作社法》）应对其进行必要的法

---

[1] 黄延廷：《制度视野下的农地规模化流转探讨——兼谈促进我国农地规模化流转的对策》，载《云南师范大学学报（哲学社会科学版）》2011 年第 3 期。

律规制回应：①出于实现农业规模经营的需要，应明确土地经营权入股性质是物权性流转。②入股对象应明确包括股份合作社、农民专业合作社和公司三种类型。③入股成立合作社或公司时，其章程应对土地经营权出资作价评估方式、金额以及是否进行转让登记予以明确约定。④由于全国农地经营状况、经济发展程度存在较大差异，法律应允许各地政府根据本地区实际情况建立农地入股价格评估机制。⑤在利益分配机制中，基于实践中承包经营权人普遍认同以"保底收入"作为利益分配的底线，因此法律上应确认"保底收入+股份分红"的合法性，对于集体股与外来资本股应以优先股方式进行分配。⑥由于《公司法》仅允许股份转让，对于土地经营权入股退出机制仅适用于农民专业合作社，其主要方式为退回等值货币或置换等值面积。相关法律应明确在合作社成立时事先在章程中予以约定退股条件和退股方式。⑦在入股公司或合作社出现破产清算时，为保护农民的基本土地权益，相关法律应明确规定农民的承包经营权不会因此丧失，但应允许债权人或债权人的委托人耕种农民承包的土地或以其他不违背耕地保护的方式利用土地，并用这部分的收益偿还债务，直至债务得到全部清偿为止，以及允许农民股东以合理市场价格以货币或其他实物之形式优先回购其入股的土地经营权。[1]

　　最后，为了推进农地流转形式的多元化发展，在保证农民土地承包权与收益权的前提下，在推进农地流转、集中和规模化的过程中，我国《农地规模经营保障法》和其他相关法律除了允许农民采取转包、出租、互换、转让形式进行农地流转外，对于近年来在各地实践中已经创新并广泛推广的典型流转方式，

---

　　〔1〕　李东侠、郝磊：《土地承包经营权入股公司问题的法律分析》，载《法学论坛》2009 年第 4 期。

例如委托代耕、土地信托、土地托管等，也应给予法律上的明确认可。同时，相关法律还应当对上述创新型的流转方式从概念界定、法律性质、操作程序、法律后果等方面给予明确的规范，以防止在各地出现无法可依的混乱局面。另外，对于在各地方已经采用但是国家政策明令禁止或限制的流转方式，如"反租倒包""两田制"，相关法律也应在农地流转方式的规定中以排除法给予明令禁止。

（7）构建农地流转与经营风险防控法律制度。风险是指某种特定的危险事件（事故或意外事件）发生的可能性与其产生的后果的组合。任何事物都存在风险，农地在流转与规模经营过程中也不例外。随着农村土地经营权流转和规模经营的稳步推进，其流转和规模经营风险也逐步显现。由于农民与农地规模经营主体依法签订的农村土地经营权流转合同的期限通常较长，一般至少为5年，因此在履约期内，流转合同所预期结果的不确定性很大。例如，大宗农产品市场价格行情的大幅度波动、国家产业政策发生重大调整，或发生旱灾、洪灾、冰雹、泥石流、地震等自然灾害，或者农地经营主体出现连续经营亏损不能持续经营等，都将对土地承包权人的预期经济收益造成不确定性。这将使得流转合同可能不正常履行，导致流转和经营农地的风险随时可能发生。

为了规避农地流转与经营风险问题，《农地规模经营保障法》需要构建防控风险发生的法律制度，具体包括以下几个方面：

第一，建立农地流转风险保证金制度。针对土地流转中可能出现的租金支付拖欠、土地流转"非粮化""非农化"等问题及风险，可以考虑在《农地规模经营保障法》中探索实施农地流转风险保证金制度，以确保流转土地用途不改变，农民利益不受损。具体内容可包括：要求地方政府向土地经营权受让方收取流转土地年租金总额的 1 至 3 倍作为保证金，委托具有法定资质的中介组织或银行负责管理，并由土地行政主管部门监管。若土地经营权受让方由于遇到各种风险擅自停止经营活动，且无其他经营者能够承接导致土地流转合同不能继续履行时，土地行政主管部门应及时启用保证金支付租金。土地经营权受让方未经批准擅自改变合同约定、违规使用土地的，土地行政主管部门应扣除相应保证金予以处罚。合同到期后，土地经营权受让方未按合同约定恢复土地耕作条件的，将保证金用作复耕费。土地经营权受让方在没有违反土地流转合同条款和相关法律政策规定的情况下，合同到期后即可领回农地流转风险保证金本金及利息。

第二，建立农业经营风险保障基金制度。针对农地经营过程中可能遇到的农产品市场价格波动风险、自然灾害风险以及产业政策调整变动风险所导致的农业经营者巨额损失，使其无力继续进行农业生产经营的问题，《农地规模经营保障法》应规定农地经营者在经营利润较为丰厚的时候，必须将经营收益按一定比例提取作为风险保障基金，再由地方财政投入、社会力量参与作为基金资金来源的有益补充。当经营者因上述风险导致经营困难时，可以启动农业经营风险保障基金来弥补其经营损失，帮助他们渡过难关。可以说，农业风险保障基金制度在一定程度上有效地帮助农地经营者抵御自然灾害等风险，减少农业经营的损失，使其有能力继续经营农地。

8.1.4.3 农地规模经营程序制度

（1）农地流转程序的法律制度完善。我国现行法律政策对农地流转程序尚未建立一套完整、内容详尽的法律制度，导致我国许多地区的农地流转操作程序缺乏规范，存在任意性和盲目性，未能有效解决"非农化"和"非粮化"问题，这限制了农村经济的发展速度，导致了许多矛盾的激化，不利于乡村振兴目标的实现。为此，《农地规模经营保障法》和相关法律应当对农地流转程序进行必要的制度完善，具体内容应包括：

第一，建立常态化的农地流转登记程序。设立农地流转登记制度对于保障农民权益、提高土地流转市场的透明度和效率、促进农地资源的合理配置和农业现代化发展以及加强土地管理和监管具有重要的意义。因此，在《农地规模经营保障法》和相关法律中应明确流转后的土地经营权采用"登记要件主义"，要求农地在流转后必须进行土地经营权登记，未经登记的流转行为不得对抗善意第三人，并规定具体的登记制度由省级政府制定。

第二，制定格式统一的书面流转合同。我国农民文化程度普遍较低，缺乏契约精神，虽然签订书面流转合同已被有关法律明文规定，但实践中农地流转往往还是以口头协议为主，也不注意向政府进行备案。农民的这些错误理念及行为，给后续流转纠纷解决带来了麻烦。为此，《农地规模经营保障法》和相关法律一方面需要通过法律构建土地经营权流转合同的签约机制：要求合同双方当事人均必须具备订立合同的民事行为能力。对于没有民事行为能力的或不具备签约条件的土地承包经营权人（如外出打工、年幼者），可以委托农村集体经济组织组建的委托签约援助小组代为签约，但该委托行为必须有委托协议才可实施，且实施委托时，委托签约援助小组必须遵守平等、自愿、等价有偿、意思自治的原则，不能采取强制或任何变相强迫农地流转的行为。另一方面，《农地规模经营保障法》和相关法律还应强制性要求农地流转双方必须签订书面流转合同并向县级以上土地行政主管部门备案，该土地经营权流转行为才能发生法律效力。签订的书面合同范本应由省级政府的相关农业主管部门制定，且合同范本要件必须完备、权责必须明晰（如农地保护的责任），并体现协议双方利益共赢的效果。农地流转协议双方不得擅自修改格式合同条款内容，协议订立后应在农村土地流转信息平台及时发布，以便相关人员查询。这样可以规范农地流转程序，提高合同的法律效力，降低后续纠纷的发生。

第三，建立农村土地流转指导价格评估机制。由于长期缺乏流转土地价格评估标准，土地承包经营权人与土地需求方在流转农地的租金价格上存在较大分歧。为防止在农地流转过程中，流转价格"要少""要跑"问题的出现，减少农地流转纠纷矛盾，《农地规模经营保障法》和相关法律应明确要求各地方政府建立农村土地流转指导价格的评估机制。这一机制可以由县级农业主管部门根据土地等级、地理位置、农作物产量、农业机械化水平等因素，为农地流转双方提供价格指导服务，并收取一定的合理费用。这有助于确保流转双方的合法权益，提高农民的合法收益，促进农地高效流转。

第四，建立农村土地流转服务组织。为了能够给农地流转双方提供直接、便捷的服务，确保农地流转市场和信息市场的有效衔接，《农地规模经营保障法》和相关法律应当要求农村集体经济组织设立专门的农村土地流转服务组织，如农地流转信息服务中心。这个组织将负责统一处理本集体组织土地经营权流转事务，包括政策咨询指导、农地流转信息发布、农地流转协议签约指导、流转协议纠纷调解等内容。农村土地流转服务组织的设立将有助于促进农地资源的合理流转和配置，规范土地经营权的流转行为，保护流转双方当事人的合法权益，并加速农业项目的招商引资进程。

第五，建立农地流转合同的管理机制。为了及时掌握本地农地流转情况和实时数据，《农地规模经营保障法》和相关法律应要求各基层政府建立完善的农地流转合同管理机制，确保合同管理工作制度化、规范化和科学化。一方面，《农地规模经营保障法》和相关法律应明确要求各地培养一批专业技术能力强的农村土地承包合同管理员队伍，通过考核持证上岗，负责合同的登记、备案、存档、调阅等相关工作。另一方面，《农地规模经营保障法》和相关法律应要求各地政府承担农地流转的监管工作职责，包括法律政策宣传教育、制定本地区规范的农地流转程序（如申请、协商、审查、订立合同、缴纳农地流转风险保证金、鉴证、办理土地经营权证等程序）、监督农地流转合同的书面签订（或补签）和备案、实质性审查、归档整理等工作。

第六，搭建农村集体产权流转交易平台。根据各地改革试验的经验总结，《农地规模经营保障法》和相关法律应明确要求在全国范围内推广搭建农村集体产权流转交易平台，为金融资本和社会资本快速进入农业农村提供路径，最终实现资本融通，打破城乡二元经济的结构障碍。具体来说，在流转交易范围上，应规定将土地经营权、集体建设用地使用权、四荒地使用权、水面经营权、集体经营性资产、宅基地使用权、农村资产股权等可交易产权统一纳入流转交易平台。同时，在交易服务规范、交易文书、交易标准、交易纠纷仲裁解决机制等方面，通过相关立法构建出一整套完备的标准与规则，使我国农村产权流转交易行为有法可循、流转风险有法可控、各方利益有法可保，从而有效推动农村生产要素的合理流动和优化配置，真正发挥市场在资源配置中的决定性作用。

第七，建立农地流转纠纷多元化解决机制。农地流转中的纠纷与矛盾如果不能得到及时解决，将会损害农民的合法权益，影响农村社会的和谐稳定；也会阻碍农地流转与规模经营的顺利推广。因此，《农地规模经营保障法》和相关法律应继续完善现有的解决方式，使其与乡村治理机制有效结合。具体来看，有关法律应首先强化地方基层政府在农地流转纠纷解决方面的职责和任务，要求相关行政主管部门形成部门联动机制，依法解决农村土地承包及流转工作中出现的各种问题和矛盾，维护农村社会的稳定；其次，考虑到农村"熟人社会"的特点，有关法律应鼓励和支持农村经济组织、乡村精英、宗族组织等社会力量在协助化解纠纷方面发挥重要作用；最后，以"枫桥经验"为指导思想，建立有效的调解和仲裁机制，努力在基层解决矛盾，防止矛盾升级。有关法律应要求乡镇和村级建立土地承包纠纷调解小组，乡镇应建立土地承包纠纷调解委员会。如果调解无果，当事人可以申请仲裁，而对仲裁结果不满意的，可以通过法院诉讼解决。这样可以降低纠纷解决成本，提高纠纷解决效率。

（2）构建农地综合整治的法定程序。通过农地综合整治，将零散的农地合并和集中，可以有效解决我国农村土地分散经营和规模狭小的问题，从而促进农地的规模经营并提高农业生产效益。然而，我国目前尚缺乏完整、系统的法律法规对农地综合整治工作进行规范。虽然《土地管理法》及其《土地管理法实施条例》中有相关的表述，即"国家鼓励土地整理。县、乡（镇）人民政府应当组织农村集体经济组织，按照土地利用总体规划，对田、水、路、林、村综合整治，提高耕地质量，增加有效耕地面积，改善农业生产条件和生态环境。"和"县级人民政府应当按照国土空间规划关于统筹布局农业、生态、城镇等功能空间的要求，制定土地整理方案，促进耕地保护和土地节约集约利用……"但规范内容相对简单，缺乏可操作性。我国现行法律无法充分支持和规范农地综合整治工作，因此在实际操作中，农地综合整治主要依据相关的行政法规、部门规章、地方性法规或地方政府规章进行。例如，《土地开发整理项目验收规程》《国土资源部国家投资土地开发整理项目管理暂行办法》《上海市农村土地整理暂行办法》等。这些法规和规章起到了一定的指导性作用，但缺乏全国统一的法律框架和具体操作程序，导致在不同地区和情况下，农地综合整治工作的实施存在差异和不足。例如，农地综合整治投入资金不足、农民参与程度低、进展缓慢等问题，最终影响其实施效果。

为此，我国有必要总结各地区在农村土地整治工作及地方立法的实践经验，同时，可以借鉴和吸收发达国家和地区在土地整治领域的法律制度。在《农地规模经营保障法》及相关法律中建立更为完善和具体的土地综合整治法律程序。这是因为：

①从法理角度来看，在农地综合整治工作中设定法定程序必然会限制和防止政府行政权力的滥用，保障农民合法的土地权益。在现代国家法治的进程中，法律程序的作用主要体现在以下几个方面：首先，它对政府行政权力的恣意行使进行限制；其次，它是理性选择的保证；再其次，它充当国家与个体公民之间联系的纽带；最后，它具备反思性整合的特性。[1]农地综合整治程序作为政府进行农地综合整治活动时必须遵守和执行法定步骤和形式，可以将政府相关行政权力的行使纳入规范的渠道，确保其透明、正当、合理地运作。这可以有效地限制相关政府部门和工作人员的恣意行为，防止权力滥用。此外，农地综合整治法定程序的设定也必然有助于保护处于弱势地位的

---

〔1〕 吕忠梅、鄢斌：《论经济法的程序理性》，载《法律科学（西北政法学院学报）》2003年第1期。

农民群体的合法权益，这些农民由于缺乏法律知识、社会资源有限以及经济条件等因素，常常难以有效地维护自己的利益。然而，法定程序的存在可以在农地综合整治项目的决策、实施和利益分配过程中为他们提供重要的保障。

②从发达国家的实践来看，农地综合整治法定程序的构建也是这些国家农地整治法律体系不可或缺的重要组成部分。为了提高农地的利用效率，缓解由于城市扩张所造成的土地关系供需失衡，农地综合整治制度目前在发达国家中普遍推行。这涵盖了土地资源非常紧张的国家，如日本、韩国，也包括土地资源比较富余的国家，如德国、法国和荷兰，还包括土地资源异常丰富的国家，如加拿大和俄罗斯。为了保障农地综合整治制度的顺利实施，这些国家相继建立了一套行之有效、具有科学化和民主化特点的农地整治程序。例如，在荷兰，该国政府于 1985 年颁布了关于农地整治的专门程序性法律，即《土地整理条例》。[1] 根据该条例，整个农地整治活动被细分为三个程序步骤，包括启动阶段、准备阶段和实施阶段，并且对每一步骤的内容都进行了详尽的规定。尽管典型国家关于农地整治程序的规定各不相同，但农地整治程序的法律化已经得到公认，成为这些国家农地整治法律体系不可或缺的重要组成部分。

综上所述，尽快建立一套适应我国农地综合整治现实的法定程序已成为我国建立完善的农地整治法律制度的重要环节和步骤。

具体来讲，首先，《农地规模经营保障法》及相关法律在构建我国农地综合整治的法定程序时，必须明确以下基本原则：

①程序公开原则。在设定农地综合整治法定程序时，必须

---

［1］ 曲福田：《典型国家和地区土地整理的经验及启示》，载《资源与人居环境》2007 年第 20 期。

强调公开原则，突出公众参与和农地综合整治活动的透明度。具体来讲，有三个方面要求：一是农地综合整治活动的过程要公开，对整治活动的必要性、可行性，进行土地权属调整的成本等，要广泛征求公众意见，采取多种形式，让公众可以积极参与农地综合整治活动；二是实行农地综合整治活动的法律依据要公开，农地综合整治的实施机关、条件、程序等法律规定应当公布；未经公布的，不得作为实施农地综合整治活动的依据；三是农地综合整治的实施过程和结果应当公开，在涉及土地权利人的权属关系调整时，应当事先向社会予以公告，并及时举行听证。

②程序公正原则。"法律的正义只有通过公正的程序才能得到真正的实现。"[1]为了确保农地综合整治法定程序的正义性，必须坚守公正原则。这意味着在制定农地综合整治的运行程序时，必须确保多方相关主体，特别是处于弱势地位的农民群体，都能够平等、自由地参与整个活动过程。同时，政府相关部门在执行土地权属调整的过程中，必须在程序上平等对待相关权利人，消除可能导致不平等或不公正的因素。

③土地权利人广泛参与原则。该原则是指土地权利人，包括土地承包经营权人和土地经营权人，在程序上应当有权了解并被告知与自己权益相关的信息。作为农地综合整治程序的主体，他们应该有权全程参与农地综合整治活动，并享有充分表达自己意见和建议的机会。此外，他们还应能够对农地综合整治决策的形成发挥有效作用。这一原则的确立和贯彻，有助于保护土地权利人的合法权益，确保农地综合整治活动的公正运行。同时，它也有助于获得土地权利人对农地综合整治活动的

---

〔1〕 罗豪才、湛中乐：《行政法学》（第四版），北京大学出版社 2016 年版，第 315 页。

理解和支持，降低了制度执行的成本。通过这一原则的实施，农地综合整治可以更加顺畅地进行，以确保各方的利益得到合理平衡。

④程序效率原则。效率价值就是要求以最小的立法、执法和司法成本，实现法律关系主体权利与义务的最佳分配，指引社会资源的合理配置。[1]农地综合整治的"程序效率原则"是指在制定农地综合整治的法定程序时，应确保在维护公共利益的前提下，尽量简化农地综合整治的操作程序，提高程序的整体运行效率，缩短农地综合整治周期。这样可以降低农地综合整治活动的一部分费用，并在较短时间内实现农村土地资源供需的均衡，促进经济、社会和环境效益的和谐统一。

其次，根据我国相关法律法规的规定，结合各地方的实践经验，参考先进国家的立法经验，《农地规模经营保障法》可以对农地综合整治进行如下的法定程序设计：①启动阶段。这一阶段逐步完成的程序包括农地综合整治区域的选定，设立由农民代表、政府主管部门、其他利害关系人等组成的土地整治参加者联合会作为农地综合整治的执行机构，进行农地综合整治资金的筹集、管理及使用。②准备阶段。这一阶段逐步完成的程序包括现状地块权属研究、组织进行农地综合整治的规划设计、农地综合整治的申请和核准、听证与公告、颁布农地综合整治决议。③实施阶段。这一阶段逐步完成的程序包括土地重新分配和划界规划、农地权属调整与登记、土地补偿、异议处理、检查验收。这些程序的设计和实施将有助于确保农地综合整治活动的合法性、公正性和高效性，促进农村土地资源的优化配置和可持续发展。同时，程序的明确和规范也将为相关利

---

〔1〕　赵谦：《刍议中国农村土地整理的立法价值》，载《中国土地科学》2010年第9期。

益方提供保障，减少争议和纠纷的发生。

在构建我国农地综合整治的法定程序时，还需要建立健全如下配套法律制度：

一方面，应建立公众参与制度。如前所述，农地综合整治法定程序应体现公开、公正和土地权利人广泛参与原则。因此，在农地综合整治法定程序中设置公众参与制度是十分必要的。通过设定公众参与制度，可以实现以下目标：首先，有利于公众，尤其是农民群体，在直接涉及自身利益的农地综合整治过程中维护自身的合法权益，防止政府单方面做出对自己不利的行为。其次，有利于加深公众对相关决策、决定和政策的理解，消除疑义，便于执行。再次，有利于消除歧视和偏袒，保障社会公正。此外，公众参与还有助于加强社会对公权力的监督，防止权力寻租和腐败现象的发生，确保农地综合整治活动的科学性和合理性，真正实现其目标和价值，从而造福于民。事实上，许多发达国家将公众参与制度引入农地整治的法定程序中，最为典型的包括德国、荷兰、日本。以德国为例，该国的《土地整理法》对公众参与整理的组织设置、方法、步骤和模式都作了明确规定，为公众全程参与农地整治提供了法律保障和规范，确保了公众参与的合理性和合法性，保护了公众利益，也使整理方案更加科学、完善和可行。[1]

与此相反，目前我国在操作农地综合整治活动时严重缺乏公众参与制度。整个整治活动一直由基层政府主导，而社会公众，尤其是农民群体虽然是整治项目的利益相关者，却无法直接介入其中，只能作为被动的接受者。显然，这种局面严重影响我国农地综合整治活动的实施效果，使其无法保证农地综合

---

〔1〕 李琰：《农村土地整理中公众参与机制探析》，载《农业经济》2013年第9期。

整治决策的科学性和民主性。因此，我国在构建农地综合整治的法定程序时，有必要与发达国家一样，建立完善的公众参与制度，这也是国家权力民主化和社会化的必然要求。具体内容应包括：合理确定公众参与农地整治决策范围，设定公众参与农地整治决策的权利，如言论自由权、结社权、知情权和参与权，明确公众参与的方式，如举行论证会、听证会、专家咨询会，进行公众意愿调查、公众展示、信息公开等。

另一方面，应设立权利救济制度。所谓权利救济，是指"权利人的实体权利遭受侵害的时候，由有关机关或个人在法律所允许的范围内采取一定的补救措施消除侵害，使权利人获得一定的补偿或赔偿，以保护权利人的合法权益。"[1]由于农地综合整治的核心环节涉及土地权属调整和土地置换补偿等内容，如何维护农民及其他利害关系人的实体权利就成了不容忽视的问题。正所谓没有权利就不存在救济，合法权利是救济得以存续的依据；同样，没有救济就没有权利，救济是关系权利实现的关键，救济程序的成熟度是现代法治国家的基本特征。[2]因此，农地综合整治法定程序必须设置权利救济制度，以确保农民及其他利害关系人相关实体权利的有效实现。根据目前公民权利的主要救济方式，对于农地整治的权利救济制度可以采取以下几个方式：

首先，诉讼救济。一般来讲，诉讼救济是公民权利救济中最主要和最有效的途径，公民的权利在通过其他救济途径不能有效达到救济目的的情况下，可以寻求诉讼救济。[3]对于农地综合整

---

[1] 于宏：《权利救济：含义与方法》，载《法制与社会》2007 年第 7 期。

[2] 韩大元：《简论"权利救济程序穷尽"原则的功能与界限》，载《南阳师范学院学报》2007 年第 5 期。

[3] 李俊：《从一元到多元：公民权利救济方式的比较研究》，载《华东师范大学学报（哲学社会科学版）》2007 年第 4 期。

治来讲，其权利救济制度的基本方式也应当是诉讼救济。

其次，仲裁救济。仲裁救济作为诉讼救济的替代纠纷解决方式，依据当事人之间的合意契约，将基于一定法律关系的纠纷处理委托给法院之外的第三方进行裁决。仲裁救济具有高效、低成本、不涉及诉讼伤害等特点，有助于缓解冲突和对抗情绪，应在农地综合整治的纠纷解决中得到充分推广和应用，以减轻农民的诉讼负担，使他们更专心地参与农业生产经营。

最后，行政监督救济。为防止政府权力的滥用，农地综合整治过程中应设立有效的行政监督救济途径，这包括通过行政复议和行政监察机制对农地综合整治各个阶段的政府行为进行有效监督，以确保农民及其他利害关系人的合法权益得到切实实现。

综上所述，权利救济制度的建立是保障农地综合整治中农民及其他利害关系人权益的重要措施。

8.2　完善相关配套法律制度

8.2.1　农业财政金融保障制度

从横向比较来看，为了促进本国农地的规模化经营，世界上主要发达国家纷纷建立了一套完备的财政金融扶持制度体系。以法国为例，自二十世纪七十年代起，法国政府采取了多种倾斜性的财政金融政策来推动本国农地的规模化流转，其中包括：①政府向有经营能力的农场主提供低息或无息贷款，以支持他们扩大经营规模，并对自愿进行土地合并的农民减免税费；②政府规定了补贴金额与农地流转的面积挂钩，即流转土地面积越大，获得的补贴金额就越高；③在税率结构方面，实行了差别税率制度,对有活力的大农户征收较低税率或免征税,而对没有生产活力的小农户则征收较高的税率;④国家制定的农产品价格以中等农场的生产成本为参考,以鼓励农地规模化经营,使小农户难以获利,从而推动他们退出农业经营。[1]

长期的实践证明,倾向性的财政金融政策,通过经济激励机制,可以促使小规模经营的农民主动退出农业,同时引导和鼓励有条件、有能力的农业经营主体开展大规模的农业生产经营。这一政策取得了明显的推动效果,对发达国家农地规模经营的形成起到了积极作用。

另外,这些国家通常通过大量立法将上述财政金融的扶持政策以法制化的形式推出,使这些政策及时落地,具有很强的操作性,而相互之间具有系统性和连续性,因此取得了良好的实施效果。以日本为例,该国政府先后颁布了多部法律,包括《农业基本法》《农地法》《农协法》《农用地利用促进法》《农业经营基础强化促进法》和《农业现代化资金助成法》等,将多种财政金融扶持手段通过法律形式固定下来,从而形成了一个运行良好的财政金融扶持法律制度体系。

反观我国现状,绝大部分地区相继出台了鼓励农地规模经营的财政激励政策。例如,2022 年,《东莞市农村土地经营权流转奖励实施细则(征求意见稿)》规定了土地流转奖励专项资金的具体奖励标准,即"对于流转耕地合同期在 5 年以上且规模经营面积达到 50 亩以上、有集体资产交易平台交易记录,并具备详细规模经营计划等其他奖励条件的情况,给予流出方 300元/亩一次性奖励,同时给予流入方 100 元/亩的一次性奖励。对于流转期限达到 10 年以上且规模达到 100 亩以上的情况,除

---

〔1〕 黄延廷:《制度视野下的农地规模化流转探讨——兼谈促进我国农地规模化流转的对策》,载《云南师范大学学报(哲学社会科学版)》2011 年第 3 期。

了上述奖励外，每两年还额外给予流出方 200 元/亩的追加奖励。"2023 年安徽省淮北市政府发布的《淮北市产业扶持政策清单》规定了不同情况下的土地流转奖补标准。例如，对用于蔬菜和粮食生产，当年集中连片流转土地达到 500 亩（含）以上的，每亩每年奖补 50 元；对用于品牌粮食生产，当年集中连片流转土地达到 1000 亩（含）以上的，每亩每年奖补 100 元；对用于粮种繁育，当年集中连片流转土地达到 1000 亩（含）以上的，每亩每年奖补 150 元等。

然而，在国家立法层面，虽然我国《农业法》提出了"国家运用税收、价格、信贷等手段，鼓励和引导农民和农业生产经营组织增加农业生产经营性投入"的总体要求，但具体运行机制缺乏体系完善的规制基础，尚未形成法制化的形式。在缺乏国家层面规制立法的背景下，各地方所出台的财政金融扶植政策往往存在扶植力度不足、内容设置不具体不完善、操作性差、政策分散、缺乏系统性和连贯性，甚至相互矛盾等问题，由此大大降低了政策应有的实施效果。

为此，我国法律应以《农业法》为依托，进一步完善我国农业财政金融扶持的保障制度。在构建该制度时，可以借鉴日本的认定农业者制度。该制度始于 1993 年，根据《农业经营基础强化促进法》而推出，旨在培育具有优秀经验、高效率、稳定经营的农业经营体，进而促进农地的高效利用和规模化经营。一旦农业从业者被政府认定为符合该法的农业者，即可享有国家财政金融扶持政策，包括财政补贴、农地调整、减少农业者年金缴纳份额、优惠贷款、税收减免等多方面的优惠政策。

为早日实现农地规模化经营和乡村振兴的发展目标，我国在完善财政金融扶持法律保障制度时，可以考虑将其与培育和发展农地规模经营主体挂钩。换言之，凡是被政府认定具有高效利用农地能力的经营主体，无论是农户还是组织，均可享受以下方面的财政、金融、税收优惠、补贴和保险政策：

一是财政保障，即将农地经营保障经费纳入地方各级政府年度财政预算内容。在此基础上，要求地方政府设立农地经营专项奖补资金，以奖励和扶持新型农业经营主体和农业服务规模化主体的发展。特别要重点扶持那些以发展粮食生产为主，具有示范带动作用的家庭农场、农民合作社和专业大户。

二是金融保障，即健全金融支农组织体系。银行等金融机构应当向经营实力强、资信良好的经营主体提供低息优惠贷款，以解决农地流转和农业生产经营扩大（如购买农业机械）所需的资金问题，并简化贷款审批流程。各类惠农贷款应首先面向专业大户、家庭农场、农民合作社和农业企业等规模经营主体。此外，相关法律应允许土地经营权作为抵押品进行贷款，并推广保单、仓单、知识产权、商标权、股权等质押贷款方式。

三是税收减免条件，即实施与农地规模经营相关的税收优惠政策。具体政策包括：①对规模经营主体直接用于农、林、牧、渔业的生产用地免缴土地使用税；②持续维持现行的农产品初加工免税政策，注重确保优惠政策延伸至产业链的后续环节，包括储运、深加工和销售等，使具有一定农业生产规模的企业享有税收优惠政策；③对农民专业合作社、从事蔬菜和农产品批发零售等企业实施税收优惠政策，以促进农业的产业化经营，为农民提供可持续的收入来源；④鼓励农业从业人员从事个体经营或创办小微企业，并提供税收优惠政策，以帮助他们增加收入；⑤税务部门应为家庭农场、农民合作社等经营主体提供高质量、便捷的服务，制定精准的税收优惠政策，简化纳税流程和步骤。

四是补贴政策。国家应向农地规模经营主体提供补贴，并将补贴资金列入各级政府的财政预算管理。补贴资金应由地方政府设立专门的预算外资金财政专户进行统一管理，确保专款专用。各地区可以根据具体情况制定补贴政策，并设定最低农地经营面积的补贴标准（例如 15 亩），低于这一面积的土地经营者，将不再享有除粮食补贴以外的任何农业补贴。

五是要求地方政府成立专门的政策性农业保险公司和农业再保险公司，以确保农业保险经营的稳定。同时，政府应设立农业保险补贴基金，直接对大规模经营农地的个人或组织交纳的农业险保费进行补贴，以降低农业经营的负担，增加保险需求。对不同的农作物实行差别补贴，将小麦、大米等关系国计民生的主要农作物险种确定为政策性险种，由政府对其提供保费补贴、财务费用补贴和免税支持。同时，对农业保险公司提供税收减免和财政补贴，以提高其经营积极性。设立专业的农业再保险机构，以分散农业大灾风险，降低农业保险公司的经营风险。

可见，构建这种具有农地规模经营倾向性的财政金融法律制度可以促使我国大量的小规模农地经营者退出农业生产经营，引导有条件、有能力的个人或组织开展大规模的农业生产，从而在我国农地规模经营的形成上发挥重要推动作用。

8.2.2 农村社会保障制度

目前，我国的农地仍然承担着重要的社会保障功能，包括基本的生活保障和就业功能。这些功能使农民有着强烈的"恋土情结"，他们将土地视为安全感和稳定感的来源，因此不愿轻易放弃手中的土地经营权。然而，要推进农地的规模流转，必须剥离农地的社会保障功能，使其主要发挥经济功能。而要实现这一目标，就必须在我国建立健全的农村社会保障制度，以确保农民在任何情况下都能够获得基本的生活保障,不必担心农地流转后的生计问题。然而,目前我国的农村社会保障制度存在许多问题,包括覆盖范围不广、缺乏有力的资金支持、社会保障项目统筹管理有待加强、城乡统一社会保障制度体系需要进一步完善等方面。

为完善现有的农村社会保障制度,我国可以采取以下具体操作内容:

(1)积极开拓农民社会保障基金的多元化融资渠道。资金是农村社会保障体系建立的根本,也是核心。充足的资金保障不仅能够为该制度的实施与发展提供动力,同时能够为体系的完善与创新提供支持。要想建立涵盖养老保险、失业保险和医疗保险的农村社会保障制度,首先要解决的问题就是社会保障基金的资金来源。由于农民经济实力有限、缴费能力不足,因此只能通过多种渠道解决,包括:第一渠道是财政的转移支付,即国家应逐步增加财政对社会保障基金的投入;第二渠道是社会资金。要通过法律制度确定各利益相关组织(如农业经济合作社、涉农企业)对社会保障基金按比例的缴纳义务,同时也要积极吸收个人、社会团体的捐赠;第三渠道是允许农民以土地承包经营权换取城镇社会保障("土地换社保"),实践较好的案例有利用征地、土地置换补助费和土地增值收益为失地农民办理社保,或者根据受让土地的价格按比例提取社保基金。[1]

(2)统筹规划,逐步完善农村社会保障项目。我国已于2009年建立起新型的农村社会养老保险制度,按照个人缴费、集体补助、政府补贴相结合的要求,将符合条件的农村居民纳

---

〔1〕 王权典、付坚强:《新时期农地流转创新模式与市场运行保障机制》,载《华中农业大学学报(社会科学版)》2013年第5期。

入参保范围，达到规定年龄时（60周岁）领取养老保险金，以保障农村居民年老时的基本生活。在此基础上，我国还应该逐步完善其他社保项目。具体而言，包括如下几个方面：一是完善农村最低生活保障制度，提高政府补贴力度，增加保障标准和补助水平；二是全面落实农村五保供养政策，确保供养水平达到当地村民平均生活水平；三是完善农村受灾群众的救助制度，确保在自然灾害等情况下，受灾群众能够及时得到救助和支持；四是发展以扶老、助残、济困为重点的社会福利和慈善事业；五是完善农村医疗保障制度，防止农村居民"因病致贫，因病返贫"问题的出现，包括加快城乡医疗保险制度并轨，适当对贫困人口提高大病保险保障力度，尽快全面落实即时结算，以及在医保体系之中统筹考虑医疗救助问题；六是完善失地农民的失业保险与救助制度，解决失地农民的后顾之忧。

（3）农地资本化可以实现"土地换保障"功能。相关政府部门应有计划地推进以"农地资本化"为中心的农地制度改革，实现农村土地保障向现代社会保障制度的转化。不愿耕种土地的农户可以通过经营权入股把土地经营权集中在股份合作经营组织，进行农地规模化经营。农户通过股份分红获得土地经营权的经济收益，从而实现农民土地保障形式的创新。

（4）党的二十大报告提出了"健全覆盖全民、统筹城乡、公平统一、安全规范、可持续的多层次社会保障体系"的目标，这表明我国农村社会保障体系建设必须与中央确定的城乡统一的社会保障体系相协调，这是因为农村社会保障体系的建设需要适应城市化进程和城乡劳动力的流动。在已初步建立了城乡统一社会保障制度体系的基础上，我国应继续完善相关法律制度，包括身份资格认定、缴费年限认同、保障资金转移、待遇核定计发等方面，以确保社会保障待遇在城乡之间能够实现有效对接，尽量降低城乡流动导致的待遇损耗。

8.2.3　农村劳动力转移的配套支持制度

随着农业科技水平的进步和农业机械化程度的提高，土地的种植发生了根本性的变化，农民不再需要投入更多的劳动时间，因此农村产生了剩余劳动力。截至 2018 年，根据测算，我国农业生产所需的必要劳动力约为 1.18 亿人，而农村剩余劳动力约为 8487.7 万人。[1]然而，近几年，城镇就业变得愈发困难，土地的社会保障功能也对农村人口城镇化产生了黏滞效应，导致大量农村人口在城乡之间来回流动，形成了农村人口城镇化的反向压力，这也增加了我国农村劳动力转移的不稳定性。如果这些农民工最终选择返乡种地，将会对土地经营权的顺利流转和农地规模经营的形成造成现实阻碍。

为了实现农地适度规模经营并推动农业现代化，有必要对我国农村劳动力转移进行有效的配套支持制度设计，具体包括：

（1）允许并支持条件成熟的地方探索农民退休制度，即鼓励农民退出农业生产劳动，失去从事农业生产的职业身份和职业收入，转而领取稳定的养老金，享受相关社会保障待遇的一种制度安排。授权省级政府根据本地区农地流转情况决定是否把农村人口纳入城镇社会保障体系。

（2）为提高农村剩余劳动力非农产业的职业素质与技能，要求地方政府建立对农民劳动者职业技能的免费培训机制。建议地方政府在实施时要始终坚持以市场为导向，将就业培训与市场需求、定向输送相结合，开展"互联网+职业培训"等线上

---

〔1〕　浙江省人力资源和社会保障研究院：《"十四五"时期农村劳动力转移就业的几大问题》，载 https://www.zj.gov.cn/art/2020/12/4/art_ 1229463129_ 59063430. html，最后访问日期：2020 年 12 月 4 日。

线下多种职业培训模式，有针对性地提高农民在城市的就业竞争力。

（3）加强就业信息服务。建立完善的农村劳动力转移信息平台，及时提供城市就业市场信息和岗位需求，帮助农民了解就业机会和岗位要求。同时，加强对农民的就业指导和职业规划，帮助他们合理选择就业方向和发展路径。

（4）引导和鼓励涉农企业、农业专业合作组织就地发展农产品深加工，形成农业生产的产前、产中和产后服务链，扩大吸纳农业剩余劳动力的能力。

（5）改革户籍制度，弱化身份限制。一方面要放宽户口迁移限制，根据经济社会发展需要和社会综合承受能力，实现户口的自由迁移和社会保障的顺利接续；另一方面，要剥离附加于户口上的诸多行政管理职能，把户口与福利因素分离开。除此之外，鼓励进城农村人口有偿转让农村权益，永久落户城市。

（6）提供金融支持和创业扶持。设立专门的农村创业贷款和风险补偿基金，为农民提供创业所需的资金支持和风险保障。加强农村创业园区和孵化基地的建设，提供场地、设备和技术支持，为农民创业创造便利条件。

（7）设置生活安置补贴制度，对农村剩余劳动力发放转移过程中的生活安置补贴，确保他们在新的居住地获得必要的生活支持。

（8）引导农业与旅游、康养、休闲、电商等领域融合发展，创造新的就业机会和形态。

（9）要求地方政府建立一整套促进劳动力自由流动的规章制度体系，旨在降低农民在城乡之间流动时所面临的各种壁垒和障碍。

（10）加强对农民工的权益保护和社会保障。提供法律援助和维权服务，以保障农民工的合法权益。建立健全农民工社会保险制度，包括养老保险、医疗保险和工伤保险等，为农民工提供全面的社会保障。

总结来看，上述措施在促进农村劳动力转移和提供就业、创业机会方面具有重要作用和深远意义。首先，提供免费职业技能培训，能够有效提高农村剩余劳动力的就业竞争力，为他们创造更多的工作机会。同时，加强就业信息服务和设置生活安置补贴制度，有助于确保农民在向城市转移过程中能够顺利获得生活支持，降低了他们返乡种地的可能性，有助于农地流转和规模经营的推进。此外，改革户籍制度，提供金融支持和创业扶持，有助于削弱城乡之间的身份限制，鼓励农村人口更多地参与城市就业和创业。引导和鼓励涉农企业、农业专业合作组织发展农业全产业链服务，推进农业与其他领域融合发展也有助于促进农业产业升级和农产品深加工，为农村经济注入新的活力。

总的来说，上述配套支持的制度设计有助于实现农村劳动力的有效转移，推动农地规模经营和现代化农业的发展，同时也有助于缓解农村人口城镇化的阻力，促进城乡经济一体化和社会稳定。因此，这些配套制度对于我国农村和农业的可持续发展具有重要的意义。

参考文献

一、著作

[1] ［澳］迈克尔·卡特、罗德尼·麦道克：《理性预期：八十年代的宏观经济学》，杨鲁军、虞虹译，上海译文出版社 1988 年版。

[2] 《马克思恩格斯全集》，中共中央马克思、恩格斯、列宁、斯大林著作编译局译，人民出版社 1964 年版。

[3] 《列宁全集》，中共中央马克思、恩格斯、列宁、斯大林著作编译局编译，人民出版社 1984 年版。

[4] ［法］皮埃尔·米盖尔：《法国史》，蔡鸿滨等译，商务印书馆 1985 年版。

[5] ［美］斯蒂格利茨：《政府为什么干预经济：政府在市场经济中的角色》，郑秉文译，中国物资出版社 1998 年版。

[6] ［美］西奥多·W. 舒尔茨：《改造传统农业》，梁小民译，商务印书馆 1987 年版。

[7] ［日］关谷俊作：《日本的农地制度》，金洪云译，生活、读书、新知三联书店 2004 年版。

[8] ［日］速水佑次郎、［美］费农·拉坦：《农业发展的国际分析》（修订扩充版），郭熙保等译，中国社会科学出版社 2000 年版。

[9] ［日］植草益：《微观规制经济学》，朱绍文等译，中国发展出版社 1992 年版。

[10] ［美］曼昆：《经济学原理》（原书第 3 版），梁小民译，机械工业出版社 2003 年版。

[11] ［英］威廉·配第：《政治算术》，陈冬野译，商务印书馆 1978 年版。

[12] 毕宝德主编：《土地经济学》（第五版），中国人民大学出版社 2006

年版。

[13] 陈小君等：《农村土地问题立法研究》，经济科学出版社 2012 年版。

[14] 崔文星：《中国农地物权制度论》，法律出版社 2009 年版。

[15] 单飞跃等：《需要国家干预：经济法视域的解读》，法律出版社 2005 年版。

[16] 丁关良、童日晖：《农村土地承包经营权流转制度立法研究》，中国农业出版社 2009 年版。

[17] 丁关良：《土地承包经营权流转法律制度研究》，中国人民大学出版社 2011 年版。

[18] 方芳：《农地规模经营实现途径研究——基于上海城乡一体化演进视角》，上海财经大学出版社 2008 年版。

[19] 高德步：《产权与增长：论法律制度的效率》，中国人民大学出版社 1999 年版。

[20] 郭洁：《土地关系宏观调控法研究》，辽宁大学出版社 2004 年版。

[21] 何宏莲：《黑龙江省农地适度规模经营机制体系与运行模式研究》，中国农业出版社 2012 年版。

[22] 胡亦琴：《农村土地市场化进程中的政府规制研究》，经济管理出版社 2009 年版。

[23] 黄祖辉等：《我国土地制度与社会经济协调发展研究》，经济科学出版社 2010 年版。

[24] 解玉娟：《中国农村土地权利制度专题研究》，西南财经大学出版社 2009 年版。

[25] 金俭：《不动产财产权自由与限制研究》，法律出版社 2007 年版。

[26] 李昌麒主编：《经济法学》（第三版），中国政法大学出版社 2008 年版。

[27] 刘俊：《中国土地法理论研究》，法律出版社 2006 年版。

[28] 刘瑞复：《法学方法与法学方法论》，法律出版社 2013 年版。

[29] 罗豪才、湛中乐主编：《行政法学》（第四版），北京大学出版社 2016 年版。

[30] 罗红云：《中国农村土地制度研究（1949~2008）》，上海财经大学

出版社 2012 年版。

[31] 吕忠梅、陈虹:《经济法原论》(第二版),法律出版社 2008 年版。

[32] 牛若峰编著:《农业产业一体化经营的理论与实践》,中国农业科技出版社 1998 年版。

[33] 蒲坚:《解放土地:新一轮土地信托化改革》,中信出版社 2014年版。

[34] 戚道孟主编:《自然资源法》,中国方正出版社 2005 年版。

[35] 漆多俊:《经济法基础理论(修订版)》,武汉大学出版社 1996年版。

[36] 秦明周、Richard H. Jackson 主编:《美国的土地利用与管制》,科学出版社 2004 年版。

[37] 孙宪忠:《争议与思考——物权立法笔记》,中国人民大学出版社 2006 年版。

[38] 王利明:《物权法研究》(第四版下卷),中国人民大学出版社 2016年版。

[39] 王文革:《城市土地节约利用法律制度研究》,法律出版社 2008年版。

[40] 谢庆奎:《政府学概论》,中国社会科学出版社 2005 年版。

[41] 徐同文:《城乡一体化体制对策研究》,人民出版社 2011 年版。

[42] 宣杏云等:《西方国家农业现代化透视》,上海远东出版社 1998年版。

[43] 杨惠:《土地用途管制法律制度研究》,法律出版社 2010 年版。

[44] 易永锡:《中国当代农地制度研究》,黑龙江人民出版社 2010 年版。

[45] 李光荣、王力主编:《中国农村土地市场发展报告(2018~2019)》,社会科学文献出版社 2019 年版。

[46] 周诚:《土地经济研究》,中国大地出版社 1996 年版。

[47] 周小明:《信托制度:法理与实务》,中国法制出版社 2012 年版。

[48] Jacob T. Cremer, "Fighting the Lure of the Infinite: Lease Conservation Easements at the Urban Fringe", *Journal of Environmental Law Report*, 7 (2010), pp. 10687-10695.

［49］ Edgar F. Borgatta and Rhonda J. V. Montgomery eds., *Encyclopedia of Sociology*, 2nd ed., Macmillan Reference USA, 2000, p. 251.

［50］ I. Fisher, *Elementary Principles of Economics*, Macmillan, 1913, p. 27.

［51］ Joel Seligman, *The Transformation of Wall Street: A History of the Securities and Exchange Commission and Modern Corporate Finance*, Northeastern University Press, 1995, p. 4.

［52］ John H. Davis and Ray A. Goldberg, *A Concept of Agribusiness*, Harvard University Press, 1957, pp. 58-100.

［53］ Randall G. Holcombe, "Echoes of Henry George in Morden Analysis: A comment on Three Applications", *American Journal of Economics and Sociology*, Vol. 63, 5 (2004), pp. 1131-1138.

［54］ T. Reardon and Christopher B. Barrett, "Agroindustrialization, Globalization and International Development: An Overview of Issues, Patterns, and Determinants", *Agricultural Economics*, Vol. 23, 3 (2000), pp. 195-205.

二、论文

［1］ "农村土地问题立法研究"课题组、陈小君:《农村土地法律制度运行的现实考察——对我国10个省调查的总报告》,载《法商研究》2010年第1期。

［2］ 蔡立东、姜楠:《承包权与经营权分置的法构造》,载《法学研究》2015年第3期。

［3］ 蔡立东、姜楠:《农地三权分置的法实现》,载《中国社会科学》2017年第5期。

［4］ 蔡立东:《土地承包权、土地经营权的性质阐释》,载《交大法学》2018年第4期。

［5］ 常鹏翱:《物上之债的构造、价值和借鉴》,载《环球法律评论》2016年第1期。

［6］ 常伟:《农地大规模流转模式探析》,载《农村工作通讯》2010年第14期。

［7］ 陈朝兵:《农村土地"三权分置":功能作用、权能划分与制度构建》,

载《中国人口·资源与环境》2016 年第 4 期。

[8] 陈丹、唐茂华：《国外农地规模经营的基本经验及其借鉴》，载《国家行政学院学报》2008 年第 4 期。

[9] 陈富春、郭锐：《论农地规模经营》，载《河南师范大学学报（哲学社会科学版）》1994 年第 2 期。

[10] 陈剑波：《农地制度：所有权问题还是委托–代理问题?》，载《经济研究》2006 年第 7 期。

[11] 陈龙吟、侯国跃：《中国民法典民事主体立法问题研讨会会议综述》，载《西南政法大学学报》2015 年第 5 期。

[12] 陈文滨、刘映红：《战后法国政府对农业发展的积极干预政策及其启示》，载《江西社会科学》2008 年第 3 期。

[13] 陈小君：《土地改革之"三权分置"入法及其实现障碍的解除——评〈农村土地承包法修正案〉》，载《学术月刊》2019 年第 1 期。

[14] 陈小君：《我国农村土地法律制度变革的思路与框架——十八届三中全会《决定》相关内容解读》，载《法学研究》2014 年第 4 期。

[15] 陈小君：《我国农民集体成员权的立法抉择》，载《清华法学》2017 年第 2 期。

[16] 陈晓敏：《论大陆法上的集体所有权——以欧洲近代私法学说为中心的考察》，载《法商研究》2014 年第 1 期。

[17] 高伟：《黑龙江富锦：土地托管"托起"好日子》，载《中国食品报》2023 年 4 月 14 日，第 4 版。

[18] 程宝山：《略论经济职权》，载《郑州大学学报（哲学社会科学版）》1991 年第 5 期。

[19] 崔梦溪、李岩：《家庭承包经营权入股与承包权期限的冲突与协调》，载《农业经济》2012 年第 2 期。

[20] 代少蕊：《农村土地承包经营权信托研究》，中南大学 2012 年硕士学位论文。

[21] 单平基：《"三权分置"中土地经营权债权定性的证成》，载《法学》2018 年第 10 期。

[22] 单平基：《土地经营权债权定性之解释论》，载《法学家》2022 年第

4 期。

[23] 邓大才:《农地交易:政府失灵与市场缺位》,载《国家行政学院学报》2004 年第 1 期。

[24] 邓大才:《中国农村产权变迁与经验——来自国家治理视角下的启示》,载《中国社会科学》2017 年第 1 期。

[25] 邓念国:《从放松管制到重新管制:新公共管理运动中政府微观干预的嬗变》,载《社会科学辑刊》2007 年第 4 期。

[26] 丁关良:《工商企业租赁与使用农户'家庭承包地'的法律对策研究》,载《华中农业大学学报(社会科学版)》2013 年第 5 期。

[27] 丁文:《论"三权分置"中的土地承包权》,载《法商研究》2017 年第 3 期。

[28] 丁文:《论"三权分置"中的土地经营权》,载《清华法学》2018 年第 1 期。

[29] 丁文:《论土地承包权与土地承包经营权的分离》,载《中国法学》2015 年第 3 期。

[30] 丁文:《农地流转政策议程设置研究——基于多源流理论的修正框架》,南京农业大学 2017 年博士学位论文。

[31] 丁文:《权利限制论之疏解》,载《法商研究》2007 年第 2 期。

[32] 丁玉、孔祥智:《外资进入对我国农业发展和产业安全的影响》,载《现代管理科学》2014 年第 3 期。

[33] 董景山:《"三权分置"背景下土地承包经营权入股合作社的地方立法介评与建议》,载《西部法学评论》2017 年第 4 期。

[34] 董祚继:《土地利用国家干预的若干理论问题》,载《中国土地科学》2007 年第 3 期。

[35] 窦希铭:《土地流转法律制度比较研究:以中国、美国和欧盟主要工业国的对比为视角》,中国政法大学 2011 年博士学位论文。

[36] 樊哲银:《农地规模经营是实现农业机械化的必由之路》,载《改革与战略》2009 年第 1 期。

[37] 范远江、刘耀森:《重庆市统筹城乡的农村土地基本经营制度改革探讨》,载《华东经济管理》2009 年第 9 期。

[38] 方志平:《农地入股法律问题研究》,湖南师范大学 2014 年硕士学位论文。

[39] 方志权:《农村集体经济组织产权制度改革若干问题》,载《中国农村经济》2014 年第 7 期。

[40] 房绍坤、林广会:《解释论视角下的土地经营权融资担保》,载《吉林大学社会科学学报》2020 年第 1 期。

[41] 房绍坤、林广会:《土地经营权的权利属性探析——兼评新修订〈农村土地承包法〉的相关规定》,载《中州学刊》2019 年第 3 期。

[42] 房绍坤:《〈农村土地承包法修正案〉的缺陷及其改进》,载《法学论坛》(双月刊) 2019 年第 5 期。

[43] 房绍坤:《民法典物权编用益物权的立法建议》,载《清华法学》2018 年第 2 期。

[44] 冯娜娜、张忠明、石彦琴:《新型合作农场:经济发达地区农地规模经营的逻辑与实践》,载《中国农业资源与区划》2023 年第 8 期。

[45] 冯彦君:《论市场经济体制下政府经济职权的特点与内容结构》,载《法律科学(西北政法学院学报)》1994 年第 6 期。

[46] 高飞:《论集体土地所有权主体制度的缺失根源及解决路径》,载《云南大学学报(法学版)》2010 年第 4 期。

[47] 高飞:《农村土地"三权分置"的法理阐释与制度意蕴》,载《法学研究》2016 年第 3 期。

[48] 高海:《"三权"分置的法构造——以 2019 年《农村土地承包法》为分析对象》,载《南京农业大学学报(社会科学版)》2019 年第 1 期。

[49] 高圣平:《承包地三权分置的法律表达》,载《中国法学》2018 年第 4 期。

[50] 高圣平:《论农村土地权利结构的重构——以《农村土地承包法》的修改为中心》,载《法学》2018 年第 2 期。

[51] 高圣平:《农村土地承包法修改后的承包地法权配置》,载《法学研究》2019 年第 5 期。

[52] 高圣平:《农地信托流转的法律构造》,载《法商研究》2014 年第

2 期。

［53］高圣平：《土地经营权制度与民法典物权编编纂——评《民法典物权编（草案二次审议稿）》》，载《现代法学》2019 年第 5 期。

［54］高圣平：《新型农业经营体系下农地产权结构的法律逻辑》，载《法学研究》2014 年第 4 期。

［55］高兴明：《与时俱进的体制机制创新——探秘统筹城乡发展背景下的重庆试验与基本经验》，载《农村工作通讯》2011 年第 24 期。

［56］耿卓：《承包地'三权分置'政策入法的路径与方案——以《农村土地承包法》的修改为中心》，载《当代法学》2018 年第 6 期。

［57］耿卓：《农地三权分置改革中土地经营权的法理反思与制度回应》，载《法学家》2017 年第 5 期。

［58］谷传利：《正确认识中国封建社会土地兼并问题》，载《高中生之友》2004 年第 2 期。

［59］管洪彦：《农村集体经济组织法人立法的现实基础与未来进路》，载《甘肃政法学院学报》2018 年第 1 期。

［60］郭斌：《农户耕地经营适度规模的合理确定：一个文献综述》，载《西北农林科技大学学报（社会科学版）》2013 年第 6 期。

［61］郭红东：《日本扩大农地经营规模政策的演变及对我国的启示》，载《中国农村经济》2003 年第 8 期。

［62］郭洁：《农地使用权流转法律问题研究》，载《政法论坛》1999 年第 2 期。

［63］韩大元：《简论'权利救济程序穷尽'原则的功能与界限》，载《南阳师范学院学报》2007 年第 5 期。

［64］韩俊：《在民法总则中明确集体经济组织的特殊法人地位》，载《中国人大》2016 年第 21 期。

［65］韩松：《坚持农村土地集体所有权》，载《法学家》2014 年第 2 期。

［66］韩松：《论土地法律制度体系》，载《政法论坛》1999 年第 5 期。

［67］韩松：《农地社保功能与农村社保制度的配套建设》，载《法学》2010 年第 6 期。

［68］韩松：《农民集体土地所有权的权能》，载《法学研究》2014 年第

6 期。

[69] 韩文龙、谢璐：《宅基地"三权分置"的权能困境与实现》，载《农业经济问题》2018 年第 5 期。

[70] 韩长赋：《土地"三权分置"是中国农村改革的又一次重大创新》，载《光明日报》2016 年 1 月 26 日，第 1 版。

[71] 何劲、熊学萍、宋金田：《国外家庭农场模式比较与我国发展路径选择》，载《经济纵横》2014 年第 8 期。

[72] 贺平：《战后日本农地流转制度改革研究——以立法调整和利益分配为中心》，载《日本学刊》2010 年第 3 期。

[73] 洪银兴、王荣：《农地"三权分置"背景下的土地流转研究》，载《管理世界》2019 年第 10 期。

[74] 黄河：《农村土地承包经营权流转法制保障研究》，西北农林科技大学 2010 年博士学位论文。

[75] 黄敬宝：《解析"科斯定理"》，载《商业研究》2005 年第 14 期。

[76] 黄佩民：《中国农业现代化的历程和发展创新》，载《农业现代化研究》2007 年第 2 期。

[77] 黄延信：《深化农村集体产权制度改革的几个问题》，载《农业经济与管理》2013 年第 5 期。

[78] 黄延廷：《从法国摆脱小农式发展的实践谈我国农地规模化经营的对策》，载《湖南师范大学社会科学学报》2012 年第 5 期。

[79] 黄延廷：《从日本脱离农地零碎化经营的实践谈中国农地规模化经营的对策》，载《经济体制改革》2011 年第 6 期。

[80] 黄延廷：《论导致农地规模化的几种因素——兼谈我国农地规模化的对策》，载《经济体制改革》2010 年第 4 期。

[81] 黄延廷：《农地规模经营中的适度性探讨——兼谈我国农地适度规模经营的路径选择》，载《求实》2011 年第 8 期。

[82] 黄延廷：《我国农地规模化的路径——基于农场经营规模与农业生产效率、农地配置状态的关系的假说》，载《农村经济》2010 年第 11 期。

[83] 黄延廷：《我国农地规模经营中家庭农场优势的理论分析》，载《改

革与战略》2011 年第 5 期。

[84] 黄延廷:《制度视野下的农地规模化流转探讨——兼谈促进我国农地规模化流转的对策》,载《云南师范大学学报(哲学社会科学版)》2011 年第 3 期。

[85] 黄祖辉、王朋:《农村土地流转:现状、问题及对策——兼论土地流转对现代农业发展的影响》,载《浙江大学学报(人文社会科学版)》2008 年第 2 期。

[86] 贾晋、李晋宇:《工商业资本介入农地开发:背景、途径与问题》,载《理论与改革》2009 年第 6 期。

[87] 姜红利、宋宗宇:《集体土地所有权归属主体的实践样态与规范解释》,载《中国农村观察》2017 年第 6 期。

[88] 柯炳生:《新型合作社的重要作用有哪些?》,载《农民日报》2018年 6 月 4 日,第 3 版。

[89] 赖华子:《论农地入股债权流转说立法的不足与完善》,载《农业经济》2013 年第 12 期。

[90] 郎佩娟:《农村土地流转中的深层问题与政府行为》,载《国家行政学院学报》2010 年第 1 期。

[91] 乐雅倩:《农地适度规模经营研究——以武汉市江夏区为例》,华中农业大学 2012 年硕士学位论文。

[92] 雷兴虎、刘观来:《激励机制视野下我国农业合作社治理结构之立法完善》,载《法学评论》2011 年第 6 期。

[93] 黎元生、胡熠:《论外资农业规模经营中土地流转机制的缺陷及其完善》,载《福建师范大学学报(哲学社会科学版)》2005 年第 3 期。

[94] 李超、李韬:《土地经营权抵押响应对农户土地转出行为的影响——来自宁夏回族自治区农地产权抵押试点区的证据》,载《农业技术经济》2021 年第 3 期。

[95] 李东侠、郝磊:《土地承包经营权入股公司问题的法律分析》,载《法律适用》2009 年第 4 期。

[96] 李怀苹、王文朋:《探索"土地股份合作+全程托管服务"模式,开启农民增收新途径——供销社为农民"打工"》,载《东营日报》

2022 年 11 月 17 日，第 4 版。

[97] 李俊：《从一元到多元：公民权利救济方式的比较研究》，载《华东师范大学学报（哲学社会科学版）》2007 年第 4 期。

[98] 李礼：《斯蒂格利茨的政府干预理论述评》，载《湖南行政学院学报》2009 年第 3 期。

[99] 李琰：《农村土地整理中公众参与机制探析》，载《农业经济》2013年第 9 期。

[100] 李燕英：《对我国政府职权的法学思考》，载《行政与法》2008 年第 2 期。

[101] 李勇华：《农村集体产权制度改革对村民自治的价值》，载《中州学刊》2016 年第 5 期。

[102] 李长健、柳勇：《外资并购我国农业龙头企业的影响及法律对策》，载《湖南工程学院学报（社会科学版）》2011 年第 1 期。

[103] 李卓：《论经济法"国家适度干预经济"原则的正当性》，载《社会科学辑刊》2006 年第 1 期。

[104] 廖洪乐：《农地"两权"分离和"三权"分置的经济学与法学逻辑》，载《南京农业大学学报（社会科学版）》2020 年第 5 期。

[105] 林翊、冯秀萍、林卿：《匈牙利农地变革对我国农地规模经营的启示》，载《现代农业科技》2008 年第 18 期。

[106] 刘俊：《划拨土地使用权的法律问题研究》，载《江西社会科学》2007 年第 1 期。

[107] 刘俊：《土地所有权权利结构重构》，载《现代法学》2006 年第 3 期。

[108] 刘润秋：《利益协调推进农村土地流转》，载《人民论坛》2012 年第 2 期。

[109] 刘云生：《土地经营权的生成路径与法权表达》，载《法学论坛》2019 年第 5 期。

[110] 刘兆军：《政策演进下的适度规模经营制度保障探析》，载《农村经济》2010 年第 7 期。

[111] 刘振邦、王凤林：《借鉴国外经验谈合理利用我国农地资源》，载

《改革》1997年第5期。

[112] 刘正山：《土地兼并的历史检视》，载《经济学（季刊）》2007年第2期。

[113] 柳正权、黄雄义：《农村土地产权制度的传承与借鉴——古今视野下的"一田二主"与"三权分置"》，载《湖北社会科学》2018年第5期。

[114] 罗黎平：《基于土地虚拟增长的土地资源增长尾效模型研究》，载《求索》2011年第2期。

[115] 吕春生、王道龙、王秀芬：《国外农业保险发展及对我国的启示》，载《农业经济问题》2009年第2期。

[116] 吕军书、张鹏：《关于工商企业进入农业领域需要探求的几个问题》，载《农业经济》2014年第3期。

[117] 吕亚荣、王春超：《工商业资本进入农业与农村的土地流转问题研究》，载《华中师范大学学报（人文社会科学版）》2012年第4期。

[118] 吕忠梅、鄢斌：《论经济法的程序理性》，载《法律科学（西北政法学院学报）》2003年第1期。

[119] 麻宝斌：《公共利益与政府职能》，载《公共管理学报》2004年第1期。

[120] 马俊驹、丁晓强：《农村集体土地所有权的分解与保留——论农地"三权分置"的法律构造》，载《法律科学（西北政法大学学报）》2017年第3期。

[121] 马雯秋：《美国发展家庭农场的经验及对我国的启示》，载《农业与技术》2013年第7期。

[122] 马跃：《土地经营规模"适度"之研究》，载《浙江学刊》1997年第4期。

[123] 孟秋菊：《现代农业与农业现代化概念辨析》，载《农业现代化研究》2008年第3期。

[124] 吴迪：《农地权利改造下宅基地"三权分置"的法律展望》，载《推进国家治理体系和治理能力现代化相关问题研究——第十一届法治

河北论坛论文集》2020年。

[125] 阎其华、吴迪:《农村集体资产股份合作制改革的困境与进路》,载《延边大学学报(社会科学版)》2021年第5期。

[126] 农业部农村经济体制与经营管理司调研组:《浙江省农村集体产权制度改革调研报告》,载《农业经济问题》2013年第10期。

[127] 农业部农机标准化体系建设考察团:《法国的农业机械化和农机标准化》,载《世界农业》2002年第9期。

[128] 齐延平:《法的公平与效率价值论》,载《山东大学学报(社会科学版)》1996年第1期。

[129] 钱乃余:《关于利用外资发展我国农业的思考》,载《山东农业》2001年第3期。

[130] 曲福田:《典型国家和地区土地整理的经验及启示》,载《资源与人居环境》2007年第20期。

[131] 申惠文:《法学视角中的农村土地三权分离改革》,载《中国土地科学》2015年第3期。

[132] 申惠文:《农地三权分离改革的法学反思与批判》,载《河北法学》2015年第4期。

[133] 沈荣华:《现代政府功能与行政权力控制》,载《苏州大学学报》1998年第3期。

[134] 盛学军、陈开琦:《论市场规制权》,载《现代法学》2007年第4期。

[135] 宋志红:《民法典对土地承包经营制度的意义》,载《农村经营管理》2020年第11期。

[136] 宋志红:《再论土地经营权的性质——基于对〈农村土地承包法〉的目的解释》,载《东方法学》2020年第2期。

[137] 孙宪忠:《推进农地三权分置经营模式的立法研究》,载《中国社会科学》2016年第7期。

[138] 孙宪忠:《推进我国农村土地权利制度改革若干问题的思考》,载《比较法研究》2018年第1期。

[139] 孙新华:《农业企业化与农民半无产化——工商企业流转农地对农

村生产关系的再造》，载《中国研究》2014 年第 2 期。

[140] 孙中华：《关于农村土地"三权分置"有关政策法律性问题的思考》，载《农业部管理干部学院学报》2015 年第 1 期。

[141] 唐琼：《新形势下工商企业租赁农户承包地准入面临的问题分析》，载《中国集体经济》2014 年第 7 期。

[142] 陶钟太朗、杨遂全：《农村土地经营权认知与物权塑造——从既有法制到未来立法》，载《南京农业大学学报（社会科学版）》2015 年第 2 期。

[143] 勒系琳、衷唯平、徐国华：《从"看不见的手"到政府宏观调控》，载《中共南昌市委党校学报》2012 年第 6 期。

[144] 万宝瑞、李建知、申和平：《法国的土地集中政策》，载《农业技术经济》1986 年第 8 期。

[145] 王邦习：《农地经营权入股的法律风险及其防控——基于全国依法公开相关裁判文书的实证》，载《农村经济》2018 年第 7 期。

[146] 王春来：《发展家庭农场的三个关键问题探讨》，载《农业经济问题》2014 年第 1 期。

[147] 王立争：《农户主体地位的法政策学辨思》，载《中南大学学报（社会科学版）》2015 年第 2 期。

[148] 王丽娟等：《典型国家（地区）农地流转的案例及其启示》，载《中国农业资源与区划》2012 年第 4 期。

[149] 王培先：《适度规模经营：我国农业现代化的微观基础——一个新的分析框架》，复旦大学 2003 博士学位论文。

[150] 王权典、付坚强：《新时期农地流转创新模式与市场运行保障机制》，载《华中农业大学学报（社会科学版）》2013 年第 5 期。

[151] 王群：《农业规模经营初探》，吉林大学 2004 年硕士学位论文。

[152] 王荣：《欠发达地区的新型城镇化研究》，南京大学 2021 年博士学位论文。

[153] 王瑞、王守栋：《中国古代土地集中的历史作用浅论》，载《哈尔滨学院学报》2004 年第 5 期。

[154] 韦鸿、王琦玮：《农村集体土地"三权分置"的内涵、利益分割及

其思考》，载《农村经济》2016 年第 3 期。

[155] 魏莉华：《美国土地用途管制制度及其借鉴》，载《中国土地科学》1998 年第 3 期。

[156] 温世扬：《从〈物权法〉到"物权编"——我国用益物权制度的完善》，载《法律科学（西北政法大学学报）》2018 年第 6 期。

[157] 温宣：《破解"三农"二元结构多元求解——解读城乡统筹的温江方式（一）》，载《四川日报》2008 年 3 月 4 日。

[158] 文龙娇、顾天竹：《政策环境对农地经营权入股决策偏好的影响及政策优化路径》，载《现代经济探讨》2019 年第 11 期。

[159] 张亚婕：《我国农村宅基地闲置现状与盘活利用对策》，载《乡村科技》2020 年第 31 期。

[160] 伍业兵、甘子东：《农地适度规模经营的认识误区、实现条件及其政策选择》，载《农村经济》2007 年第 11 期。

[161] 伍中信、兰屏、唐秀元：《"三权分置"下财产性收入扶贫模式探索与创新》，载《财会月刊》2021 年第 17 期。

[162] 奚卫华：《中国传统农民的"恋土情结"》，载《和田师范专科学校学报》2004 年第 3 期。

[163] 夏柱智：《社会保障视野中的农村土地制度》，载《创新》2014 年第 2 期。

[164] 向前：《统筹城乡发展中的农村土地流转模式探析——以重庆市为例》，载《农业经济》2009 年第 5 期。

[165] 谢静：《农村土地信托制度研究》，载《经济研究导刊》2008 年第 16 期。

[166] 熊红芳、邓小红：《美国日本农地流转制度对我国的启示》，载《农业经济》2004 年第 11 期。

[167] 徐志强：《农地流转改革的所有权基础：集体抑或国家?》，载《经济与管理研究》2014 年第 12 期。

[168] 许宏、周应恒：《农地产权私有化与土地规模经营——东亚地区实践对中国的启示》，载《云南财经大学学报》2009 年第 1 期。

[169] 闫建、娄文龙：《西方国家的政府管制变迁及其启示》，载《改革与

战略》2011 年第 1 期。

[170] 杨惠：《国家干预土地资源配置之法理基础与实证分析》，载《经济法论坛》2006 年。

[171] 杨澜、付少平、蒋舟文：《法国小农经济改造对中国的启示》，载《世界农业》2008 年第 10 期。

[172] 杨天宇：《斯蒂格利茨的政府干预理论评析》，载《学术论坛》2000 年第 2 期。

[173] 姚素仁：《对农村集体经济组织成员认定的思考》，载《农村财务会计》2019 年第 5 期。

[174] 於向平：《政府适度干预经济与经济法的价值目标》，载《行政与法》2003 年第 5 期。

[175] 于飞：《从农村土地承包法到民法典物权编："三权分置"法律表达的完善》，载《法学杂志》2020 年第 2 期。

[176] 于宏：《权利救济：含义与方法》，载《法制与社会》2007 年第 7 期。

[177] 袁静：《浅谈新自由主义对中国经济的影响》，载《安阳师范学院学报》2011 年第 6 期。

[178] 岳意定、王琼：《我国农村土地信托流转模式的可行性研究及构建》，载《生态经济》2008 年第 1 期。

[179] 臧俊梅、王万茂、李边疆：《我国基本农田保护制度的政策评价与完善研究》，载《中国人口·资源与环境》2007 年第 2 期。

[180] 张曾等：《小农户与现代农业发展有机衔接的桥梁——基于有机农业合作社的分析》，载《中国农业资源与区划》2020 年第 11 期。

[181] 张红宇、李伟毅：《人地矛盾、"长久不变"与农地制度的创新》，载《经济研究参考》2011 年第 9 期。

[182] 张红宇：《三权分离、多元经营与制度创新——我国农地制度创新的一个基本框架与现实关注》，载《南方农业》2014 年第 2 期。

[183] 张力、郑志峰：《推进农村土地承包权与经营权再分离的法制构造研究》，载《农业经济问题》2015 年第 1 期。

[184] 张丽华、赵志毅：《农村土地信托制度初探》，载《贵州师范大学学报（社会科学版）》2005 年第 5 期。

[185] 张千帆：《农村土地集体所有的困惑与消解》，载《法学研究》2012年第 4 期。

[186] 张舒英：《浅谈日本的农法体系及其社会经济意义》，载《日本学刊》2004 年第 5 期。

[187] 张雯丽、翟雪玲、曹慧：《巴西、韩国、印度农业利用外资实践及启示》，载《国际经济合作》2013 年第 5 期。

[188] 张武：《论政府经济职权的概念和基本特征》，载《安徽大学学报》2003 年第 4 期。

[189] 张新光：《资本农业引领中国农业现代化走向光明前景——马克思主义经典作家关于"小农制趋于衰亡"的回顾性阐释》，载《财经理论与实践》2008 年第 2 期。

[190] 张亚：《传统土地兼并与现代土地集中》，载《生产力研究》2009 年第 13 期。

[191] 张毅、张红、毕宝德：《农地的"三权分置"及改革问题：政策轨迹、文本分析与产权重构》，载《中国软科学》2016 年第 3 期。

[192] 张应良、杨芳：《农村集体产权制度改革的实践例证与理论逻辑》，载《改革》2017 年第 3 期。

[193] 赵佳、姜长云：《兼业小农抑或家庭农场——中国农业家庭经营组织变迁的路径选择》，载《农业经济问题》2015 年第 3 期。

[194] 赵俭、陆杰华：《农村剩余劳动力进一步转移的路径选择分析》，载《经济问题》2006 年第 8 期。

[195] 赵金龙、王丽萍、葛文光：《农地流转模式简析》，载《农学学报》2012 年第 5 期。

[196] 赵鲲、李伟伟：《土地股份合作、股权逐步固化：高度城镇化地区完善承包经营制度的有益探索——广东佛山农村土地股份合作调查与分析》，载《农村经营管理》2016 年第 9 期。

[197] 赵立新、梁瑞敏：《中国农村土地流转的信托路径及其法律问题》，载《河北学刊》2014 年第 3 期。

[198] 赵龙、阮梦凡：《土地经营权抵押的破产处置——以"浙江大唐生态农业公司破产案"为实践》，载《法律适用》2020 年第 2 期。

［199］赵谦：《刍议中国农村土地整理的立法价值》，载《中国土地科学》2010年第9期。

［200］赵伟：《土地用途管制的国际经验与借鉴》，载《中国房地产》2009年第11期。

［201］赵新龙：《农村集体资产股份量化纠纷的司法实践研究——基于681份裁判文书的整理》，载《农业经济问题》2019年第5期。

［202］赵阳：《新形势下完善农村土地承包政策若干问题的认识》，载《经济社会体制比较》2014年第2期。

［203］赵忠奎：《农地抵押地方"试错"的证成、限制与出路》，载《江西财经大学学报》2015年第6期。

［204］浙江省农业农村厅：《浙江多措并举培育家庭农场》，载《农村经营管理》2019年第3期。

［205］钟远平：《我国农村土地信托的法理基础及制度构建——以土地承包经营权为中心》，中国政法大学2007年硕士学位论文。

［206］周晓庆：《中日土地流转困境与解决路径的比较》，载《农村经济与科技》2013年第9期。

［207］周中林：《市场自由与政府干预的理论与实践》，载《山东社会科学》2007年第1期。

［208］朱登潮：《农村土地集中问题之我见》，载《殷都学刊》1988年第1期。

［209］朱广新：《土地承包权与经营权分离的政策意蕴与法制完善》，载《法学》2015年第11期。

［210］朱继胜：《"三权分置"下土地经营权的物权塑造》，载《北方法学》2017年第2期。

［211］朱继胜：《用益物权生成理论的再认识——以《农村土地承包法》第9条为中心》，载《河北法学》2022年第9期。

［212］朱启臻：《谈谈家庭农场》，载《前线》2014年第2期。

［213］祝之舟：《论农地的公益性及农地征收中的公益衡量》，载《法律科学（西北政法大学学报）》2013年第2期。